U0037492

編者序

英國著名史學家卡爾有個著名命題：「歷史就是與現實不斷地對話。」卡爾說：「並非所有有關過去的事實都是歷史事實，或者都會被歷史學家當做事實加以處理。」歷史學家的事實是一個主觀與客觀相互妥協的產物。歷史學家的原則是求真，但是他追求到的歷史事實總帶有幾分無奈。歷史，是客觀存在的事實，真相只有一個。然而記載歷史、研究歷史的學問卻往往隨著人類的主觀意識而變化、發展、完善，甚至也有歪曲、捏造。

因此，閱讀歷史，我們常常會讀出幾分含混、幾分閃爍，也許這正是史家們的難言之隱。而那幾分含混和幾分閃爍中，究竟隱藏著什麼真實細節和生動故事？有哪些史事被誤讀了呢？對歷史的喜好，也許就是源於我們對已發生的未知事物的渴望，並促使我們不斷地去尋找那事、那人，尋找那被人遺忘的暗角……

央視《百家講壇》節目的成功，催生了一股讀史風潮，這股讀史風潮席捲書市，方興未艾。《百家論壇》作為一本應運而生，面向歷史愛好者，在通俗解讀的基礎上正說歷史，「揭歷史之謎團，還歷史之真相」，使人們能在輕鬆的閱讀中解讀歷史、啟迪智慧的雜誌，自創刊以來，得到了眾多讀者的極大關注與支持。在「二〇〇八年第八屆北京圖書節」上，成為讀者搶購的書刊。

應廣大讀者的要求，我們去年將《百家論壇》部分文章整理、歸類、集結成書出版，

大旗出版
BANNER PUBLISHING

大旗出版
BANNER PUBLISHING

以便於閱讀、收藏和研究。已出版的《歷史不忍細讀》得到了海內外讀者的一致好評，如今，我們再次應廣大讀者的要求，仍以「破解謎團、還原真相」為主要內容，將知識性、考證性、故事性、趣味性作為遴選文章的取向，同時在考證性、故事性與可讀性方面有所突破，以期更好地滿足廣大讀者的閱讀需求。並希望這本書能幫助您瞭解燦爛中華的文史傳承，引領您去走入歷史與文化的更深處。

本書以大眾為閱讀物件，所輯錄的文章正說歷史，貼近現實，視角新穎，注重通俗化與可讀性，拒絕枯燥。閱讀此書，跟隨作者的調查、考證和探索，透過那些歷史事件知情者、親歷者的回憶，隨之而來的新奇、驚異，獲得新知的刺激感將不斷產生，歷史那曾經跳動的脈搏和呼吸猶如重現……

編者　孫萍

目錄

第二篇　名人新事

第三篇 事件追蹤

第一篇

破解謎團

西施是美女，更是臥底女間諜？

阿房宮、火燒赤壁根本不存在？

層層破解謎團，

荒唐的史實背後有更多令人不可置信的陰謀！

韓信真的是「背水一戰」嗎？

王宇

「背水一戰」，很多人都認為韓信背水列陣、置之死地而後生。如果仔細分析，這恐怕是千古誤解，而且也絕非像人們所認為的那樣深不可測。

為人樂道的「背水一戰」

西元前二〇五年，漢將韓信偷襲魏王豹，滅掉魏國。十月，漢王劉邦又派他與張耳率幾萬軍隊向東繼續挺進，攻擊趙國。趙王趙歇和趙軍統帥陳餘立刻在井陘口聚集二十萬重兵，嚴密防守。深謀遠慮的韓信自知雙方兵力相差懸殊，如採用強攻必會受挫，於是決定在離井陘口很遠的地方駐紮下來，反覆研究地形、地勢和趙軍的部署。

趙國的一位謀士李左車也是一位高人，他對陳餘說：「韓信此次出兵可謂是一路順風，一路上打盡了勝仗，乘勝鼓動士兵的士氣，所以這次要企圖攻下趙國。他們是乘勝而來，肯定軍隊的戰鬥力銳不可當。我現在有一計，定會殺了他的威風。他們此次來，軍隊的糧草隊必定落在後面。如果我們派人從小道抄了他的糧草，定讓他不戰而退。現在你可以給我三萬兵馬，用不了幾天便可活捉韓信。」

李左車雖是有才之人，但陳餘未必肯聽他的話。他對李左車自以為是地說：「韓信的兵力很少，長途跋涉趕到這裡又筋疲力盡，像這樣的敵人我們都不敢打，別國會怎麼看我們，不是更瞧不起我們了嗎？」因此陳餘並沒採納李左車的意見。

韓信得知此消息後十分高興，難得碰上陳餘這樣迂腐之人，但對如此有遠謀的李左車心中很是佩服。他下令不得殺李左車，生俘者賞千金。他把兵馬集結在離井陘口三十餘里的地方。到了後半夜，韓信派兩千名輕騎兵，每人帶一面漢軍紅旗從小路迂迴到趙營的側後方埋伏起來。命令他們待趙軍傾巢而出時襲入其大營，拔去趙軍旗幟，全部插上漢軍的紅旗。韓信又派一萬人馬做先頭部隊，沿著河岸擺開陣勢。

陳餘見韓信把兵馬安置於背水之處，便大笑韓信是個徹頭徹尾的大傻瓜，不懂用兵，因此絲毫不把他放在眼裡，率領趙兵全力迎戰。漢軍的兩千輕騎兵見趙軍全營出動，只留下一個空營，立即闖進趙營拔掉趙旗，換上漢旗。此時韓信假裝敗退，向河岸陣地退去，以此引誘趙軍中計。背水結陣的士兵因為沒有退路，回身猛撲敵軍。趙軍無法取勝，正要回營時忽然看到營中已插遍了漢軍旗幟，於是四散奔逃。漢軍乘勝追擊，打了一個大勝仗。

李左車最後被俘，韓信為之鬆綁，將李左車的座位安到東坐，自己面向西坐，恭敬地對待李左車。在慶祝勝利時，眾將領還是不解此次戰役的微妙，就好奇地問韓信：「兵法上說，列陣可以背靠山，前面可以臨水澤，現在您讓我們背靠水排陣，還說打敗趙軍再飽飽地吃一頓，我們當時不相信，現在竟然取勝了，這是一種什麼策略呢？」

韓信聽到後開懷大笑說：「這也是兵法上有的，只是你們沒有注意到罷了。兵法上不是說『陷之死地而後生，置之亡地而後存』嗎？如果是有退路的地方，士兵都逃散了，怎麼能讓他們拚命呢！」

這是歷史上一次有名的戰役，韓信用背水而戰來引敵出戰，他用出人意料的舉動來達到激發士氣的目的。同時，韓信巧妙地虛張聲勢，以兩千輕騎兵突襲敵營的方法取得了戰爭的勝利。所以此戰是以計謀得成功的，並非真正地不顧一切地背水一戰。如果真的沒有退路，也沒有與敵接觸過，最後只會像馬謖在街亭一樣，雖然置之死地但是敵人採用圍而不擊、切斷水源的策略，造成馬謖軍隊自亂陣腳，喪失戰鬥力。這也說明，要破解對方「背水一戰」，就要困而不擊，待其自敗。

能夠使用「置之死地而後生」的戰法取得以少勝多、以弱勝強的輝煌戰果，主要是韓信充分發揮了人的主觀能動性，不死守教條，能夠結合當時的實際。從這方面來看，「背水一戰」能夠取得勝利也就不足為奇了。他把帶領的新兵置之水邊列陣，目的是麻痹趙軍，促使其輕敵，誘使其傾巢出動。當然，他把營寨安在水邊主要是想激勵漢軍，讓他們充滿鬥志，讓他們知道後退無路，只有戰才有生路。當然，他同時在敵人的後邊也做了準備。他預先埋伏一支奇兵，趁敵方內部空虛之時乘虛而入，拔趙旗換漢旗，使傾巢而出的趙軍退不回去，造成心理上的威懾，然後裡外夾擊、乘勝追擊。俗話說：「兵敗如山倒。」韓信終於以少勝多，以弱勝強，贏得戰役的最後勝利。

韓信的真正手段

韓信真的是「背水一戰」嗎？仔細分析整個故事可以看到以下幾個特點，而這幾個特點足以說明韓信並不是真的「背水一戰」：

首先，韓信是在主動的、有計劃的情況下採取這一戰術的，而不是在毫無準備的情況下迫不得已而為之的。如此一來，就可以十分從容地安排與此相關的各種策略，使背水一戰在實質上由被動轉為主動。這也是其中最為關鍵的一點。三國的馬謖在守街亭的戰役中用的是同一戰術，但不同的是他是在被動的情況下採取這一戰術的。所以說，當時韓信的背水一戰與我們今天所說的背水一戰是不同的。他不是靠硬拚來讓士兵背水一戰，而是謀定而後動。從整個戰役的過程分析，韓信的背水一戰是一個主動進攻的奇妙的大智謀。

第二，韓信的背水一戰是一個系統的謀略。這不但在奪取敵人的關口上表現出來，而且還表現在他早晨出擊，算定敵人必定要在中午退回關口吃午飯，只要自己堅持到中午，敵人見關口被奪，就會不戰自亂。除此之外，韓信見背水列陣已無退路，就不必急於消滅敵人，打仗不是一時間就能解決的事。自己親自指揮精銳之師與敵人相持到中午是肯定沒問題的。韓信做到了知彼知己，所以會戰無不勝。

第三，背水一戰這個招術並非人們所認為的是一步險棋，而是萬全之策。這一戰役中，他始終擔心的是趙軍堵住井陘口並在小路上切斷漢軍的糧道。假如趙軍一旦出了關口，大家就平等了，他還怕你什麼陳餘。況且，就是韓信埋伏下的軍隊攻克不了趙軍的關口，也足可以從已經出關的陳餘的後方攻擊，完全可以把韓信救出來。從自保這一點上來說，可以說是萬全之策。

第四，當時，韓信的軍隊是得勝之師，銳氣十足，可以一擋十。但當時唯一對軍隊不利的因素就是怕趙軍故意拖延時間，消磨了軍隊的銳氣。所以，他所希望的就是與趙軍速戰速決。只不過他所用的這種方法是一般人所看不出來的罷了。

由此可見，韓信的背水一戰事實上只是一個陷阱而已，非有大智謀者不可見也！

西施：一個身分可疑的臥底女間諜

無盡處

居古代的四大美女之首的西施，其實她是中國歷史上身分極為可疑的女人。她極有可能是中國歷代文人經過精心包裝、炒作出來的一個人物。不然我們為什麼在正史上查不到關於這個女人的任何記錄？那麼歷史上到底有沒有西施這個人？難道真的是因為她當年做過臥底，像今天的CIA、KGB間諜一樣，銷毀了所有的生活痕跡，從人間蒸發了？在民間傳說和真實的歷史之中，西施又是個什麼樣子的女人呢？

在民間傳說和真實的歷史之中，西施到底是什麼樣子的女人呢？她真的美豔如花嗎？她在春秋的吳越戰爭中真的起到美人計的作用嗎？西施的結局是怎麼樣的？她最後是個悲劇的結局還是和范蠡結為伴侶，泛五湖而去了呢？

我們常用「沉魚落雁之容，閉月羞花之貌」這句話來形容古代的四大美女。「落雁」是指王昭君；「閉月」是說貂蟬；「羞花」是說楊貴妃，而列在第一位的「沉魚」指的就是西施。

傳說美貌的西施在溪邊浣紗，就連小溪裡的魚兒見了她都看得呆了，以至於忘記了游泳沉到了水裡。其實除了楊貴妃的「羞花」是她碰到了含羞草還可以當真以外，像落雁、閉月以及西施的沉魚顯然都是民間的美好傳說。不過由此也可以看出在人們心中對這四大美女的喜愛和推崇。

民間故事裡的西施

在民間傳說中，西施是中國春秋末期吳國越國爭雄時期的一位絕代佳人。西施名叫夷光，是越國苧蘿山（今浙江諸暨縣南）一位姓施的樵夫的女兒，也就是說西施的本名叫「施夷光」，因為她的家住在西村，所以大家就都叫她西施。

西施的職業是什麼呢？民間故事中有的說西施是苧蘿山下賣薪女，也有的說法是浣紗女。其實無論是賣薪女還是浣紗女都說得通。西施的父親是樵夫，也就是打柴的，父親打柴，女兒賣薪自然是理所應當；而浣紗是什麼意思呢？很多人理解為浣紗就是洗衣服，其實不是。當時越國被吳國打敗時每年要上貢很多財物，苧麻是其中一種上貢的物品，本地人稱為「苧蘿」，是一種蕁麻科植物，多年生草本，其莖部柔韌而有光澤，取其莖皮（纖維）用來織布、結網。紗是一種由某種植物製成的衣料，而在製紗的過程中必須使這種植物變得柔軟。因此，需要在水裡不停地洗、打、搓，這是必要的工序（這可是體力活）。當時越國婦女很多都不得不浣紗，這屬於當時越國國君下達的行政任務了。而西施也是其中一個，所以被稱為浣紗女。

所以可以看出，西施是越國一個山村的民間女孩。平日裡父親打柴回來，她就拿到市集上去賣薪，而同時還要和其他女子一樣完成浣紗的工作。不過儘管西施只是一個山村女孩，但她的容顏可以說是漂亮之極，長得紅顏花貌，芙蓉之姿。西施漂亮到什麼程度呢？屈原在《九章．惜往日》裡就讚道：「雖有西施之美容兮，讒妒入以自代。」

不過，在沒有成為吳王夫差的寵妃之前，西施的美貌只是限於當地聞名。《莊子》中提到西施的容顏的時候是用了一個故事：「西施病心而矉（即「顰」字）其里，其里之醜人見而美之，歸亦捧心而矉其里。其里之富人見之，堅閉門而不出；貧人見之，挈妻子而去走。」就是說西施心臟不好，每當心臟疼痛的時候便用手撫著胸慢行。而這生病時候的樣子被當地的一個醜女見到後覺得美貌異常，她便也學著西施的樣子走路。殊不知西施撫胸而行的美是因為西施天生麗質，所以大家覺得西施的什麼姿態都是美的。而這個醜女學了以後則更加醜陋不堪，招來很多人恥笑。後來人們慢慢把這個醜女演繹成「東施」這個名字。這就是有名的成語「東施效顰」的由來。

如果沒有當時的吳越戰爭，恐怕西施的故事也就侷限在當地的傳聞中。而曠日持久、反反覆覆的吳越大戰將西施變成了一個婦孺皆知的美女。

當時越國和相鄰的吳國勢不兩立，戰事不斷。吳王闔閭征討越國，闔閭被越軍射中手指而死，死前含恨叮囑兒子夫差毋忘父仇。三年以後吳王夫差為報殺父之仇，領兵打進了越國。打敗了越王勾踐，越王勾踐作了戰俘，越國大夫范蠡作為人質跟隨越王夫婦到吳國做奴隸。

越國的大臣文種和范蠡設計賄賂吳國的太宰伯嚭，伯嚭在夫差面前構陷伍子胥，並促使夫差赦免勾踐。三年以後，吳王夫差放回了勾踐夫婦和范蠡，勾踐回國以後，臥薪嚐膽，力圖報仇雪恥。而這時范蠡給勾踐獻了一條計策，也就是我們常說的「美人計」，就是把美女獻給吳王夫差，用美色來迷惑夫差。於是勾踐派人在越國境內四處搜尋美女，結果找到了苧蘿山的兩個美女，一個叫鄭旦，另一個便是西施。然後「飾以羅縠，教以容步，習於土城，臨於都巷，三年學服而獻于吳。」用三年的時間教會了西施和鄭旦琴棋書畫、歌舞藝技、宮廷禮儀等，然後送給了吳王夫差。夫差一見西施，果然容貌出眾，把她當作下凡的仙女，寵愛得不得了。西施憑她傾國傾城之貌和高超的琴棋歌舞，致使吳王日日深宮醉不醒，沉迷酒色，不理朝政。在她的內應下，越王勾踐最終於西元前四七三年伐吳，徹底滅了吳國。吳王夫差自殺而死。

這就是民間故事裡也是我們耳熟能詳的西施故事。但真正的歷史中，西施的故事是這個樣子嗎？甚至有沒有西施這個人呢？

西施名字之謎

近年來，有些史學工作者撰文認為，「西施」這個名字值得商榷。他們的依據有兩點：

（一）在記載春秋歷史最詳細最古老的文獻中都沒有提及西施

記載春秋歷史最詳細、最古老的文獻可以說是《左傳》《國語》，但都沒有提到西施這個名字。如果說《左傳》《國語》可能因為歷史久遠，保存的問題，有典籍遺漏章節的可能，但司馬遷的《史記》中像「吳太伯世家」、「越王勾踐世家」等相關的記載中依然沒有提到西施一個字。試想一下，如果有西施這個人物，或者這個人物叫做西施，那麼在司馬遷這樣嚴謹的史學家筆下是絕不會一字不提的。

（二）在先秦諸子著作中就已屢見「西施」之說，也就是說在春秋的吳越時期以前，就已經有「西施」的名字了

先秦諸子中最早提及西施的是《管子》。《管子・小稱》篇中就說道：「毛嬙、西施，天下之美人也。」在《孟子》中說過：「西子蒙不潔，則人皆掩鼻而過之」的話。在

《韓非子》中的記載是：「善毛嬙、西施之美，無益吾面；用脂澤粉黛，則倍其初。」

《管子》一書的作者管仲輔佐齊桓公成就了霸業。他是春秋初期的人物，至少比勾踐、夫差、西施早出生兩百多年，管仲怎麼能夠說到兩百多年後的西施呢？

先秦諸子之後，賈誼《新書・勸學篇》、劉向《說苑・尊賢篇》、陸賈《新語》以及《淮南子》中雖然也都提及西施，但僅僅把她作為一個美女的形象，而且多與毛嬙雙雙並出，一點也看不出西施是屬於哪個年代的美女或者西施與吳越兩國的政事有什麼糾葛。

從這兩點來看，「西施」一詞是古代對美女的通稱，並非專指某一個人，漂亮女子都可稱為西施，如樂府詩集中多處出現的「羅敷」一樣。

如此說來便有兩種可能：

第一，歷史上吳越交戰的時期沒有西施這個人。我們現在所說的西施以及她的故事無非是民間傳說。

第二，歷史上吳越交戰的時候有一個這樣的女子。但她不叫西施，只不過是因為她容顏美麗，而被人們以「西施」這個自古形容美女的名字相稱。

西施身分之謎

那麼我們耳熟能詳的西施，在春秋末年吳越爭霸的這一時期到底存不存在呢？

證明一個人的存在，從史書典籍中搜尋是最簡單而且是最有說服力的了。那麼我們就一起看看史書典籍中關於吳越爭鬥的記載和描述。看看在吳越爭霸的時期有沒有這樣一位絕色美女。

首先我們看看《國語・越語上》中描述吳越爭鬥中有關美人計的記載，還說越國飾美女八人去賄賂太宰伯嚭，太宰伯嚭如果幫助越國成功，「又有美於此者將進之」。可以看出，當時越王勾踐只是送給了吳國的太宰伯嚭八個女子，用來賄賂他幫助越國。並沒有獻美女給吳王夫差，更沒有提到西施。《史記・越王勾踐世家》與《吳太伯世家》的記載中，對吳越戰爭記述得非常詳細，但卻沒有講起西施。西漢人的著作中出現西施，但也未涉及西施參與吳越交戰的事情。可以看出，越王勾踐獻美人於吳王的傳說最早來自《左傳》和《國語》，以後《史記》也肯定了這個史實，但都沒有把所獻美女和西施聯繫起來。

到了東漢年間，開始有了把西施與吳越爭霸聯繫起來的記載。最早的是東漢時的兩部野史《吳越春秋》和《越絕書》。袁康的《越絕書》雲：「越乃飾美女西施、鄭旦，使大夫種獻之於吳王……」東漢趙曄《吳越春秋》——「勾踐陰謀外傳」越國大夫文種向越王勾踐陳述破吳九個謀略，第四就是「遺美女以惑其心而亂其謀」，於是勾踐「使相者國中，得苧蘿山鬻薪之女曰西施、鄭旦，飾以羅穀，教以容步，習於土城，臨於都巷，三年學服而獻於吳」。西施身吳心越，為越國雪恥滅吳作出了卓越貢獻的故事，主要是根據袁康的《越絕書》的記載逐步演變而來的。

由此可以看出來，從開始的最接近吳越戰爭時期的《國語》《史記》中對西施毫無記載，到西漢年間開始有了西施的人物，再到東漢的《吳越春秋》《越絕書》中將西施和吳越戰爭聯繫到一起，西施這一形象是經歷由無到有，慢慢加工豐富的。

如果單從史書記載推斷而來，那麼我們可以得出一個結論，那就是歷史上吳越戰爭期間並沒有西施這麼一個女子。不過，歷史上到底有無西施其人，可以說是仁者見仁的事情，留待史學界進一步去探索。我們在這裡不過是用另一種方式解讀西施。就像西施的故事在東漢以後的年代裡被演繹和渲染的更加絢麗多彩那樣。

一代國學大師王國維為什麼要投湖自盡？

張建安

頤和園就要關門了，門前的洋車大多已經離開。守門人看到這位車夫，問：「這個時候了，為什麼還不離開？」車夫答：「尚有一老先生在園內，所以不敢離開。」守門人便詢問老先生的年貌舉止，等聽明白後，告訴車夫：「此人現已投湖死。」接著領車夫入園核實。果然是王國維。

王國維，字靜安，一八七七年生於浙江海寧。他是一位世人景仰的學術大師，對學術界做出過多方面的貢獻。

與他同在清華研究所工作的梁啟超這樣評價：「若說起王先生在學問上的貢獻，那是不為中國所有而是全世界的。其最顯著的實在是發明甲骨文。和他同時因甲骨文而著名的雖有人，但其實有許多重要著作都是他一人作的。以後研究甲骨文的自然有，而能矯正他的絕少。這是他的絕學！不過他的學問絕對不只這一點。我挽他的聯有『其學以通方知類為宗』一語，通方知類四字能夠表現他的學問的全體。他瞭解各種學問的關係，而逐次努力做一種學問。本來，凡做學問，都應如此。不可貪多，亦不可昧全，看全部要清楚，做一部要猛勇。我們看王先生的《觀堂集林》，幾乎篇篇都有新發明，只因他能用最科學而合理的方法，所以他的成就極大。此外的著作，亦無不能找出新問題，而得好結果。其辯證最準確而態度最溫和，完全是大學者的氣象。他為學的方法和道德，實在有過人的地方。近兩年來，王先生在我們研究院和我們朝夕相處，令我們領受莫大的感化，漸漸成為一種學風。這種學風，若再擴充下去，可以成功中國學界的重鎮……」除梁啟超外，陳寅恪、吳宓、郭沫若等國學大師無不對王國維的學問表示欽佩。

令世人震驚的是，王國維竟自沉而死。對此，人們紛紛發表看法，探究王國維的死因。總而概之，有「逼債說」、「由於國家沒有研究機關而致死說」、「《殷墟書契考釋》出王代撰說」、「受羅振玉影響說」、「不問政治說」、「新舊文化激變中的悲劇人物說」、「因病厭世說」、「受梁啟超排擠說」等等。國學大師陳寅恪的評價則更受世人重視，他在《清華大學王觀堂先生紀念碑銘》中寫道：「士之讀書治學，蓋將以脫心志於俗諦之桎梏，真理因得以發揚。思想而不自由，毋寧死耳。斯古今仁聖所同殉之精義，夫豈庸鄙之敢望。先生以一死見其獨立自由之意志，非所論於一人之恩怨，一姓之興亡。嗚呼！樹茲石於講舍，系哀思而不忘。表哲人之奇節，訴真宰之茫茫。來世不可知者也，先生之著述，或有時而不章；先生之學說，或有時而可商，唯此獨立之精神，自由之思想，曆千萬祀與天壤而同久，共三光而永光。」陳先生顯然對王國維之死有至高的評價。

筆者對王國維之死的真正原因，不敢妄加評論，只想根據多方面的資料，梳理一下王國維生命中最後一段時間內的所作所為及周圍情況。也許，真實死因也就自然而出了。

「最黯淡的一年」

王國維是在一九二七年自沉的。他的女兒王東明稱這一年為王「最黯淡的一年」。其實，最黯淡的光景早在一九二六年後半年即已開始。

九月，王國維年僅二十八歲的長子王潛明在上海病故。這對久歷世變、境況寥落的王國維無疑是一個沉重的打擊，他更加鬱鬱寡歡了。而雪上加霜的事接踵而來。不到一個月，因婆媳不和引起誤會，親家羅振玉憤而將女兒領走，王國維陷入巨大的憂怨當中。

對王國維來說，羅振玉不僅是親家，還是最為親近並對他影響至深的師友。一八九八年，二十二歲的王國維進入羅振玉創辦的東文學社學習，得到羅振玉的賞識、器重，免其

各項費用，使其專力治學。之後，王國維的大多數重要活動幾乎都與羅振玉密切相關；留學日本，是羅氏資助的；到南通師範學院講學，是羅氏推薦的；入京任晚清學部官員，是羅氏帶領的；乃至於王國維先學西學，後轉而專治國學，也是羅振玉相勸之功……徐中舒《王靜安先生傳》寫道：「辛亥之役，羅氏避地東渡，先生亦攜家相從，寓日本之西京。羅氏痛清室之淪亡，於西洋學說尤嫉恨之。至是乃欲以保存舊文化之責自任，且勸先生專治國學。先生乃大為感動，遽取前所印《靜安文集》盡焚之。」以此類推，王國維對清宮以及宣統溥儀的濃厚得化不開的死結，也與羅振玉有莫大的關係。

羅振玉學問不及王國維，但在其他方面則長袖善舞，當過末代皇帝的老師，參與重要的政治活動，還有很強的經營手腕，他對王國維有恩，但也讓王國維做了許多事情。據說，羅振玉不少重要的學術成果其實本是王國維的，這種說法不是空穴來風。

王國維與羅振玉之間的關係一直是非常好的。當羅振玉將自己的女兒嫁給王國維的長子後，雙方自然是親上加親，像一家人。可惜的是，王國維潛心學問，不善於管理家事，長子王潛明一死，家庭矛盾迅速擴散。也許還有其他原因，羅、王之間多年的摯友關係從此破裂了。

王國維是耿介之人，他還想盡力挽回與羅振玉的感情。一九二六年十月二十四日，他寫信給羅振玉：「維以不德，天降鞠凶，遂有上月之變。於維為塚子，於公為愛婿，哀死寧生。父母之心，彼此所同。不圖中間乃生誤會，然此誤會久之自釋，故維初十日晚過津，亦遂不復相詣，留為異地相見之地，言之惘惘。」又說：「初八日在滬，曾托頌清兄以亡兒遺款匯公處，求公代為令媛經理。今得其來函，已將銀數改作洋銀二千四百二十三元匯津，目下當可收到。而令媛前交來收用之款共五百七十七元（鐲兌款二百零六元五角，海關款二百二十六元五角，又薪水一個月一百四十三），今由京大陸銀行匯上。此款五百七十七元與前滬款共得洋三千元正，請公為之全權處置，因維於此等事向不熟悉，且京師亦非善地，須置之較妥之地，亡男在地下當感激也。」

王國維在信中流露出想要化解誤會的心意，且匯款給羅振玉，並用「求公代為令媛經理」、「請公為之全權處置」等委曲求全的語句，表達了自己的誠意。

羅振玉並不領情，以自己女兒的名義，將錢退回。

王國維不甘心，十月二十五日，又致羅振玉信，仍請羅將錢收下，說：「令媛聲明不用一錢，此實無理，試問亡男之款不歸令媛，又當誰歸？仍請公以正理諭之。我輩皆老，而令媛來日方長，正須儲此款以作預備，此即海關發此款之本意，此中外古今人心所同，恐質之路人無不以此為然也。京款送到後，請並滬款一併存放，將原折交與或暫代為收存，此事即此已了，並無首尾可言。」

羅振玉仍不領情，再次將錢退回。

一而再地被拒絕，王國維覺得自己最看重的人格受到了侮辱。他氣得不言語。女兒王貞明看見父親從書房抱出了一疊信件，撕了再點火焚燒。王貞明走近去看，見信紙上款寫著：觀堂親家有道……

十月三十一日，他又一次寫信給羅振玉，說：「亡兒遺款自當以令嫒之名存放。否則，照舊時錢莊存款之例，用『王在記亦無不可』。此款在道理、法律，當然是令嫒之物，不容有他種議論。亡兒與令嫒結婚已逾八年，其間恩義未嘗不篤，即令不滿於舅姑，當無不滿於其所天之理，何以於其遺款如此之拒絕？若雲退讓，則正讓所不當讓。以當受者而不受，又何以處不當受者？是蔑視他人人格也。蔑視他人人格，於自己人格亦複有損。總之，此事於情理皆說不去，求公再以大義諭之。此款即請公以令嫒名存放，並將存據交令嫒。如一時不易理諭，則暫請代其保存。」

直到此時，羅振玉才收下此款，回信說：「擬以二千元貯蓄為嗣子來日長大婚學費，餘千元別有處置之方法，以心安理得為歸，不負公所托也。」

雖然如此，二人的心結一直未能打開。一九二五年八月上旬羅振玉六十大壽的時候，王國維還專程到天津祝壽並寫詩賀之，詩尾有「百年知遇君無負，慚愧同為侍從臣」句。不料，剛剛不過一年光景，二人關係竟發生如此巨變。此事無疑在王國維心中留下了巨大的陰影。

赴津為清廢帝祝壽

一九二七年，王國維五十一歲。清朝滅亡已經十五年，五四運動也已過去八年。世事變幻，使清華園內的人文景觀也為之大變。人們的思想觀念變了，衣服穿著也隨之而變。唯有兩人，以其最獨特的方式固守著自己原有的信仰。他們留著辮子，毫無顧忌地行走於大庭廣眾之下。學生們因景仰他們的人品，沒有人強迫他們剪去腦後那帶有特定含義的辮子。這二人，一為梁啟超，另一位就是王國維。

在王東明的記憶中，父親「每天早晨漱洗完畢，母親就替他梳頭，有次母親事情忙了，或有什麼事煩心，就嘀咕他說：人家的辮子全都剪了，你留著做什麼？他的回答很值得人玩味，他說，既然留了，又何必剪呢？」

王國維對已滅亡的清廷也有類似的執著——既然受過清廷之恩，既然是清廷舊臣，既然已效忠於清廷，那麼，不管怎樣，不管世事如何變化，我王國維總是要效忠（或者說是愚忠）到底。

早在一九二四年溥儀被逼離開紫禁城的時候，王國維便整日憂患，並打算自殺。幸虧家人警覺，時刻防備，悲劇才未能上演。不久，北京大學考古學會發表《保存大宮山古跡宣言》，對清皇室破壞大宮山古跡提出批評。王國維知道後馬上衝冠而出，為清皇室辯解。他長久地處在憂患中不能自拔，甚至於聽說有人在紫禁城坤甯宮撿得古器，他也不忍往觀。

一九二五年，清華國學研究院籌備主任吳宓因王國維學貫中西，特親自前往，帶著十二分的誠意聘請王國維當國學院的教授。此時，溥儀早失去了皇帝的特權，躲在日本使館。王國維卻仍然以君臣之禮請示溥儀，得到溥儀的准許後，才奉「諭旨」到清華任教。不久之後，溥儀離開北京，到天津張園做起了寓公。王國維對其仍時刻關注，時刻準備效臣子之力。

王國維對清廷的愚忠，往往又和他與羅振玉的關係糾纏在一起。

一九二七年二月十二日，王國維又一次專程趕赴天津，為溥儀祝壽。在王國維看來，不斷發生的戰亂使溥儀的安全受到了嚴重的威脅，因此他真誠地希望溥儀能夠遷移。可是，他的忠言並不能進入溥儀的耳中，溥儀已被宵小包圍，對於王國維這樣的「忠臣」並不予重視。王國維既擔心溥儀的安危，又對自己的忠言不被代達而異常憂慮，「憤激幾泣下」。此行中，還使王國維傷心的是，他與羅振玉相遇了，二人卻未交言。

二人相遇情形雖未見諸文字記載，但完全可以想像得出：王國維試圖打開僵局，而羅振玉表現出拒人千里之外的態度。王國維再次受到巨大的傷害。

最後的晚餐

王國維生逢亂世，一九二七年三月以後，世道似乎更加混亂。迷茫的天際烏雲密布，看不到一線光亮。清華園的師生們頗有同感。王國維的好友吳宓在日記中屢有記載。本年四月三日記：「近頃人心頗皇皇，宓決擬於政局改變、黨軍得京師、清華解散之後，宓不再為教員，亦不從事他業。而但隱居京城，以作文售稿為活，中英文並行。」四月三十日記：「陳寅恪於晚間來訪，談中國人之殘酷。感於李大釗等之絞死也。」五月二日記：「夕，王靜安先生來談。」五月十二日記：「王靜安偕陳寅恪來。」五月十六日記：「上午訪寅恪晤王靜安先生。」

此時此刻，王國維與陳寅恪、吳宓往來密切，所談者主要為動盪之局勢：既有北方奉軍張作霖殘害李大釗等人之暴行，也有南方國民黨「四一二」之大肆濫殺。他們對蔣介石、馮玉祥、國民黨、共產黨等各種情況並不瞭解，所聽到的卻多是沾滿血腥的消息。他們自不會對時局抱樂觀的態度，尤其是王國維。

四、五月間，北伐的國民黨軍隊攻下徐州，馮玉祥引兵出潼關，敗奉軍於河南，直魯危急，北京城內一片恐慌。接著，又有消息傳來，兩湖學者葉德輝、王葆心被殺。尤其是王葆心，雖為鄉里德高望重之老先生，只因通信中有「此間是地獄」一語，即被拽出，遭受極端侮辱，終致於死。王葆心是心懷舊文化之人，竟受如此侮辱。王國維自忖自己為清廷遺臣，北伐軍到京，不知還要遭受多少侮辱，他豈能不驚。

北平《世界日報》晚刊上發表《戲擬黨軍到北京所捕之人》，王國維大名赫然列於紙上。

在《王國維年譜》及知情人的回憶中，這段時間，王國維仍專心致力於學問，這是他人生的最大樂趣。

四月下旬，王國維意外地抽出時間，攜家人一起遊覽西山。這種情形在以往是非常少的。

一天，王國維從梁啟超處返回，對夫人說：「梁啟超約我赴日暫避，尚未作考慮。」五月底，王國維為學生謝國禎書扇七律四首。四首中，有兩首為時人陳寶琛（溥儀的老師）所作落花詩。詩曰：

倚天照海倏成空，脆薄元知不耐風。忍見化萍隨柳絮，倘因集蓼毖桃蟲。到頭蝶夢誰真覺，刺耳鵑聲恐未終。苦學挈皋事澆灌，綠陰涕尺種花翁。

北勝南強較去留，淚波直往海東頭。槐柯夢短殊多事，花檻春移不自由。從此路迷漁父棹，可無人墜石家樓。故林好在煩珍護，莫再飄搖斷送休。

除為門生題寫陳寶琛落花詩外，王國維自己也寫過不少落花詩，無不隱藏殉身之志。茲錄六首《落花》詩於下：

春歸莫怪懶開門，及至開門綠滿園。漁楫再尋非舊路，酒家難問是空村。悲歌夜帳虞兮淚，醉侮煙江白也魂。委地於今卻惆悵，早無人立厭風幡。

芳華別我漫匆匆，已信難留留亦空。萬物死生寧離土，一場恩怨本同風。株連曉樹成愁綠，波及煙江有倖紅。漠漠香魂無點斷，數聲啼鳥夕陽中。

陣陣紛飛看不真，霎時芳樹減精神。黃金莫鑄長生蒂，紅淚空啼短命春。草上苟存流寓逝，陌頭終化冶遊塵。大家準備明年酒，慚愧重看是老人。

擾擾紛紛縱複橫，那堪薄薄更輕輕。沾泥寥老無狂相，留物坡翁有過名。送雨送春長壽寺，飛來飛去洛陽城。莫將風雨埋怨殺，造化從來要忌盈。

花雨紛然落處晴，飄紅泊紫莫聊生。美人無遠無家別，逐客春深盡旅行。去是何因趁忙蝶，問難如說假啼鶯。悶思遣拔容酣憂，短夢茫茫又不明。

十分顏色盡堪誇，只隸風情不戀憂。慣把無常玩成敗，別因容易惜繁華。兩姬先隕傷吳隊，千豔叢埋怨漢斜。清遣一支間柱枝，小池新錦看跳蛙。

五月三十日，滿清遺臣金梁來清華拜訪王國維。二人私交甚篤，王國維向金梁吐露了心聲。金梁回憶當時的情景時寫道：「公平居靜默，是日憂憤異常時，既以世變日亟，事不可為，又念津園可慮，切陳左右請遷移竟不為代達，憤激幾泣下。余轉慰之，談次忽及頤和園，謂今日幹淨土唯此一灣水耳。蓋死志已決於三日前矣……」

六月一日，清華國學研究院第二班畢業。中午研究院舉辦師生敘別會。餐前聚坐，王國維與眾人談蒙古史料，交談甚暢。其雍容淡雅之態，給學生們留下了很深的印象。然而，正餐開始後，到處都是歡聲笑語，唯王國維所在之席寂然無聲。不知是否受王國維一時情緒之影響。席間，梁啟超忽然起立致辭，歷數同學成績之優越，並說：「吾院苟繼續努力，必成國學重鎮無疑。」眾人均認真諦聽，王國維也點頭不語。餐後，互致告別，王國維並無異樣。接著，王國維拜訪陳寅恪。返回校西院十八號私第後，學生姚名達等人來訪。王國維與之交談達一小時，「懇懇切切，博問而精答」。到晚餐時分，學生們告別，王國維送至庭中。

晚上，同學戴家祥與謝國楨謁王國維，問陰陽五行說之起源，並論日人某研究干支之得失。交談甚歡。然話題涉及時局後，王國維神色黯然，似有避亂移居之意。

王國維自殺日

熟悉王國維的人知道，王國維雖然表面上看起來不苟言笑，不喜歡聊天，其內心卻有濃厚的情感。梁啟超即說：「王先生的性格很複雜而且可以說很矛盾，他的頭腦很冷靜，脾氣很和平，情感很濃厚，這是可從他的著述、談話和文學作品看出來的。只因有此三種矛盾的性格合併在一起，所以結果可以至於自殺。他對於社會，因為有冷靜的頭腦所以能看得很清楚；有和平的脾氣，所以不能取激烈的反抗；有濃厚的情感，所以常常發生莫名的悲憤。積日既久，只有自殺之一途。」

一九二七年六月二日，王國維自殺日。

這天早上一切如常，王國維按固有的習慣，早起盥洗完畢，照舊由夫人為其梳理辮子，接著便到飯廳用餐。子女們雖沒有上學，但必須與父母親同進早點，這也是老規矩。

王國維早餐後必至書房小坐，然後便到公事房辦公。如有東西須帶至公事房，總是叫老家人馮友跟隨送去。這一天，王國維是獨自一人去的。

臨走前，他將事先寫好的遺書放入衣服袋子裡。看看已經頂到屋樑的線裝書，那是他的心血與寄託所在，他沒有別的愛好，所發工資大多買了書籍。如今，他要與這些無聲的朋友們告別。他當然已為書籍們安排好後路，在遺書中寫明由陳寅恪、吳宓二人處理。

他出家門的時候，沒有任何異常的舉動。家人們根本不會想到，這一家之主竟要走上絕路。

早上八點，王國維步行至研究院公事房。隔一會兒，王國維將院中聽差叫來，讓他到自己的私第取學生們的成績稿本，並與研究院辦公處侯厚培共談下學期招生事。九點鐘，王國維向侯厚培借錢，欲借洋二元。侯厚培身上沒有現洋，便取出一張五元紙幣，遞給王國維。

王國維走出公事房，來到校門口，雇了「校中掛號第三十五」的一輛洋車，命車夫拉往頤和園。頤和園在清華園之西，距離不遠，很快就到了。王國維下車，給車夫五毫洋錢，讓他在園外等候。接著，王國維購票入頤和園，來到昆明湖畔，先在岸邊石舫前久立。

昆明湖水在風中蕩漾，王國維的內心則波濤洶湧，他正在進行生與死的最後抉擇。很久，他長出一口氣，轉而來到魚藻軒。

是日遊人眾多，但無人注意到王國維

「魚藻軒」的名稱是有來由的。詩曰：「魚在在藻，有頒其首。王在在鎬，豈樂飲酒。」憂王居之不安也。逸詩曰：「魚在在藻，厥志在餌，鮮民之生矣，不如死之久矣。」王國維選在此處自殺，自有其深意。

據園丁說：「先生約上午十點鐘左右進園，初在石舫前兀坐之久，複步入魚藻軒，吸紙煙。旋即聞投湖聲，及得救，其間不及二分鐘，而氣已咽。死時裡衣猶未濕也。」

此處湖水雖淺，但底部皆為污泥，王國維以年老之軀，懷必死之志，入水後頭先觸底，以致口鼻迅速被泥土塞滿，氣息停止。園丁將王國維救起後，不知道應馬上實施人工呼吸等急救法，以致貽誤而死。

與王國維一起到頤和園的車夫並不知道園中已發生這樣的事。他按照王國維的吩咐，一直在園外門口等候。下午三點鐘之後，頤和園就要關門了，王國維仍然沒有出來。門前的洋車大多已經離開。守門人看到這位車夫，問：「這個時候了，為什麼還不離開？」車夫告以實情，答：「尚有一老先生在園內，所以不敢離開。」守門人便詢問老先生的年貌舉止，等聽明白後，告訴車夫：「此人現已投湖死。」接著領車夫入園核實，果然是王國維。

車夫馬上返回清華園，將消息告訴校方。學校趕緊派人轉告王國維的家人。王國維家人正奇怪王國維沒在家吃午飯，有人報來死訊，家人無不驚駭。

王國維的兒子王貞明心急如火，乘車馳往頤和園。在魚藻軒中見到王國維的屍體，痛哭不已。

清華大學國學研究院的師生們聽到王國維自沉的消息，無不震驚。治喪委員會迅速成立，師生們為失去這樣的好老師好同事而痛心不已。王國維被隆重地安葬了。師生們為表示對王國維的尊崇，在陳寅恪、吳宓二人的帶領下，行跪拜禮。

王國維之死，在整個中國學術界掀起了波瀾。他的死令人痛心，也令人迷惑。人們在他的衣袋裡發現遺書，封面書寫：「送西院十八號王貞明先生收。」

遺書內容為：「五十之年，只欠一死。經此世變，義無再辱。我死後，當草草棺殮，即行槁葬於清華塋地。汝等不能南歸，亦可暫於城內居住。汝兄亦不必奔喪，固道路不通，渠又不曾出門故也。書籍可托陳吳二先生處理。家人自有人料理，必不至不能南歸。我雖無財產分文遺汝等，然苟能謹慎勤儉，亦必不至餓死也。五月初二日，父字。」

寒山寺《楓橋夜泊》詩碑千年詛咒之謎（一）

張榮

當年唐武宗發出詛咒說：書刻《楓橋夜泊》者不得好死……

相傳後世北宋翰林院大學士郇國公王珪、明代才子文徵明、清代曾國藩的得意門生命樾，都因書刻此詩不得好死……

七十多年前，侵華日軍為掠盜寒山寺《楓橋夜泊》詩碑煞費苦心，但最終因為一樁詭異的命案而停止了行動……

難道詩碑詛咒真的存在嗎？

寒山寺因《楓橋夜泊》名揚四海

寒山寺，坐落在蘇州古城西閶門外七裡古運河畔，比鄰楓橋，曾稱楓橋寺。提起寒山寺，讓人不禁想起唐代詩人張繼的那首《楓橋夜泊》。日前，記者來到千年古剎寒山寺，寒山寺文化研究院院長姚炎祥等專家學者向記者介紹了兩者之間的故事。

姚炎祥說，歷史上，寒山寺幾易其名。相傳，寒山寺始建於梁武帝天監年間，距今已有一千五百多年的歷史，初名「妙利普明塔院」，在唐代改名寒山寺，北宋時改名「普明禪院」，南宋年間稱楓橋寺，元代時複稱寒山寺，沿用至今。

「在唐代以前，寒山寺是不知名的小寺，自從有了詩人張繼的《楓橋夜泊》才讓寒山寺名聲大振。」姚炎祥告訴記者。唐代詩人張繼，字懿孫，襄州（今湖北襄樊）人，天寶十二年（753年）中進士。張繼詩現存約四十首，主要是紀行遊覽酬贈送別之作，多為五、七言律詩及七言絕句，以《楓橋夜泊》最為著名。如今，連寒山寺老和尚性空和現任住持秋爽都說，寒山寺屢毀屢興屢建，能延續千年，張繼功不可沒。

寒山寺存有三塊《楓橋夜泊》詩碑

據《重修寒山寺志》記載，千年以來，寒山寺飽經戰火和磨難。在日軍侵占蘇州時，寒山寺殿堂房舍曾一度淪為日軍倉庫馬廄，僅有二三寺僧局處一隅廝守而已，其生活來源，唯賴經營浴室菜館或賣字賣帖，勉強糊口。

日本侵略軍在中國時，千方百計大量掠奪淪陷區文物，蘇州寒山寺的許多文物也都在窺伺之列。姚炎祥說，他看到過曾被日軍偷走的一幅古畫，「是被一個日本軍官侵華時從寒山寺偷走的，其臨終前，讓後人將畫送回寒山寺。上世紀九〇年代，該畫回歸寒山寺時，我見了一次，上面有青松和騰雲駕霧的仙人」。

在寒山寺內，記者所見的《楓橋夜泊》詩碑為俞樾所刻，除了正面、背面均有題字外，碑身的兩側也分別有數行小字。同行的蘇州科技學院教授、寒山寺文化研究院研究員汪祖民介紹，這樣四面刻字的詩碑在寺廟中很罕見。而且，在該古碑旁邊，又豎起了一塊俞樾的《楓橋夜泊》詩碑，上下有浮雕龍，碑石也比原碑高大許多。汪祖民介紹，連同寺外新立的「中華第一碑」，寒山寺有三塊俞樾所書的《楓橋夜泊》詩碑。「同一人所書的詩碑在一個寺有三塊，這在全國寺廟中絕無僅有。」

此外，在南京還有一塊《楓橋夜泊》仿碑。汪祖民說，有資料稱，抗戰時期，日本侵略軍大肆掠奪中國文物，著名的《楓橋夜泊》詩碑尤為日本人所矚目。當時，日本大阪朝日新聞社企圖以舉辦「東亞建設博覽會」的名義，把詩碑運到日本，當時寺廟主持靜如法師恐怕詩碑被日寇掠走，請蘇州石刻大師錢榮初仿刻了一塊石碑，沒想到卻被大漢奸梁鴻志的遠房表弟朱君仁發現，最終大漢奸梁鴻志將仿碑運到南京。

蘇州一位對歷史頗有研究的學者認為，陰謀掠奪《楓橋夜泊》仿碑的幕後推手就是臭名昭著的甲級戰犯、侵華日軍華中方面軍司令官松井石根大將。

戰犯松井石根拍照寒山寺

松井石根，一八七八年七月二十七日出生在日本名古屋市，日本甲級戰犯，日軍南京大屠殺事件的元兇之一。曾先後任日本參謀本部中國班班員、駐中國廣東武官、駐上海武官、駐臺灣日軍司令官、上海派遣軍司令官等職，駐華十三年，是一個「中國通」。一九三七年十一月二十四日，松井石根制定《第二期作戰大綱》，決定十二月上旬進攻南京。十二月一日，日本參謀本部根據松井石根的要求，電令華中方面軍攻占南京。同日，松井下達了準備攻克南京的作戰命令。不久，日軍第六師團以重炮猛轟南京中華門，炸塌城牆數處，日軍蜂擁而入，南京淪陷。

南京被攻下的消息傳到蘇州後，當時盤踞在蘇州的松井石根欣喜若狂，他親率百餘護衛策馬狂奔到寒山寺，在《楓橋夜泊》詩碑前與另八名日本人合影。

松井石根在寒山寺拍照後，因其與日本天皇裕仁的叔父、日軍上海派遣軍司令官朝香宮鳩彥中將私交甚厚，並深得裕仁天皇的寵信，知曉裕仁和朝香宮鳩彥也喜歡《楓橋夜泊》一詩，他便將在寒山寺拍的照片分別寄給裕仁和朝香宮鳩彥。

照片引來「九尾狐」密謀「天衣行動」

裕仁接到松井石根的照片，大喜，在次日特意召見了日軍參謀次長多田駿，表示想一睹寒山寺《楓橋夜泊》詩碑的真容。於是，多田駿出了一個餿主意，讓裕仁下詔書給松井大將，把《楓橋夜泊》詩碑從蘇州運往日本。松井石根接到敕電後，想到寒山寺內《楓橋夜泊》詩碑在蘇州乃至華夏民眾心目中的地位，不能強行掠碑，於是有著日本軍界「九尾狐」之稱的他，召見了日本大阪朝日新聞社隨軍記者長谷川信彥，商議如何「巧取」《楓橋夜泊》詩碑。

經過一番密謀，詭計悄然實施。一九三九年三月十四日，應日本人要求，南京偽維新政府派出了偽行政院宣傳局科長陶艾抵達蘇州，向偽省府接洽博覽會事宜，要求就地代雇參加東亞建設博覽會的刺繡、泥水、造艇等工人。

一九三九年三月十五日，受日寇控制的《蘇州新報》第二版，以「大阪朝日新聞社舉辦東亞建設博覽會」為標題，說「大阪朝日新聞社定于本年四月一日起，在日本大阪甲子園舉辦東亞建設博覽會，並分函偽維新、臨時兩政府及滿洲國，徵求治下名貴及特色手工參加該會，偽維新政府方面已派員向蘇州偽省府接洽，在蘇州就地招刺繡女工和泥水匠、造艇匠參加東亞建設博覽會」。但是，這條新聞中絲毫沒有提到寒山寺詩碑之事。

次日，《蘇州新報》第二版刊發了一條新聞，這條新聞的主標題是「寒山寺碑運日」，副標題是「參加大阪東亞建設博覽會」，文中寫道：「日本朝日新聞社定期在大阪甲子園舉辦東亞建設博覽會。茲悉該社此次舉辦之展覽會中，除陳列名貴出（展）品外，並以唐代詩人張繼所詠之《楓橋夜泊》詩聞名中外，因此圓（寒）山寺之名隨之大噪，至陽春三月，來蘇州踏青尋芳之騷人墨客，亦以一臨斯地憑弔為幸，而東邦人士旅蘇（州）者亦靡（靡）不前往一遊為暢，故特在會中仿照寒山寺假造一所，為逼真起見，將寒山寺碑即日搬運赴滬，再轉運至大阪陳列，屆時東鄰友邦人士之未履中土者，得能摩挲觀賞，用意良善，並聞此碑一俟大會閉幕再行運歸原處，是則東渡後之寒山寺碑將益增其聲價矣！」

據說，當松井石根看了《蘇州新報》的「運碑」報導後，認為自己是妙計天成，無人能識破。隨後，他命部下特高課課長小丘策劃了一個「天衣行動」，組織精幹特工喬裝成海盜，隨時待命；另派幹練特工在日本本土博覽會結束時對《楓橋夜泊》詩碑進行掉包，用假碑換下真碑，待運碑船啟程返回途中，待命的「海盜」特工迅速採取手段，使運碑船和假碑同沉汪洋，而真碑則被留在日本。

日本人因何鍾愛《楓橋夜泊》詩碑

松井石根和其天皇主子為何都對《楓橋夜泊》詩碑感興趣？

蘇州一位元學者告訴記者，松井石根對中國文化有一定的研究，他很喜歡《楓橋夜泊》一詩，對晚清著名文學家、教育家、書法家、國學大師俞樾的書法也很崇拜。

汪祖民說，自古以來，張繼的《楓橋夜泊》詩，在日本眾所周知、家喻戶曉，還被編入教科書，影響遠超過了同是唐代詩人的李白和杜甫。而且，清代俞樾在《重修寒山寺記》一文中也說過：「凡日本文墨之士，見則往往言及寒山寺，且言其國三尺之童，無不能誦是詩。」

「日本人對寒山寺情有獨鐘，可謂到了癡迷的地步，還仿蘇州的寒山寺，在日本東京也建造了一個寒山寺，而且刻了《楓橋夜泊》詩碑。」這究竟是何因呢？汪祖民介紹，西元七五三年十二月二十日，六十六歲高齡並且雙目失明的大唐和尚鑒真，在日本遣唐使藤原清河一行的陪同下東渡弘法。所以，中國的佛教和文化在日本影響深遠。而且，寒山的三百多首詩作也流傳到了日本，被許多日本僧人喜愛、研究。自北宋日本僧人成尋向浙江天臺山國清寺僧禹珪乞寒山詩開始，日本至今所藏的寒山詩版本為數可觀，其原因在於寒山詩的「口語化」，以及所謂的「寒山精神」。

在寒山寺弘法堂，記者發現除了有玄奘和鑒真的塑像外，還有一個站立手持法器的僧人銅像。「這是空海大師，曾西渡來到中國，傳說到過寒山寺。」汪祖民說，唐貞元二十年（804年），空海以學問僧的身分，隨著日本第十二次遣唐使乘船來到中國。在長安時，他學習了中國的書法、詩文、畫像、雕刻等，於西元八〇六年歸國，帶回了漢文經典、密教佛像、書畫等。「空海是日本真言宗的開山祖師，作為代表日本文化的先驅者，在日本一直以來享有崇高的聲譽。」

愛國志士刻仿碑欲蒙混日軍

二〇〇二年出版的《重修寒山寺志》人物卷記載，據當時尚在的老人回憶，一九二三年寒山寺住持為四川人大休；一九二九年至一九四四年住持是靜如。該書「大事記」中，未提及《楓橋夜泊》詩碑仿製一事。而早前有關文章透露，刊登在《蘇州新報》上的有關「運碑抵日」報導，靜如法師也看到了。這位愛國的法師唯恐《楓橋夜泊》詩碑被日寇掠走，他立即請來名滿江南的蘇州石刻大師錢榮初到寺。靜如法師緊閉門窗後，向錢榮初奉上二十根金條，說明請其刻碑瞞敵之事。錢榮初一聽是請他在最短的時間內仿刻一塊詩碑，用掉包計欺瞞欲掠碑的日寇，立馬將二十根金條退回給靜如法師，當即答應刻碑，不收一文。

在靜如法師安排的寺外密室內，錢榮初僅用兩天時間就將《楓橋夜泊》詩碑仿刻成功。豈料，就在錢榮初仿刻詩碑時，卻被一個人盯上了，此人就是大漢奸梁鴻志的遠房表弟朱君仁。朱君仁是偽政權特務機構的特務頭目，他奉梁鴻志之命看好蘇州寒山寺的《楓橋夜泊》詩碑，唯恐有人用掉包計來藏匿被日本天皇「傾慕」的原碑，到時不好交差。所以他親率三十多名特工，密切監視寒山寺的往來人等，「終於在靜如和錢榮初運仿碑進寒山寺時，將仿碑截住。」

朱君仁截獲仿碑後，因懾於靜如法師和錢榮初的民間聲望，未敢加害他們。

梁鴻志得知錢榮初仿刻的《楓橋夜泊》詩碑被朱君仁截獲後，急電朱君仁火速用專車護送仿碑到南京，暫將此碑藏於南京總統府內。梁鴻志將仿碑雪藏後，立即呈書松井石根，建議日本憲兵悄悄將蘇州寒山寺內的《楓橋夜泊》詩碑用商船運抵日本，與此同時，將錢榮初刻制的仿碑在南京總統府內展出。因《楓橋夜泊》詩碑的原碑和錢榮初刻制的仿碑一模一樣，所以梁鴻志向松井石根獻媚道：「此瞞天過海之計，可確保寒山寺內的《楓橋夜泊》詩碑永久地留在大日本帝國的皇宮內。」

然而，松井石根對梁鴻志插手「掠碑」一事非常不滿。他認為，這是梁鴻志和他在天皇面前爭寵，當即否決了梁鴻志移花接木運碑之計，而命令小丘提前執行「天衣行動」。

然而，就在「天衣行動」啟動的前一天，一樁詭異的命案發生了，從而導致松井立即下令停止行動。

石刻大師突然暴死寒山寺

一九三九年三月二十日早晨，朝陽斜斜地穿過樹叢的枝枝丫丫，將光線斑駁地散落下來。一批進早香的香客，三三兩兩地走在通往寒山寺的路上，陽春三月的空氣沁人心脾，再加上目光所及的優美風景，這一切令香客們心曠神怡。

就在這時，有人突然指著前方喊了起來：「快看，有個人趴在地上！」人群突然寂靜了下來，幾秒鐘之後，人們迅速朝前方湧去。一個膽大的老頭蹲了下來，用手拍拍那人的肩背，見無反應，便招呼來兩個香客，合力將此人翻轉過來。眾人一看，頓時大吃一驚，這人滿臉是血，顯然已斷氣多時了。這人到底是誰呢？

在寒山寺的山門外發現了一具無名屍的消息，像長了翅膀一樣迅速傳遍了姑蘇古城。很快，身分確定了，居然是錢榮初。在錢榮初家人和親朋那哭天搶地的悲慟中，圍觀者紛紛猜測，到底是何人要加害他呢？有消息靈通的人私下傳說錢榮初刻詩碑想瞞天過海卻被發現一事，難道是日本人下的毒手？

就在街頭巷尾議論紛紛之際，松井石根也聽到了這個消息，他立即命令日本憲兵隊趕去，將死者的屍體運回，並讓法醫對死者進行驗屍。法醫發現死者上衣口袋內有張紙條，就讓憲兵轉交給松井石根。

松井石根打開紙條一看，頓時面如土色，原來這張紙條是用鮮血寫的，上面的血字赫然在目：「刻碑、褻碑者死！吾忘祖訓，合（活該）遭橫事！」這分明是個詛咒，看那意思，無論是誰，無論有何原因，只要敢打詩碑的主意，就不會善終。錢榮初因私刻《楓橋夜泊》詩碑而暴斃，不就是一個很好的例子嗎？想到這裡，松井石根驚出一身冷汗。

但是在內心裡，松井石根還是很疑惑，這個詛咒是真是假，它到底為何會附加在《楓橋夜泊》詩碑之上？發下這個詛咒的人究竟是誰呢？

這個對中國文化曾有較深研究的「中國通」立即陷入了沉思，他立即放下繁雜的軍務，一頭紮進故紙堆，查閱有關《楓橋夜泊》詩碑的歷史記載。隨著他對《楓橋夜泊》詩碑研究的不斷深入，他的臉色越來越難看。原來，據野史記載，關於詩碑詛咒的傳說確實存在，而且，這個詛咒竟然是中國唐朝皇帝唐武宗發出的。詛咒說，書刻《楓橋夜泊》者不得好死。而且，傳說北宋翰林院大學士郇國公王珪、明代才子文徵明、清代曾國藩的得意門生俞樾，都因書刻此詩不得好死。

唐武宗又為何會對一塊詩碑下咒呢？詛咒真的靈驗？一個不靠譜的詛咒，何以穿越了千年的光陰而陰魂不散？

唐武宗下咒《楓橋夜泊》詩碑

想要解開《楓橋夜泊》詩碑的詛咒之謎，還要從唐武宗說起。

南京師範大學社會發展學院院長、中國唐史學會理事、博士生導師李天石教授告訴記者，唐武宗是唐朝中後期一位比較優秀的皇帝，二十七歲繼位的他曾征服回紇，鎮壓昭義鎮叛亂，削弱各鎮割據，限制宦官專權。《舊唐書》因此稱讚唐武宗，「能雄謀勇斷，振已去之威權；運策勵精，拔非常之俊傑」。但是，他也有個缺點，就是特別崇尚道術，對長生不老之術和仙丹妙藥十分迷信。

據介紹，唐武宗曾經拜道士趙歸真為師，並在趙歸真的指引下煉製、服用所謂的仙丹妙藥，以求長生不老。但最終因為服用藥物而一命嗚呼，成為歷史上又一位因為服食「仙丹妙藥」而死的皇帝。

傳說，唐武宗酷愛張繼的那首《楓橋夜泊》詩，在他猝死前的一個月，他還敕命京城第一石匠呂天方精心刻制了一塊《楓橋夜泊》詩碑，當時還說自己升天之日，要將此石碑一同帶走。於是在唐武宗駕崩後，此碑被殉葬於武宗地宮，置於棺床上首。並且，唐武宗臨終頒佈遺旨，《楓橋夜泊》詩碑只有朕可勒石賞析，後人不可與朕齊福，若有亂臣賊子擅刻詩碑，必遭天譴，萬劫不復！

換句話說，《楓橋夜泊》詩碑也只可有此一塊，只要有人再刻《楓橋夜泊》詩碑，就會死於非命。

雖然這只是傳說，但傳說也不可能是空穴來風。那麼，歷史上究竟有沒有其他人刻寫了《楓橋夜泊》詩碑，這些人的下場是否真應了唐武宗的詛咒而「必遭天譴，萬劫不復」呢？

史上確有刻碑喪命事件？

經記者查證，《楓橋夜泊》詩碑民間（相對於帝王之家而言）始刻於北宋，作者為翰林院大學士郇國公王珪。王珪自刻碑後，家中連遭變故，王珪本人也暴亡。第二塊《楓橋夜泊》詩碑的作者是明朝書畫家文徵明，詩碑「玉成」不久，文徵明亦身染重疾，在世間受盡病痛折磨，含恨辭世。

清代大學者俞樾是第三塊《楓橋夜泊》詩碑的作者（現蘇州寒山寺內的《楓橋夜泊》詩碑即出自俞樾之手），清末光緒三十二年，江蘇巡撫陳龍重修寒山寺時，有感於滄桑變遷，古碑不存，便請俞樾手書了這第三塊《楓橋夜泊》石碑。俞樾作書後數十天，便倏然長逝了……

松井石根恐懼詛咒，中止奪碑計畫

時空再回到一九三九年的蘇州，錢榮初刻完《楓橋夜泊》詩碑後立即暴斃了，在《楓橋夜泊》詩碑的歷史記載中私刻詩碑的人都「萬劫不復」了，這讓松井石根不得不得出一個結論：此碑真的是烙上了千年的詛咒，只配帝王把玩和擁有，凡夫俗子怎能去享受帝王的尊榮呢，難怪會應了詛咒，不得好死啊。日本天皇雖也是一朝天子，但他是異國之君，萬一也難以跳出唐武宗詛咒的怪圈，那該如何是好呢？

松井石根越想越怕，他怕盜奪詩碑的行動會「妨主妨己」，遂打消了掠碑的念頭，並將「悟」出的道理電呈裕仁天皇。天皇經反覆權衡，准奏。

於是，松井石根徹底放棄了這個計畫。

隨著時間的流逝，那起發生在明媚三月寒山寺門前的命案，已漸漸從人們記憶裡消失了。當然，在這個世界上，類似千年詛咒這樣的東西其實是並不存在的，但發生在《楓橋夜泊》詩碑之上的樁樁「怪事」又該如何解釋呢？

寒山寺《楓橋夜泊》詩碑千年詛咒之謎（二）

胡玉梅

一首小小的古詩，真的就有魔力、有皇家詛咒，後人都不能寫，不能刻它嗎？寫它的人，刻它的人，就會因詛咒而莫名其妙死亡嗎？從唐武宗至今，一千多年來，凡是和《楓橋夜泊》詩碑有關的名人，王珪、文徵明、俞樾等人，究竟是死於詛咒還是其他原因？錢榮初暴死一事又該如何解釋？

「三旨宰相」王珪有沒有遭「天譴」

《楓橋夜泊》詩碑民間始刻於北宋，最早刻這塊碑的人是翰林院大學士郇國公王珪。

據說，王珪自刻碑後，家中連遭變故，王珪本人也暴亡。這是對唐武宗死前所說的應驗，還是巧合？

南京博物院古代藝術研究所書畫鑒定家張蔚星說，這個刻碑的王珪，就是李清照的外公，也是秦檜夫人王氏的爺爺。史書上記載，王珪為人膽小怕事，一貫順承帝意，以明哲保身處世，是出了名的「三旨宰相」。什麼叫「三旨宰相」呢？他上殿奏事稱「取聖旨」；皇帝裁決後，他稱「領聖旨」；傳達旨意是「已得聖旨」。他雖在政治上碌碌無為，但文學造詣確實不錯。在《宋史本傳》上記載，王珪是三朝元老，為宋朝起草詔書達十八年之久，其中重大典策多出自其手。歐陽修讀王珪所起草的宋仁宗立太子詔時，忍不住讚歎說：「真學士也。」

「王珪書《楓橋夜泊》是因為他文學地位非常顯赫，他寫碑的時候，正是服喪期間，並沒有署名。其實，書了碑文後，他本人在朝廷上的權勢並沒有削弱。元豐四年（1081年）十月，皇帝發現有大臣和大理評事石士端之妻王氏通姦，有人想趁機陷害王珪父子，但陰謀沒有得逞。王珪的死，雖然沒有明確記載死因，但史書上說他死在任上，活到了六十七歲，這在古代已經是比較長壽的了。他死後，宋哲宗還封他為岐國公。」

文徵明寫完《楓橋夜泊》後四十年才死

四百多年後，由於王珪寫的《楓橋夜泊》詩碑已經不知去向，於是，當時中國書壇最有名氣的文徵明便再次寫了這塊詩碑。但據說，詩碑「玉成」不久，文徵明也身染重疾，在世間受盡病痛折磨，含恨辭世。他難道也是中了唐武宗的詛咒？

張蔚星笑笑說：「並不是這麼回事。文徵明與沈周、唐伯虎、仇英並稱為吳門四家。這四個人當中，文徵明生活是最有規律的，他和唐伯虎同年，但比唐伯虎長壽多了。唐伯虎死於嘉靖二年（1523年）十二月，終年五十四歲，而文徵明活到了近九十歲。文徵明寫《楓橋夜泊》詩碑，應該是在五十歲前，也就是嘉靖元年前後。因為嘉靖二年春天，文徵明就以應貢赴京，繼授翰林院待詔留京。而且從現有『徵明』二字，可以知道詩碑是他四十二歲後所寫，也不同於致仕以後的風格，和他五十歲時的《金陵詩帖》字體相近，應是他五十歲前所寫。」

那麼，文徵明究竟是怎麼死的？如果是中了詛咒，為何沒有立即去世，而是過了四十年以後呢？據瞭解，文徵明是一個非常勤奮的書畫家，加上生活又講究規律，他算是很長壽的。一直活到了八十九歲，去世前，他在一艘小船上，正在為別人寫墓誌銘。當時他很安靜地寫著小楷，但還沒寫完，就放下筆坐在凳子上安詳地辭世了。專家推測說，文徵明很有可能是由於心臟病突發才去世的。

曾國藩的得意門生俞樾應是自然死亡

又過了近四百年，寒山寺被重修，俞樾為此寫了第三塊《楓橋夜泊》詩碑。但，怪事又發生了，碑成後十多天，俞樾便溘然長逝……俞樾是因何去世？是死於非命，還是自然壽終？

俞樾寫這首《楓橋夜泊》時，是在清末光緒三十二年（1906年），當時俞樾雖已八十五歲高齡，但他仍以其飽滿的情懷、穩重的章法、渾圓的筆意，揮灑淋漓，一氣呵成。「俞樾是曾國藩的學生，當年科舉考試，俞樾以『花落春仍在』為題目，被曾國藩贊為佳作。但是俞樾官運不好，被禦史曹登庸以『試題割裂、出題不謹』彈劾罷職。三十八歲時為避兵燹，他移寓蘇州，潛心學術。曾國藩有兩個非常有意思的弟子，一個是李鴻章，拚了命掙錢，還有一個是俞樾，拚了命地寫書。俞樾是經學大師，當時他書《楓橋夜泊》碑的時候，年事已高。他四世同堂，八十五歲的時候還牽著重孫俞平伯的手，神采奕奕的。俞樾也是高壽，八十六歲才壽終，是自然死亡。」

臨終前，俞樾還作了留別詩十首，又作「自喜」詩和「自恨」詩，代訃辭行，頗為瀟灑豪邁，在戚戚別情中掩藏著大氣和高亢，而最後一首《臨終自恨》是俞樾臨終前，在彌留之際，口授孫子俞陛雲記錄下來的，可謂「臨終詩筆尚如神」。

張蔚星說，清代以前書《楓橋夜泊》的書畫名家，大都居住在蘇州，還有一點都是比較長壽，並沒有出現寫了碑文就猝死的現象。

只有民國張繼的死因有幾分神秘

一九四七年，蘇州名畫家吳湖帆請國民黨元老張繼也寫刻了一塊《楓橋夜泊》詩碑。請現代詩人張繼書唐代詩人張繼的詩，這在當時被傳為佳話，但張繼寫了《楓橋夜泊》詩碑後，第二天便與世長辭了。這再一次讓人們聯想到了唐武宗的臨終遺旨：「《楓橋夜泊》詩碑只有朕可勒石賞析，後人不可與朕齊福，若有亂臣賊子擅刻詩碑，必遭天譴，萬劫不復！」

張繼究竟是怎麼死的？為何會突然間猝死呢？張蔚星介紹說，張繼雖然和唐代寫《楓橋夜泊》的張繼同名，但張繼自己曾說，他的名字是繼承革命先烈的意思。張繼是河北人，大有燕趙慷慨遺風。他在國民黨中資格雖老，卻坐清水衙門，和蔣介石關係不佳。張繼一生有三件事，大家印象很深刻。第一件事，一九三五年，孫鳳鳴在湖南路中央黨部大禮堂前刺殺汪精衛時，五十四歲的張繼和張學良一起制服了刺客，保全了汪精衛的性命。第二件事，就是張繼怕老婆出了名，其妻崔振華是一個有名的「河東獅吼」。當年，宋慶齡、何香凝在國大提出了「聯俄抗日」的提案，張繼也在上面簽了名，回去向老婆如實彙報，劈頭蓋臉挨了一頓臭罵。於是他又找何香凝，要求把自己的名字勾去。眾人責問他為何這樣輕率，張繼紅著臉承認：「是老婆不贊同孫夫人的主張，不讓我簽字，奈何？」第三件事，就是張繼猝死。一九四七年十二月十五日，也就是張繼寫了《楓橋夜泊》詩碑第二天，就突然死亡了。張蔚星說，有人認為可能是中了詛咒，還有人推測，可能是蔣介石派人殺了他。但公開的說法是：突發心臟病不治身亡，終年六十六歲。而在寒山寺現有的碑廊上，則寫著：「……近日勞瘁過甚，至遲至三日始行，書就越一夕即作古人矣。」由此推測，張繼是因為疲勞過度，導致心臟病突發而亡。

總統府《楓橋夜泊》石碑的另一種說法

如今，不僅蘇州有《楓橋夜泊》詩碑，在南京的總統府內也有一塊。記者探訪了這塊讓人誠惶誠恐又充滿神秘的石碑。石碑比人還高，漢白玉質，放在總統府煦園東長廊南端小亭內，碑的正面、背面以及其中一個側面都有字。記者注意到，碑文的落款是俞樾。

總統府的這塊碑，曾經引發了寒山寺和總統府《楓橋夜泊》詩碑誰真誰假的爭論，一時間吵得沸沸揚揚。總統府陳列研究部的陳甯駿揭秘說，上世紀八〇年代初，在一次較大規模的整修中，在西花園桐音館東南假山附近發現了這塊詩碑，為了保護它，就把它遷到了長廊裡。在遷移中，他們發現碑座上刻有七排文字：「大日本帝國陸軍省海軍省後援，大阪朝日新聞社主催大東亞博覽會，中華民國維新政府出品，寒山寺詩碑於大阪朝日新聞社……日本石材工作，株式會社謹制。」這說明，總統府的這塊詩碑是寒山寺的複製品。

根據之前掌握的資料，這塊碑應該就如前文所說，一九三七年十二月，日寇占領長江下游及當時中國首都南京，其頭目松井石根在寒山寺與石碑合影後，日本侵略者將喜愛至極變成了喪心病狂的瘋狂掠奪，想把這塊詩碑運回本國，據為己有。為了保護這塊石碑，蘇州錢榮初老人連夜刻碑，傳出以贗碑迷惑日寇的動人傳奇。但是操作途中，漢奸將仿碑截住，用專車運到了南京，密藏在總統府內。但是陳寧駿卻說，還有一種說法是，煦園內的這塊石碑是一九三九年三月，維新政府在成立一周年之際，為了博得日本主子的歡心，按原碑大小字樣，重新製作的。在當時，這塊碑是漢奸們奴顏媚笑、迎合奉承的道具。

李大釗、劉海粟等人也書過《楓橋夜泊》碑

據調查，歷史上，除了王珪、文徵明、俞樾、張繼之外，李大釗、劉海粟、陳雲也書過《楓橋夜泊》詩碑。如今在蘇州寒山寺，《楓橋夜泊》詩碑的塊數也頗有爭議，有的說有六塊，有的說有七塊。

其中，有六塊詩碑的說法是：第一塊是王珪詩碑，由於王珪詩碑久已不存，一九九六年，蘇州著名書法家費之雄從三千餘字的王珪手跡墓誌銘拓片中，找出相應的文字，由蘇州碑刻博物館雕刻藝術家時忠德重刻；第二塊是文徵明詩碑，這塊碑原先僅存「霜、啼、姑蘇」等數位而已，現殘缺部分用集字的方法進行刻制而成；第三塊碑是俞樾詩碑；第四塊是張繼詩碑；第五塊是李大釗詩碑。這是李大釗一九一九年三十歲時所書，一九九四年為寒山寺千方百計尋覓到的；第六塊碑是劉海粟詩碑。一九八一年冬，時年八十六歲高齡的畫家把自己關在房內約五個小時，用整個身心完成了一件力作——行草《楓橋夜

泊》。劉老完成這件作品後病倒了多天，但他對這幅作品非常滿意，認為不亞於俞樾所書。根據劉老生前願望，這塊碑於一九九四年鐫刻完成後置於寒山寺碑廊內。

而七塊的說法，前面六碑都一致，就是多了一塊陳雲詩碑。據說，是根據陳雲八十二歲時所寫的、贈送給評彈名家劉韻若的《楓橋夜泊》雕刻而成。

刻碑大師錢榮初暴死之謎數年後破解

看來，有關《楓橋夜泊》詩碑有詛咒的傳說，只是個別案例，屬於一種難得的歷史巧合，但正是這種巧合，為寒山寺保全了這塊碑。那麼，錢榮初的命案又是怎麼回事？

陳甯駿說，其實當時錢榮初並沒有死，解放後，他還曾經回到寒山寺找靜如法師，但那時候，靜如法師已經不在了。那麼，當時老百姓發現的死者究竟是誰呢？

其實，暴斃在寒山寺外的死者並非錢榮初，而是長相與錢榮初非常酷似的另外一個人，他的名字叫錢達飛。錢達飛與錢榮初有刎頸之交，也是個愛國志士。錢達飛曾在東洋留學多年，是個「日本通」，他對日本的政治、經濟都非常有研究，對日本政界、軍界知名人士也「知之甚深」。

錢達飛在得知靜如法師和錢榮初大師的計畫失敗後，便力勸錢榮初喬裝打扮、隱姓埋名去外地避難，他自己則捨生取義，用「血書」引誘松井石根「研究」有關《楓橋夜泊》詩碑的歷史記載，以嚇阻日酋掠碑之陰謀。據說，當錢達飛把自己的「妙計」講給錢榮初聽時，錢榮初不忍錢達飛冒名而死，錢達飛謊稱自己身患癆病，已行將就木，他說，用一即將大限的病軀護碑，值！錢榮初被錢達飛一身正氣深深感動，與其灑淚而別。

由此可見，所謂的皇家詛咒不過是人們的心理暗示罷了，並不存在真正的詛咒，也沒有應驗。《楓橋夜泊》石碑的詛咒之謎，至此已被徹底解開。

千古疑案：徐福東渡究竟去了何方？

何憶

兩千多年前，徐福率數千童男童女、五穀百工，衝破艱難險阻，乘船東渡，這不僅在時間上比哥倫布發現美洲大陸早一千七百多年，比鑒真東渡日本早九百多年，而且在規模上也更為宏大和廣闊，是中國乃至世界古代航海史上的一個奇蹟，同時也留下了種種疑團。

徐福東渡把秦代文明傳入日本，促進了日本社會質的飛躍。徐福因此在日本被尊為農耕神、蠶桑神和醫藥神，日本紀念徐福的祭祀活動曆千年而不衰。但是，自從司馬遷在《史記》中第一次記載徐福東渡活動以來，也把與徐福有關的疑謎留給了後人。

徐福東渡一事，最早出現於司馬遷的《史記》。據《史記・秦始皇本紀》記載：秦始皇二十八年（前219年），「齊人徐福等上書，言海中有三神山，名曰蓬萊、方丈、瀛洲，仙人居之。請得齋戒，與童男女求之，於是遣徐福發童男女數千人，入海求仙人。」秦始皇三十七年（前210年），徐福再次求見秦始皇。因為九年前第一次入海求仙藥，花費了巨額錢財未果，這時徐福謊稱由於大魚阻攔所以未能成功，於是請求配備強弩射手再次出海。秦始皇便相信了徐福的謊言，第二次派徐福出海。徐福於是率「童男童女三千人」和「百工」，攜帶「五穀子種」，乘船泛海東渡，成為迄今有史記載的東渡第一人。對於徐福東渡，《史記・淮南衡山列傳》也有記載：「（秦始皇）遣振男女三千人，資之五穀種種百工而行。徐福得平原廣澤，止王不來。」

疑團之一：徐福東渡是否到達日本？

關於徐福目的地的問題，學術界大多數學者認為，徐福東渡確實到了日本，甚至有人提出，徐福到日本後建立了日本王朝，徐福就是神武天皇；也有學者對此一說法提出質疑。認為到了海南島或者是朝鮮，甚至還有人提出到了美洲。

據《史記・淮南衡山列傳》中的記載：「徐福得平原廣澤，止王不來。」可以推測徐福登陸地是一平原。日本是一個由三千多個島嶼組成的島國。本州、九州、四國與北海道是其中四個大島，總面積達到三十七萬六千七百平方公里。全國有百分之二十四的面積為平原。較大的平原有關東平原、濃尾平原、畿內平原等。除日本列島外，其他島嶼沒有

「平原廣澤」的地理特徵。

另外，徐福東渡日本，在後世的史書資料中也有記載。《三國志．吳書．吳主傳》記載：「長老傳言秦始皇遣方士徐福將童男女數千人入海，求蓬萊神山及仙藥，止此洲不還。」《後漢書》中，把徐福入海求仙事件附在倭國之後。五代時期義楚和尚所寫《義楚六貼》中提到：「日本亦名倭國，在東海中，秦時，徐福將五百童男，五百童女止此國。」在日本學術界，也有不少史料記述徐福到日本的情況，有《神皇正統記》《林羅山文集》《異稱日本傳》《同文通考》等文獻。林下見林在《異稱日本傳》中說：「夷洲、澶州皆日本。相傳紀伊國熊野之山下有徐福墓。熊野新宮東南有蓬萊山，山前有徐福祠。」新井君美在《同文通考》中說，「今熊野附近有地曰秦住，土人相傳為徐福居住之舊地。由此七八裡有徐福祠。其間古墳參差，相傳為其家臣之塚。如斯舊跡今猶相傳，且又有秦姓諸氏，則秦人之來往乃必然之事」。和歌山新宮町《秦徐福碑文》這樣描述：「今東海可當蓬萊者，無可舍皇國他求，則謂日本國，得其實也必矣。」

在日本民間，徐福被尊稱為農神、蠶桑神、醫藥神。還有一些日本人認為自己是徐福的後裔，他們的根據是：在日語中，秦與羽田的發音相同。日本前首相羽田孜就稱自己是徐福的後裔。他說：「我是秦人的後裔，我的姓在很早以前寫作『秦』，我當首相時，考古學家和歷史學家對我的家族進行了調查，並在祖墓碑上發現了『秦』字。」

然而，有些學者認為，徐福東渡日本只是傳說。日本古文獻中載有徐福傳說者以《神皇正統記》（1339年）為最早，其他大約是十七八世紀的記載，因此他們推斷是受了宋元以來中國文獻的影響。在隋唐時期，日本與中國交往極為頻繁，但在文獻之中卻罕見「徐福」二字。又有學者認為，徐福東渡是歷史事實，但不是去了日本，而是美洲，因為徐福東渡的時間與美洲瑪雅文明的興起相吻合。臺灣前上海暨南大學教授、南京古物保存所所長衛聚賢在《中國人發現美洲》中考證，美洲特產四十多種動植物礦產為先秦人民所知。如《春秋》記載「六鷁退飛過宋都」，「鷁」即美洲特有的「蜂鳥」。是殷朝被滅國後，部分殷人逃到北美後，回國觀光帶回六隻蜂鳥，齊桓公為紀念此次遠征，特在旗上繪製「蜂鳥圖」。衛聚賢認為哥倫布在發現美洲之前，已有多位中國人到過美洲，故徐福後來東渡美洲很有可能。吳人《外國圖》指出「亶洲去琅琊萬里」，根據距離分析根本不是日本，而是美洲。最早記述倭國的《後漢書》是把亶洲與日本區別開來的。「亶」字有大島的涵義，美洲大陸像「亶」字。故以字形命名。現在檀香山還遺有帶有中國篆書刻字的方形岩石，三藩市附近也有刻有中國篆文的古箭等文物出土，所有這些都是徐福東渡美洲的明證。

疑團之二：徐福為何東渡？

關於徐福東渡的原因，據《史記》所言，秦始皇不惜以鉅資支持徐福東渡，是為了尋神山仙藥，求長生不死藥。《十洲記》也這樣記載：「秦始皇時，大宛中多枉死者橫道，數有鳥銜草，覆死人面皆登時活，有司奏聞始皇。始皇使使者齎此草，以問鬼谷先生，雲是東海中祖洲上不死之草，生瓊田中，一名養神芝。其葉似菰，生不叢，一株可活千人。始皇於是謂可索得，因遣徐福及童男童女各三千人，乘樓船入海，尋祖洲不返。」

並非所有的言論都支持這種說法，還有不少史書提出了避禍說，《漢書》及《後漢書》中都有相應的記載。《漢書・郊祀志下》這樣說：「徐福、韓終之屬多齎童男女入海，求神采藥，因逃不還，天下怨恨。」《後漢書・東夷傳》說：「又有夷洲及澶洲，傳言秦始皇遣方士徐福將童男女數千人入海，求蓬萊神仙不得，徐福畏誅不敢還，遂止此洲」。唐代詩人汪遵在《東海》詩中也寫道：「漾舟雪浪映花顏，徐福攜將竟不還。同舟危時避秦客，此行何似武陵灘。」作者把徐福入海不歸比作陶淵明《桃花源記》所寫的武陵郡漁人避秦亂而移居桃花源之事。南宋祖元和尚為了逃避元代的統治，也東渡到了日本。他有一首祭徐福的詩：「先生采藥未曾回，故國山河幾度埃。今日一香聊遠寄，老僧亦為避秦來。」祖元把自己去日比作徐福避秦。日本新宮市徐福墓碑文也寫道：「蓋徐生之避秦……」

還有一些人持「海外開發」的觀點。他們認為，以秦始皇的雄才大略，絕不會輕信長生仙藥之說，他派徐福出海，可能跟海外開發有關。《呂氏春秋・為欲篇》指出了秦國統治者的理想：「北至大夏，南至北戶，西至三危，東至扶木，不敢亂矣」。「扶木」就是「扶桑」，即後來所說的日本。秦始皇一再派徐福等入海尋找三神山，絕不是單純為了採神藥，而是為了把東方疆土開拓至日本。

秦始皇統一天下只有十二年的時間，但是四次到東方沿海巡視，這說明他對東方諸島的極大關注。有的學者說，「始皇東巡的根本目的在於實現東至扶木的理想，而徐福探海東渡正是實現始皇理想宏願的具體行動」。秦始皇曾在琅琊刻石中說，「普天之下，摶心揖志。器械一量，同書文字。日月所照，舟輿所載。皆終其命，莫不得意」。又說，「西涉流沙，南盡北戶。東有東海，北過大夏，人跡所至，無不臣者」。從中可以看出，秦始皇早有吞併日本之意，徐福東渡，或許正與此有關。

疑團之三：徐福的船隊從哪裡啟航？

關於這一點的主要說法有：河北省的秦皇島和黃驊說，浙江省慈溪和舟山說，江蘇省海州（現在的連雲港贛榆縣）說，山東省登州灣（龍口市黃縣）及膠州灣徐山（青島）琅琊、成山頭說。

對於河北鹽山縣出海說的說法，持這一觀點的人認為徐福入海確有其事，無棣溝入海處即徐福入海處，至今猶存的古秦台舊址就是見證。西元前二一九年（秦始皇二十八年），秦始皇東巡至琅琊，徐福第一次請求入海。因入海地點選擇不當，中途受阻而歸。西元前二一〇年（秦始皇三十七年），秦始皇再次來到琅琊，徐福請求再次入海。他根據秦始皇的旨意，更換了出海地點，在原齊國舊地饒安（今鹽山縣舊縣鎮），經無棣溝入海。這次東渡一直未歸。

然而，最有可能的一種是琅琊出海說。徐福的渡海求仙，與琅琊的關係最為密切。秦始皇巡視天下曾三臨琅琊，其間兩次召見徐福。由於他上書地點在琅琊，其出海準備工作和入海地點自然就是琅琊。《史記》這樣記載：「（秦始皇巡幸江南）還過吳，從江乘渡，並海上，北至琅琊。方士徐福等入海求神藥，數歲不得，費多，恐譴，乃詐曰：『蓬萊藥可得，然常為大鮫魚所苦，故不得至，願請善射與俱，見則以連弩射之』。始皇夢與海神戰，如人狀。問占夢，博士曰：『水神不可見，以大魚蛟龍為候。今上禱祠備謹，而有此惡神，當除去，而善神可致』。乃令入海者齎捕巨魚具，而自以連弩候大魚出射之。自琅琊北至榮成山，弗見，至之罘，見巨魚，射殺一魚，遂並海西。至平原津而病。」司馬遷明確地指出，秦始皇與徐福自琅琊啟航北上，繞成山至之罘，射殺一巨魚後，秦始皇返回至平原津而病，不日逝世。而徐福則自之罘射巨魚後即遠航異域，從中可以看到，徐福船隊的啟航港應是琅琊港。

迄今為止，仍有眾多有關徐福的疑謎無法作出肯定或否定的結論。大海茫茫，徐福東渡之謎，遂成千古懸案。

火燒阿房宮之謎

佚名

阿房宮被項羽燒毀，這個故事在中國已經流傳了兩千年，被無數的文人墨客引用為典故，在考古界也似乎是一個約定俗成的事情，但是後來阿房宮考古隊員們挖掘的結果卻完全出乎人們的意料，因為，阿房宮並沒有被火燒的痕跡！

有人說燒過的阿房宮被當地的村民挖掉了，也有人說這是《史記》記載錯了，還有人說阿房宮根本就不存在，那麼究竟是怎麼回事呢？

世界上只有很少的幾個地方擁有超三千年的繁華，西安就是其中之一。生長在這裡的人也許並不知道，他們腳下的這片土地曾經是中國歷史上最為華美的宮殿。二十一世紀初，由中國社會科學院考古研究所和西安市文物保護考古所聯合組建的阿房宮考古隊來到西安古城。這次，由權威考古專家組成的工作隊，就是為了要尋找被累累黃土塵封了兩千多年的阿房宮。

「六王畢，四海一。蜀山兀，阿房出……楚人一炬，可憐焦土」。這是很多中國人都耳熟能詳的句子。所以，考古隊此次西行的意圖非常明確，就是要找到那一片被大火焚毀的宮殿遺跡。根據歷史文獻記載和陝西省考古工作者的建議，考古隊順利地找到了傳說中阿房宮前殿的遺址，但接下來，挖掘的結果卻出乎人們的意料……

是不是項羽燒的阿房宮？

會不會因為兩千多年過去了，無數次風霜雨雪的侵襲，已經把大火留下的痕跡抹去了呢？

為了更確切地瞭解被焚毀的遺址究竟是什麼樣子，阿房宮考古隊來到了漢代長樂宮的遺址，這裡曾經是漢朝首都長安城中最為華美的宮殿之一，是漢武帝母親的居所。相傳兩千多年前，長袖善舞的阿嬌就在這裡遇到了年輕的漢武帝劉徹，成就了「金屋藏嬌」這樣一段流傳千載的風流韻事。然而，東漢末年，長樂宮也和漢代其他宮殿一樣，逃不過被焚毀的命運，兩千多年過去了，火燒過的痕跡仍然歷歷在目。

阿房宮考古隊的隊員張劍峰把兩處遺址做過仔細的比較之後，心中越來越忐忑不安，因為在他看來，阿房宮一點也不像是經歷過一場大火的樣子。

如果同樣是被燒毀，這兩座年代相差並不遙遠的建築為什麼看起來如此的不同呢？張劍峰在漢代宮殿中徘徊著，心中有了一個大膽的猜想，卻不敢說出口來。

阿房宮被項羽燒毀，這個故事在中國已經流傳了兩千年，被無數的文人墨客引用為典故，在考古界也似乎是一個約定俗成的事情，所以儘管當時幾乎每個阿房宮考古隊的成員心中都有相同的念頭——阿房宮沒燒！可是沒有一個敢說出口來。

是不是由於挖掘的地方太少了，而且剛好錯過了阿房宮被燒的那一部分？幾百個日子過去了，找不到焚燒過的痕跡，領隊李毓芳開始心焦，就像兩千多年前的那場大火燒在她的心裡。

經過反覆考慮之後，李毓芳決定改進方法，用大面積密探來證實這片土地究竟有沒有遭遇大火，因為這種方法可以很快地探查到地面以下數十公分的情況。為了尋找那場兩千多年前的火災，阿房宮考古隊在遺址範圍內每一平方公尺內打了五個探測孔，然而結果還是令他們失望了。這個時候李毓芳堅定了自己的信心，她認為掀開謎底，說出真相的時候到了。

「阿房宮根本就沒有燒過」，兩千年來人們相信的傳說其實是一種誤會，這一論點剛提出就引發了中國考古界的爭論，有人毫不客氣地指出：是不是你們把地點搞錯了，挖了半天根本就不是阿房宮？

會不會是《史記》記載錯了？

考古隊員孫宏福認為根據史書記載：為了修建阿房宮，秦始皇曾經請來無數的巫師，尋找了咸陽附近的風水寶地，最後他認為在周朝兩個都城之間的地方最為合適。根據前人所做的工作和阿房宮考古隊這一次的親身經歷，考古隊認為目前的發掘地是唯一的可能。

儘管考古隊自認為證據確鑿，但他們還是面臨著巨大的壓力，原因很簡單，因為有些學者認為，如果承認阿房宮沒有被燒過，那麼就是《史記》錯了。千百年來《史記》一直被人們認為是研究古歷史的最佳典籍，甚至有些人認為推翻《史記》就等於動搖了中國的古代史。對此，孫宏福認為該動就得動。

孫宏福回憶，十幾年前人們破譯殷商歷史的時候，也碰到過相似的情況，據《史記》記載，殘暴的殷商擁有近千年的統治，這使他成為歷史上最長壽的王朝。然而根據人們的考古發現，商滅亡的時代比司馬遷所記述的早得多，這其中的謬誤足足有五百多年，這一次在阿房宮的問題上，《史記》會不會也發生了錯誤呢？

與其他史書一樣，司馬遷也是希望達到借古諷今的效果，處於這個目的，他會不會虛構了兩千年前的那場大火呢？

經過仔細分析史料，孫宏福為《史記》中「燒秦宮室，火三月不滅」的句子找到了一個合理的解釋，為了驗證孫宏福的說法，張劍峰專程去了一趟咸陽，在咸陽清理出的堆積物中，他明明白白地看到了大火的痕跡。

看到司馬遷在《史記》中所說的那場大火真的發生在咸陽，那麼又是誰把這場火災移到了阿房宮？或者說兩千多年曾經有過兩場大火？

明確地指出阿房宮被大火焚毀過，最著名的人要算是唐代的大詩人杜牧，直到今天還有些學者以他的《阿房宮賦》為依據，堅持說李毓芳的結論有誤。

但僅僅以杜牧是個文學家為理由，否定考古隊的觀點是不足以服眾的。

是不是燒過的阿房宮被村民挖掉了？

二〇〇三年底，阿房宮考古隊在阿房宮的北牆上發現了大量的碎瓦，這讓李毓芳頗為振奮。大量的漢代瓦片是從哪兒來的呢？為什麼會出現在秦代的建築上呢？難道阿房宮一直沿用到漢代嗎？這個可能讓專家們興奮起來。

中國社會科學院和西安考古所的專家們都說阿房宮沒被燒，資訊傳開，十里八村的鄉親們對阿房宮又有了新的興趣，他們說這楚霸王項羽為什麼放過了阿房宮？這裡面一定有著什麼奇事兒？一時間，阿房宮一帶比兩千多年前還要熱鬧。

讓人費解的是項羽為什麼要放過阿房宮？就連考古隊的專家們也百思不得其解。既然他已經燒掉了咸陽宮，兵馬俑等秦代瑰寶，又為什麼在阿房宮這兒高抬貴手呢？

正在李毓芳為兩千多年前那位古人絞盡腦汁的時候，那些來看熱鬧的農民卻為她提供了一條線索，八十一歲的楊懷山老人回憶說，他記得上世紀七〇年代的時候，附近幾個村子曾經在這片遺址附近動過土，會不會是那時候他們無意中把燒過的那層阿房宮挖掉了？

楊懷山老人所說的事情在當地叫做「大會戰」，那時候幾個村子甚至幾個鄉的村民集合起來，挖土填莊子。如果這片阿房宮前殿遺址在當時被挖去了二公尺多深，那麼一切都沒有了。

但從這裸露在外的阿房宮城牆，考古隊可以清楚地看出不同時代的地層，秦代在下，漢代在上，農民怎麼可能繞開上面的地層只挖去了下層的約二十萬平方公尺的一大片黃土呢？

爆炸性的觀點：阿房宮根本就沒有建

到二〇〇四年初的時候，「阿房宮沒有燒過」終於成了考古界的一個結論，這時，幾乎每天都有成群的老鄉到現場來看，都有人問，挖出什麼寶貝沒有？因為歷史上很多文人都描繪過阿房宮藏寶。相傳秦滅六國，統一中原之後，把六國收藏的寶貝都搬到了阿房宮。一時間，阿房宮的寶貝何時出土成了當地人們最愛聊的話題。

就在這個時候，考古隊的領隊李毓芳又拋出一個爆炸性的觀點——阿房宮根本沒有建！這讓等著看寶貝的老鄉們大失所望，也使整個考古界大為吃驚。

當我們對「項羽燒沒燒阿房宮」論戰不休時，其實一個最根本的問題被忽略——那如詩如幻般的阿房宮，真的有過嗎？阿房宮傳說兩千年，憑什麼斷定它的存在？

阿房宮存在與否的鐵證只能是當時的文字記述或實物。然而，阿房宮考古隊的領隊李毓芳坦言，迄今沒發現任何這樣的史物實證。如果宮殿建成，無論怎樣焚毀，都應像秦咸陽宮遺址那樣，有一公尺多厚的瓦礫堆積遺存，而阿房宮遺址沒有。中國社科院考古所所長劉慶柱說，如果宮殿建成，金銀財寶會被洗劫，可怎麼連一個破碗片都不見呢？

考古隊經過漫長的考察，除了發現土夯之外，沒有其他東西。秦始皇征七十萬苦力用了四年時間只建好了堅如磐石的土夯，最後秦始皇到死都沒有建成阿房宮，秦二世即位後，各地已經開始紛紛起義，阿房宮最終還是沒有建成，更沒有被燒毀過。而《阿房宮賦》中的描述，只存在於人們的幻想之中，或者說，阿房宮根本沒有建完。

在歷史之中，阿房宮只是秦始皇一個未盡的夢想，它那過分的美麗與奢華加劇了秦王朝的噩運，這使它成為一座罵名昭著的宮殿，秦之後，近兩千年中國歷代君王再也沒有興起類似的念頭。

參考資料：阿房宮

阿房宮是秦王朝的巨大宮殿，遺址在今西安西郊十五公里的阿房村一帶，始建於西元前二一二年。為全國重點文物保護單位。

秦始皇統一全國後，國力日益強盛，國都咸陽人口增多。始皇三十五年（前212年），在渭河以南的上林苑中開始營造朝宮，即阿房宮。由於工程浩大，始皇在位時只建成一座前殿。

據《史記・秦始皇本紀》記載：「前殿阿房東西五百步，南北五十丈，上可以坐萬人，下可以建五丈旗，周馳為閣道，自殿下直抵南山，表南山之巔以為闕，為複道，自阿房渡渭，屬之咸陽。」

其規模之大，勞民傷財之巨，可以想見。秦始皇死後，秦二世胡亥繼續修建。唐代詩人杜牧的《阿房宮賦》寫道：「覆壓三百餘裡，隔離天日。驪山北構而西折，直走咸陽。二川溶溶，流入宮牆。五步一樓，十步一閣；廊腰縵回，簷牙高啄；各抱地勢，鉤心鬥角。」可見阿房宮確為當時非常宏大的建築群。楚霸王項羽軍隊入關以後，移恨於物，將阿房宮及所有附屬建築縱火焚燒，化為灰燼。

阿房宮究竟有多大？西漢史學家司馬遷在他的《史記・秦始皇本紀》中說，阿房宮前殿，東西五百步，南北五十丈，殿中可以坐一萬人，殿下可以樹起五丈高的大旗。四周為閣道，自殿下直抵南山。在南山的峰巔建宮闕，又修復道，自阿房宮渡過渭水直達咸陽。秦代一步合六尺，三百步為一里，秦尺約零點二三公尺。

如此算來，阿房宮的前殿東西寬六百九十公尺，南北深一百一十五公尺，占地面積八萬平方公尺，容納萬人自然綽綽有餘了。相傳阿房宮大小殿堂七百餘所，一天之中，各殿的氣候都不盡相同。宮中珍寶堆積如山，美女成千上萬，秦始皇一生巡迴各宮室，一天住一處，至死時也未把宮室住遍。

《漢書・賈山傳》記載阿房宮整個的規模「東西五裡，南北千步」。如今在陝西西安西郊三橋鎮以南，東起巨家莊，西至古城村，還保存著面積約六十萬平方公尺的阿房宮遺址。可見，阿房宮宮殿之多、建築面積之廣、規模之宏大，是世界建築史上無與倫比的宮殿建築。

火燒赤壁是真的嗎？

胡小偉

從蘇軾《念奴嬌．赤壁懷古》「遙想公瑾當年……羽扇綸巾，談笑間、檣櫓灰飛煙滅」的詩句中，可以想見周瑜當年指揮赤壁之戰的風采。「火燒赤壁」也是《三國演義》的名段，不知為多少人所津津樂道，可是，「火燒赤壁」的壯觀場面歷史上真的發生過嗎？

一、「赤壁之戰」的歷史演變

《三國志演義》（簡稱《三國演義》，下同）以戰爭描寫著稱後世。明人評價《三國志演義》，向有「據正史，采小說，證文辭，通好尚，非俗非虛，易觀易入」的褒譽，清儒章學誠歸結為「七實三虛」之說，遂成定讞，而為後世文學史、小說史樂於引用。其間偶有爭議，也僅限於《三國志》與《三國志演義》文史之異同，而鮮有談及其中的「三虛」，是否另有素材來源的問題。那麼，我們來探討一下《三國志演義》中的「實中之虛」與「虛中之實」，以見其增益部分中的宋元事實。

「赤壁之戰」是《三國志演義》的重要情節之一，不僅因為它是直接構成「三國鼎立」的要素，而且直接描述在毛宗崗一百二十回本中占據了八回之多。事實上，從三國故事形成以來，有關「赤壁之戰」的詩歌便不絕如縷，如盛唐李白「二龍爭戰決雌雄，赤壁樓船掃地空。烈火張天照雲海，周瑜於此破曹公。君去滄江望澄碧，鯨鯢唐突留餘跡。一一書來報故人，我欲因之壯心魄。」如晚唐胡曾「烈火西焚魏帝旗，周郎開國虎爭時。交兵不假揮長劍，已挫英雄百萬師。」一直到蘇軾前後《赤壁賦》。破曹英雄都鎖定在周瑜身上。

戲劇囿於舞臺及角色限定，很難直接表現戰役全景，故元雜劇有《隔江鬥智》，專門描述諸葛亮與周瑜既聯合又相互算計的曲折過程，間接表現了「赤壁之戰」的設謀、實施和勝利，把戲曲在矛盾中塑造人物的特長發揮得淋漓盡致，轉為後世小說承襲發展。《三國志》中雍容大度的周瑜形象亦因此改塑，作為諸葛亮智高一籌的陪襯，周瑜變成小肚雞腸、嫉賢妒能的典型。而明人嘉靖本《三國志通俗演義》則發揮了小說敘事不受三維空間局限的特長，以大段篇幅，反復穿插，全景視野描寫的「赤壁之戰」，遂成中國小說史上最成功的戰爭描寫。

有人統計，毛本《三國志演義》中有關「赤壁之戰」的描述文字共約三萬七千九百字，「其中的故事絕大部分為虛構」，故稱「赤壁之戰——《三國演義》中虛構故事為最多」。但「赤壁之戰」到底被虛構到了什麼程度，尤其是其核心情節是否符合史實，前賢也曾論及，如錢鐘書論及《孟德新書》時，以為：「《三國演義》寫赤壁之戰，黃蓋苦肉計詐降，周瑜佯醉騙蔣幹，皆使曹操墮術中；征之《三國志・吳書・周瑜傳》，黃蓋詐降而無苦肉計，蔣幹做說客而無被騙事。《演義》所增詭計，中外古兵書皆嘗舉似。《孫子・用間》篇：『內間者，因其官人而信之』，何延錫注引李雄鞭撲泰見血，使譎羅尚，尚信之，即《演義》第四十六回周瑜之撻黃蓋；又『反間，因其敵間而用之』，蕭世誠注謂『敵使人來候我，我佯不知而示以虛事』，即《演義》第四十五回周瑜之賺蔣幹。」是的。只是關於《三國志演義》增益謀略「詭計」，遠非此端。從《三國志演義》小說描述的經典戰役「赤壁之戰」，與宋金元水軍在長江與崖門四次水上戰略決戰的比較，以窺其餘。

二、史實辨疑：從《三國志》到《資治通鑑》

1.《三國志》的矛盾記敘

首先的問題是：以三國時代的造船技術和系泊水準，是否能夠在長江中游形成後人從《三國志》傳述的大規模戰略決戰？我們不妨回溯一下史籍的記述。

《三國志・魏書・武帝紀一》比較簡略：「十二月，孫權為備攻合肥。公自江陵征備，至巴丘，遣張憙救合肥。權聞憙至，乃走。公至赤壁，與備戰，不利。於是大疫，吏士多死者，乃引軍還。備遂有荊州、江南諸郡。」不但諱言失敗，更未提及「火攻」致敗，而是歸於戰役「不利」之後的「大疫」。可以理解。王粲《英雄記》言：「曹公赤壁之役，行至雲夢大澤中，遇大霧，迷失道。」也絕口不提燒船之事。又《江表傳》：「周瑜破魏軍，曹公複書與權曰：赤壁之役，值有疾疫。孤燒船自退，橫使周瑜虛得此名。」還說是曹操自燒其船。裴松之於此節注言：「《山陽公載記》曰：（曹）公船艦為（劉）備所燒，引軍從華容道步歸，遇泥濘，道不通，天又大風，悉使羸兵負草填之，騎乃得過。羸兵為人馬所蹈藉，陷泥中，死者甚眾。軍既得出，公大喜，諸將問之，公曰：『劉備，吾儔也。但得計少晚；向使早放火，吾徒無類矣。』備尋亦放火，而無所及。孫盛《異同》評曰：按《吳志》，劉備先破公軍，然後權攻合肥，而此記雲權先攻合肥，後有赤壁之事。二者不同，《吳志》為是。」

可知早在南朝，策劃並實施赤壁「火攻」的所有權人究竟是劉備還是周瑜，已經發生了疑問。且「放火」不僅限於江面，還有追及陸上之說。儘管孫盛挑出的邏輯矛盾，導致後世《吳志》作為信史之價值上升，但也不能回避「劉備先破公軍」問題。《蜀書・先主傳》亦言：

「曹公以江陵有軍實，恐先主據之，乃釋輜重，輕軍到襄陽。聞先主已過，曹公將精騎五千急追之，一日一夜行三百餘里，及於當陽之長阪。先主棄妻子，與諸葛亮、張飛、趙雲等數十騎走，曹公大獲其人眾輜重。先主斜趨漢津，適與羽船會，得濟沔，遇表長子江夏太守琦眾萬餘人，與俱到夏口。先主遣諸葛亮自結于孫權，權遣周瑜、程普等水軍數萬，與先主並力，與曹公戰於赤壁，大破之，焚其舟船。先主與吳軍水陸並進，追到南郡，時又疾疫，北軍多死，曹公引歸。」增加了劉備等人先「大破其軍」，然後再「焚其舟船」的細節，又以適值「大疫」，才擊退曹軍的。而《吳書・吳主傳第二》則言：「是時曹公新得表眾，形勢甚盛，諸議者皆望風畏懼，多勸權迎之。惟瑜、肅執拒之議，意與權同。瑜、普為左右督，各領萬人，與備俱進，遇於赤壁，大破曹公軍。公燒其餘船引退，士卒饑疫，死者大半。」

從文字上看，失利以後「燒其餘船以退」的還非劉備，而是曹操自己。只是在《吳書・周瑜傳》中描述到曹操的「結船為陣」，和聯軍攻勢的「以風助火」，細節也比較詳盡：「時曹公軍眾已有疾病，初一交戰，公軍敗退，引次江北。瑜等在南岸。瑜部將黃蓋曰：『今寇眾我寡，難與持久。然觀操軍船艦首尾相接，可燒而走也。』乃取蒙沖鬥艦數十艘，實以薪草，膏油灌其中，裹以帷幕，上建牙旗，先書報曹公，欺以欲降。又豫備走舸，各系大船後，因引次俱前。曹公軍吏士皆延頸觀望，指言蓋降。蓋放諸船，同時發火。時風盛猛，悉延燒岸上營落。頃之，煙炎張天，人馬燒溺，死者甚眾。軍遂敗退，還保南郡。」

說得最熱鬧的其實是裴氏為《周瑜傳》加注的《江表傳》：「至戰日，蓋先取輕利艦十舫，載燥荻枯柴積其中，灌以魚膏，赤幔覆之，建旌旗龍幡於艦上。時東南風急，因以十艦最著前，中江舉帆，蓋舉火白諸校，使眾兵齊聲大叫曰：『降焉！』操軍人皆出營立觀。去北軍二里餘，同時發火，火烈風猛，往船如箭，飛埃絕爛，燒盡北船，延及岸邊營柴。瑜等率輕銳尋繼其後，雷鼓大進，北軍大壞，曹公退走。」不知為何，與其引用曹操

致周瑜書的說法頗有矛盾。

2.吳、魏當時「鼓吹曲」的描述　此外，《周瑜傳》的說法也只是孤證。即便同書《黃蓋傳》中，也僅以「隨周瑜拒曹公於赤壁，建策火攻，語在瑜傳」敷衍道之，而未言及其他，即是一疑。沈約所撰《宋書・樂志四》裒集有「吳鼓吹曲」十二篇，其中涉及周瑜參與「赤壁之戰」的歌辭為：「《烏林》者，言曹操既破荊州，從流東下，欲來爭鋒。大皇帝命將周瑜逆擊之于烏林而破走也。漢曲有《上之回》，此篇當之。曹操北伐，拔柳城。乘勝席捲，遂南征。劉氏不睦，八郡震驚。眾既降，操屠荊。舟車十萬，揚風聲。議者狐疑，慮無成。賴我大皇，發聖明。虎臣雄烈，周與程。破操烏林，顯章功名。」

也沒有提及「詐降」、「火攻」等關鍵情節。從證據價值來看，這首歌辭是赤壁之戰勝利後的「當時鼓吹」，創作時間無疑早于陳壽志傳，甚至《吳書》的寫作年代，而該歌辭的收存者沈約的實際年代，亦與為《三國志》作注的裴松之先後踵接。結合前引《三國志》魏、蜀、吳主各傳記敘，即面對同時或稍前之四項基本一致之史料記載，《吳書・周瑜傳》的描述是否真實，就很值得質疑了。

3.親歷者王粲《英雄記》的記載　至於周瑜「火燒赤壁」的真實情景為何，親身參與過「赤壁之戰」的王粲在《英雄記》中兩段平實敘述，或許可以幫助我們解開這個歷史之謎：「周瑜領江夏，曹操欲從赤壁渡江南，無船，乘簰從漢水下，住浦口。未即渡，瑜夜密使輕舡、走舸百所艘，艘有五十人移棹，人持炬火，火燃則移船走去，去複還燒者。須臾燒數千簰，火大起，光上照天，操夜去。」

「曹軍至江上，欲從赤壁渡江，無舡，作竹椑使部曲乘之，從漢水來下，出大江，注浦口，未即渡，周瑜又夜密使輕舡、走舸百艘燒椑，操乃夜走。」

也就是說，曹軍所乘只是木筏（簰、椑）。而周瑜則是採取夜襲方式，遣船燒簰，使曹軍欲渡不能。這種說法仍然有「火攻」事實，但與《魏書》、《蜀書》及《吳書・吳主傳》記述相去不遠，唯與《周瑜傳》描述大相徑庭。從證據學的觀念上看，王粲所記似乎亦稍勝一籌。

但《周瑜傳》所載之「黃蓋詐降」、「結船為陣」、「東南風急」相繼成為「火攻」要素，也是這一場「以弱敵強」的戰役發生戲劇性轉變的關鍵，因而為歷代史學家、文學家珍愛，輾轉相沿，成為定說的。故而杜牧賦詩，特意標舉「東風不與周郎便，銅雀深宮鎖二喬」。請注意，杜牧此詩作於晚唐，已與李商隱「或謔張飛胡，或笑鄧艾吃」所述三國人物故事以傳說形式流行民間的時代相同。

現今史學界多以為歷史上的「赤壁之戰」，發生在湖北蒲圻市（今稱赤壁市）北約三十八公里的長江南岸。而《英雄記》所載因有「從漢水下」、「從漢水來下」之語，被認為是支持「黃岡赤壁」說的，因而為唐後學人詩家所不取。揆諸情理，曹軍既不習水戰，當然不會選擇水面寬闊的地帶，進行戰略決戰的。

《三國志》雖然成於陳壽一人之手，但是三方的資料卻來源有自。正是因為陳壽尊重了各方資料所載，而沒有用《魏書》的正統觀念統攝其他，所以受到後世史家的稱讚，號為「良史」。但推想《三國志》關於「赤壁之戰」說法何以會出現這樣的歧異，或者與《吳書》好以「眩言」自大有關。比如南下曹軍的數量，《吳書・吳主傳二》敘及赤壁戰事時，裴注有言：「《江表傳》載《曹公與權書》曰：『近者奉辭伐罪，旄麾南指，劉琮束手。今治水軍八十萬眾，方與將軍會獵于吳。』權得書以示群臣，莫不相震失色。」

這裡的「水軍八十萬」開始談及決戰可能的規模問題，也是三國小說戲劇鋪張之由頭。複引《江表傳》注《周瑜傳》：「及會罷之夜，瑜請見曰：『諸人徒見操書，言水步八十萬，而各恐懾，不復料其虛實，便開此議，甚無謂也。今以實校之，彼所將中國人，不過十五、六萬，且軍已久疲，所得表眾，亦極七、八萬耳，尚懷狐疑。』」等於自釋其疑。但由於話分兩頭，令人無所適從。如結合前述《烏林》曲中「舟車十萬」之說，實與劉孫聯軍的實力差別不大。

再者，曹操荊州之爭征伐的主要敵人，本為劉備，除了前引《三國志》諸說之外，還可以由《宋書・樂四》裒集的「魏鼓吹曲」《平南荊》覘之，其辭雲：「南荊何遼遼，江漢獨不清。菁茅久不貢，王師赫南征。劉琮據襄陽，賊備屯樊城。六軍廬新野，金鼓震天庭。劉子面縛至，武皇許其成。許與其成，撫其民。陶陶江漢間，普為大魏臣。大魏臣，向風思自新。思自新，齊功古人。在昔虞與唐，大魏得與均。多選忠義士，為喉唇。天下一定，萬世無風塵。」

注曰：「漢第八曲《上陵》，今第八曲《平南荊》，言曹公南平荊州也。」明確指出此役敵人實為劉琮與「賊（劉）備」，而非孫權。比照前引《魏書》、《蜀書》及裴注所引《山陽公載記》，也都是寫劉備正面接敵，而《吳書・吳主傳二》亦止寫「瑜、普為左右督，各領萬人，與備俱進，遇於赤壁，大破曹公軍。」可知引發荊州歸屬問題的「赤壁之戰」，是曹、劉互以為正面對手，孫吳不過是偏師突襲而已。

吳鼓吹曲《烏林》中則述「虎臣雄烈，周與程。破操烏林，顯章功名」，不再提及劉備。這或許是與他們強烈的自尊心有關。吳人載記每好「眩言」，誇大其詞，筆者曾在《〈樂府詩集〉所輯〈關背德〉、〈通荊門〉看三國歷史上的荊州之爭》中「蜀疑其眩」一節有所分析，不贅。

這讓人疑心《周瑜傳》描述的「赤壁之戰」，實際上是吳人爭功，以塞實「借荊州」之說，為日後偷襲關羽造成藉口而編造出來的。或者換一種說法，這條資料其實是三國歷史虛構化、故事化的起始，甚至逕稱為三國故事「小說化」的發端，未嘗不可。

4.王濬樓船下益州　由唐人所撰《晉書》對於王浚伐吳的記載看來，《周瑜傳》的有關「赤壁之戰」的描述也值得懷疑。正如前述杜牧之詩還寫到了「折戟沉沙鐵未銷，自將磨洗認前朝」，歌詠的卻是象徵三國時代結束的「王浚樓船下益州，金陵王氣黯然收」。這次曾經在長江中下游有過小規模水戰，除此次及類似的隋平陳之外，中國歷史上直至宋金，都沒有發生過值得一提的水上戰役。

據《晉書》載，「武帝謀伐吳，詔浚修舟艦。浚乃作大船連舫，方百二十步，受二千餘人。以木為城，起樓櫓，開四出門，其上皆得馳馬來往。又畫鷁首怪獸於船首，以懼江神。舟楫之盛，自古未有。」但雖然他「造船於蜀，其木柹（木屑）蔽江而下」。這曾經引起了下游的警惕，「吳建平太守吾彥取流柹以呈孫皓曰：『晉必有攻吳之計，宜增建平兵。建平不下，終不敢渡。』」只是孫皓不聽。太康元年（280年）二月王濬大軍克復丹楊（今湖北秭歸東），進逼西陵峽，順流而東時，吳人還是在水上盡最大努力設置了障礙：「吳人於江險磧要害之處，並以鐵鎖橫截之，又作鐵錐長丈餘，暗置江中，以逆距船。先是，（襄陽太守）羊祜獲吳間諜，具知情狀。濬乃作大筏數十，亦方百餘步，縛草為人，被甲持杖，令善水者以筏先行，筏遇鐵錐，錐輒著筏去。又作火炬，長十餘丈，大數十圍，灌以麻油，在船前，遇鎖，然炬燒之，須臾，融液斷絕，於是船無所礙。」

可知即便冬季長江枯水期間，木筏逞順流而下之勢亦非無用，兵不血刃，即順利平吳。而鐵錐遇筏而拔，鐵鎖遇火而化，不中用的反而是東吳的錨碇和鑄鐵技術。此時距建安十三年（208年）發生的「赤壁之戰」時，不過六十餘年。推想當時赤壁戰時曹軍果若「船艦首尾相接」，鐵索亦應遇火而化，未必堅若磐石。而船艦一旦蕩開，當然不可能出現「頃之煙炎張天，人馬燒溺」的壯觀場景。

5.中國科技史提出的困惑　但是《吳書·周瑜傳》及《江表傳》的精彩述說，似乎忽略了一個重要問題，就是只談長江「北岸」、「南岸」，不提江水之「上游」、「下游」。蓋緣曹軍所據西北，無疑為長江上游。「大江東流」之勢能，在水戰之中可否忽略不計？是否可與「東南風急」之動能對等抵消？筆者不是船舶專家，不能妄下定評。但《吳書》此番描述的周瑜火攻，雖言順風，卻不順水，故必須逆流而上。如不考慮成熟的錨碇技術以及風帆問題，則長江水域能否進行如此規模的水上決戰，實可懷疑。即以今日技術而言，水翼船、摩托艇容或能之，即便其他老式機動船在長江中游逆流而上，想要達到「往船如箭」的程度，也是不可能的。

值得注意的是，《江表傳》中出現了一句「中江舉帆」，為《三國志》原文所無。按《江表傳》為晉人虞溥所著，見《晉書》列傳第五十二。但這部著作是在他死後，兒子虞勃渡江，才獻給晉元帝司馬睿（276年～322年），藏諸東晉秘府的。如以東晉政權建立的建武元年（317年）而論，已距「赤壁之戰」一百餘年，距陳壽（233年～297年）編《三國志》（約從泰始十年，即二百七十四年升為著作郎開始）也有三十餘年。所敘既非親見，亦非可能訪於親歷之人。從介紹虞溥善文章詞賦特點看來，「中江舉帆」一語應當是「以意補之」，同時亦不排除其子虞勃或者後人增飾潤色的可能。蓋緣帆以風為動力，於是「東南風急」成為文學想像中東吳船艦所以能夠溯流急上，「火攻赤壁」的主要動力來源。而後世所以增飾諸葛亮「借東風」，凸顯他的「神機妙算」，其實不過是突出此戰關鍵的「能源專家」。這正是原史不明，需要補苴罅漏的地方，也為後世小說戲曲鋪張此事增添了依據。可惜如果引入中國科技史的歷史考察，就會遇到麻煩。

又《吳書・吳主傳二》引《江表傳》曰：「權于武昌新裝大船，名為長安，試泛之釣台圻。時風大盛，穀利令柂工取樊口。權曰：『當張頭取羅州。』利拔刀向柂工曰：『不取樊口者斬。』工即轉柂入樊口，風遂猛不可行，乃還。權曰：『阿利畏水何怯也？』利跪曰：『大王萬乘之主，輕於不測之淵，戲於猛浪之中，船樓裝高，邂逅顛危，奈社稷何？是以利輒敢以死爭。』權於是貴重之，自此後不復名之，常呼曰穀」。

如果孫權所乘為帆船，則逆風「大盛」，須急落帆，而非逆風行船，或者掉頭回返，其理至明。則知當時孫權所乘之船，動力源亦為櫓篙之類。

大約讀慣了「孤帆遠影碧空盡」、「沉舟側畔千帆過」、「過盡千帆皆不是」之類詩詞的原因，很多人把船帆在中國「自古有之」視為當然。其實在科技史上這還是一個具有爭議的問題。有論者言：「我國發明帆的時間，現在已無法考證了，但是我國使用帆的歷史至少已有三千多年了。在商代遺留下來的甲骨文中，就經常能夠發現帆的文字，這些文字寫作Ⅱ、丹等形狀，好像張開的帆。從甲骨文關於帆字的字樣，我們可以推測早期的帆是屬於固定裝置的方形帆。固定裝置的方形帆製作簡單，但是它只能有效地利用從船尾方向吹來的風，就是順風」。

這倒正似黃蓋所率趁「東南風急」火燒曹營使用的帆船。可惜語焉不詳，並沒有提供進一步實物圖形甚至文字的證據。

按東漢許慎《說文解字》中「帆」作「颿」，從馬從風，表示是用於車駛之風力。漢末劉熙《釋名》才首次解釋為「隨風張幔曰帆，使舟疾泛泛然也」。顯然已用於船行。劉熙就是漢末三國時代的人，但究竟他是在描述習見技術，還是耳食之言，尚難驟定。此外還有人據東漢馬融《廣安頌》中有句云：「然後方艅艎，連艐舟、張雲帆，施蜺幬，靡颸風，陵迅流，發擢歌，從水謳，淫魚出，蓍蔡浮，湘靈下，漢女遊。」認為是「對風帆作了生動的描繪」，說明「漢代帆船已很普遍了」。但此賦顯為時空兩維，不受限制之誇飾描繪，而非實用技術之描述。比如「靡颸風」時能否「張雲帆」，就是一個常識性問題。何況「帆」字何時出現，也應經過考證。

李約瑟曾專門論述過中國帆船及錨碇技術的發展，評價甚高。他以為就帆船技術而言，最早出現在古埃及，中國古代則多謂「舟楫」，動力系統是篙槳櫓，見其《中華科學文明史》縮略本第三冊，有關論述散見如下：古埃及帆船（300頁），中國舟楫（80、230~231、299頁）、帆船改進（217~218頁）。按李氏對中國帆船技術頗多好評，故特置第五章「推進（帆：中國在縱帆發展中的地位）」詳細論述唐宋元明的技術，但在意欲上溯前期時卻遇到疑惑，他在分析廣州出土的一艘東漢陶船結構時，屢次驚訝於「桅在何處仍是一個謎」，「遺憾的是尋找桅和帆裝的全部證據已經遺失」（118頁）。在全書結論部分，也謹慎地用「至少在三世紀後」、「應該是二世紀和三世紀」以及「漢代以後」這類詞語概括言之（300~301頁）。但都明顯遲於「赤壁之戰」的發生。最早明確介紹帆具作用的，則是三國晚期吳國人萬震描述海外貿易的《南州異物志》言：「外徼人隨舟大小，或作四帆，前後遝載之。有盧頭木葉如牖形，長丈餘，織以為帆。其四帆不正向前，皆使邪移，相聚以取風。風吹後者，激而相射，亦並得風力。若急，則隨宜減滅之也。邪張相取風氣，而無高危之慮，故行不避迅風激波，安而能疾。」

性急的船舶專家又從這段描述推導出許多斬釘截鐵的結論：「漢代由於船舶尺寸增大，已開始在船上採用多桅多帆；用盧頭木葉織成的帆當屬於硬帆，厚而硬；『其四帆不正向前』證明硬帆能利用側向風力了。漢代已注意到多帆的相互影響，根據風向和風力大小要隨時調節帆的位置、角度和帆的面積，中國式便帆可利用本身的自重迅速落帆，而不像西方大軟帆需眾多人力將帆卷起綁紮在橫桁上，緊急時可能要砍桅以保證船的航行安全。」

但是，首先需要釐清的是船主「外徼人」究竟是何許概念。《漢書・地理志第八》：「越嶲郡，武帝元鼎六年開……繩水出徼外，東至僰道入江，」《後漢書》：「西南夷者，在蜀郡徼外，有夜郎國，東接交址，西有滇國，北有邛都國。」《南史》卷七十八《夷貊上・海南諸國》言：「其西界接天竺、安息徼外諸國，往還交易。其市東西交會，日有萬餘人。珍物寶貨無不有」。

按《老子》：「故恒無欲也，以觀其妙；恒有欲也，以觀其徼。」王弼注言：「徼，歸終也。凡有之為利，必以無為用；欲之所本，適道而後濟。故常有欲，可以觀其終物之徼也。」宋人陳景元言：「大道邊有小路，曰徼。」元人吳澄言：「徼者，猶言邊際之處，孟子所謂端也。」可知「外徼」或「徼外」實為邊鄰與我貿易往還之國，即所謂「化外之地」。

這樣看來，萬震描述的帆船並非東吳所擁有，顯然也因為是新見異物，所以他才用那樣豔羨口吻來描述的。又文尚光將《南州異物志》中「外域人名船曰舡。大者長二十餘丈，高去水三二丈，望之如閣道。載六七百人，物出萬斛。」船舶史家也順手移來當作「三國時孫劉聯軍赤壁大戰的起樓三層的鬥艦」，完全忽視了「外域人」的說法，和南海、長江的區別，恐怕也犯了同樣的錯誤。

但既然能夠看到帆船，官員又著意重視，中國人模仿起來也就不成問題，而且很快就將「船帆」用於實用，並持續改進以致而大為興盛的時期，顯然是在東晉以後，而自宋迤明，最為成熟。別看從「赤壁之戰」到東晉渡江只差百十年時間，但是像風帆這類簡易適用技術的引進和發展，會是日新月異的。《古今樂錄》介紹，齊武帝「數乘龍舟，游五城江中放觀，以紅越布為帆，綠絲為帆纖，鍮石為篙足。」猶為當時時髦舉動。《唐書・樂志》曰：「梁改其名為《商旅行》。」如果有學者能舉出實證，證實三國時期長江流域已有成熟的船帆技術，則可以對李約瑟的有關論述作出重要修正補充，亦為功德無量之事，亟請提出，以為佐證。

此外就錨碇系泊技術而言，古代中國一般是「採石為碇」，僅利用碇石自身的重量來固定船舶，力量有限。故「赤壁之戰」時曹營是否有能力「結船為陣」，泊於長江之濱，

尚屬疑問。西晉王濬平吳，即是一例。至宋代始出現「木爪石碇」，即利用木爪紮入泥層，類同木椿作用，固定船隻的力量也因此增大了好幾倍。一九七五年在泉州灣曾經發現並出土有一杆宋元時期的大木碇，殘存長度達七點五七公尺，上面有系纜繩和安碇擔的圓孔，還有用鐵箍加固後所留下的鏽跡。至於鐵錨的使用，則是明代以後的事了。

中國船帆與錨碇的起源流變，雖為專門技術問題，但若不加考慮，歷史學的敘述便無可依託，以其事涉專門，故不欲班門弄斧，只希望提請專家注意。

6.宋人的歷史綜述與文學想像　由於周瑜火攻破敵的傳說唐時已盛，故司馬光《資治通鑒》卷六五綜合《三國志》及裴注諸說，重在厘清「赤壁之戰」之前因後果，而對戰役本身的描述，也基本採用了《吳書・周瑜傳》的說法：

「（劉備）進，與操遇於赤壁。時操軍眾已有疾疫，初一交戰，操軍不利，引次江北。瑜等在南岸，瑜部將黃蓋曰：『今寇眾我寡，難與持久。操軍方連船艦，首尾相接，可燒而走也。』乃取蒙沖鬥艦十艘，載燥荻、枯柴、灌油其中，裹以帷幕，上建旌旗，預備走舸，系於其尾。先以書遺操，詐雲欲降。時東南風急，蓋以十艦最著前，中江舉帆，餘船以次俱進。操軍吏士皆出營立觀，指言蓋降。去北軍二裡餘，同時發火，火烈風猛，船往如箭，燒盡北船，延及岸上營落。頃之，煙炎張天，人馬燒溺死者甚眾。瑜等率輕銳繼其後，雷鼓大進，北軍大壞。操引軍從華容道步走，遇泥濘，道不通，天又大風，悉使羸兵負草填之，騎乃得過。羸兵為人馬所蹈藉，陷泥中，死者甚眾。劉備、周瑜水陸並進，追操至南郡。時操軍兼以饑疫，死者太半。操乃留征南將軍曹仁、橫野將軍徐晃守江陵，折沖將軍樂進守襄陽，引軍北還。」

同時蘇軾《前赤壁賦》寫「赤壁之戰」，鋪敘曹操「破荊州，下江陵，順流而東也，舳艫千里，旌旗蔽空，釃酒臨江，橫槊賦詩」云云，正是以宋時船艦作為藍本，逞其對於「當然」想像之「姑妄言」。而《念奴嬌》一句「談笑間，檣櫓灰飛煙滅」，也是末曆戰陣的文學語言，卻為後人鋪張此役提供了足夠的空間，亦為後世《三國志演義》所本。

大貪官和珅二十條罪狀裡為什麼偏偏沒有「貪」罪

知白守黑

……情急之下，嘉慶想到了一個隱晦的辦法，既不說違法的貪，也不說合法的有，而是在二十大罪名涉及財產類罪狀中巧妙地選擇了一個「藏」字……

清嘉慶四年（1799年），乾隆皇帝駕崩，和珅入獄。嘉慶在宣判和珅的罪狀當中卻沒有用「貪」這個字。難道清代的諭旨公文中忌諱「貪」字？其實不然，查看清代文獻，朝廷對貪汙行為的公文記載一直是直言不諱的，如索額圖「貪侈傾朝右」等類似記載，歷歷在目。清廷對這些貪界小巫都不惜「貪」字，為何對貪首和珅這個大巫在皇帝的諭旨中惜

「貪」如金呢？這其中暗藏雷人玄機。

動手太倉促，一時弄不清財產來源

當時，嘉慶急於收拾和珅，在查抄家產、抓捕和珅時，動手太倉促，財產來源一時弄不清，可能是原因之一。嘉慶對和珅位極人臣、攬權索賄、亂政禍國的狂妄行為，早有耳聞目睹，此害不除，難穩江山。只是因為即帝位後，老爹乾隆仍然控制朝政，愛「和」如癡，一時無從下手，不是不報，只是時機未到。因為「做」了和珅，他可以達到一石三鳥之功效，既可殺猴給雞看，還可將和珅的巨額財產充公，又能空上幾十個官位安插心腹，何樂而不為？

嘉慶四年正月，乾隆得病，醫治無效，初三逝於養心殿。嘉慶下手了，正月初四，下旨免去和珅本兼各職，命和珅運送乾隆靈柩回清東陵。正月初五，下旨將和珅逮捕下獄。正月初八，下旨搜查和珅和福長安的家。正月十三，嘉慶即宣布了和珅的二十條大罪，下旨賜死。手腳之快、下刀之利，令人吃驚。

期間，嘉慶要一手辦理喪事，一手抄家抓人，兩手都要抓，兩手不一定同樣硬。試想，要在短短的十天之內，審結一件驚天大案，弄清和珅相當於清廷十五年財政收入總和的巨額財產來源，是多麼難的一件事。因為和珅除了供認的貪汙收賄勒索之外，他還有薪俸、經營等合法收入，他的家產中哪類財產是合法的，哪些收入是違法貪汙所得，一時實在難以分清。

官已革，家已抄，人已抓，嘉慶如果不及時找理由弄死和珅，騎虎難下，後患無窮。可如何在諭旨中為和珅羅列令人信服的罪名，也是很費心的一件事。如果說抄來的巨額財產均是貪而所得，難服情理，如果讓和珅死，還必須涉及到財產。情急之下，嘉慶想到了一個隱晦的辦法，既不說違法的「貪」，也不說合法的「有」，而是在二十大罪名涉及財產類的罪狀中巧妙地選擇了一個「藏」字，藉以說明和珅巨額財產含有貪汙所得因素，只是一時難以查清其真正來源。

由此看，嘉慶賜死和珅的二十大罪名中，除了欺君不敬、越權辦事、超標準建房、破壞民族團結等十二項罪名外，涉及財產類的八項罪名，一「藏」遮百醜，一「藏」萬事通，模糊地說明和珅罪孽深重，格殺合法。按照當下流行的說法，其實，嘉慶並未明確和珅的貪污罪，而是以巨額財產來源不明罪懲辦和珅的。

給足老爹面子，避免一些不敬之詞

嘉慶其實還另有所「藏」。在賜死和珅的諭旨中，他無臉提及「貪」字，還與乾隆不無關係。和珅是乾隆一步一個腳印提拔起來的，是唯一心腹和代理人，其關係之親近，堪比狗皮襪子。他們之間表面是君臣關係，其實已親如手足。而乾隆享受奢華的個性，難免出現不合情理的開支，這一切全由聰明的和珅暗地擺平。乾隆六次下江南沿途建造的三十行宮、擴建圓明園和避暑山莊、舉行萬壽大典等大量開支，很不方便從國庫中支出銀子，都是和珅通過尋找財源從小金庫中報銷的，這些支出，皇親國戚、王公大臣們心照不宣。

和珅深知「馬無夜料不肥、人無外財不富」的理財哲學，只不過在具體的操作中順手牽羊地撈了一些外快，他和乾隆是一條繩上的螞蚱。如今，嘉慶要扳倒和珅，肯定會拔出蘿蔔帶出泥，如果說和珅貪，在和珅背後還站著一個大貪乾隆，要問和珅為什麼貪，還不是乾隆創造了有利條件？為了擺平一個奴才，而讓自己的老子臉上無光，是一件很不划算的事。為此，嘉慶皇帝忌諱在諭旨中提到「貪」字，實際不但給足了老爹面子，也避免了人們聯想一些關於老爹的不敬之詞。

此外，嘉慶親政後，面對乾隆末年的危機四伏，他需要一個安定的團隊和穩定的政局，所以打出了「咸與維新」的旗號，大力整飭內政，整肅綱紀。他懲辦和珅，只想速戰速決，殺一儆百，不想順藤摸瓜、深究深挖。他知道，面對和珅編織二十載的貪汙網路，真想把相關的每一個人都查辦。但是，這樣不但會人人自危，混亂朝政，而且也將是他一輩子鬧不清、辦不完的事情。

與其自找苦吃，不如大事化小。於是嘉慶毅然決然地在諭旨中將「貪」化「藏」，把和珅與當朝官員自然割裂。因為藏匿巨額財產，似乎是和珅一個人的事兒，而以前曾經向和珅送過禮、獻過寶、買過官、辦過事的人，則不必惶惶不可終日。嘉慶在諭旨中將「貪」字隱去，實際是出了一個安官告示：我要革的，是和珅的小命，其他人大可不必擔心自己的腦袋，它依然會連在你的肥頸上，而不會身首異處。

瀋陽故宮四大謎團

佚名

在清朝統治的兩百多年中，這裡發生過太多的事件，也因此產生了許多傳說故事。即使在今天，仍然有許多缺乏史料記載的謎團，也為瀋陽故宮披上了多重神秘的面紗……

努爾哈赤瀋陽故宮，原名盛京宮闕，後稱奉天行宮，是清朝入關挪位置之前的皇宮，也是愛新覺羅氏的龍興之地。三百八十年前，清朝的開創者就是在這裡，邁出了他們入主中原的最後一步。三百八十年後，由於史料缺失，瀋陽故宮仍然有許多待解謎團，專家們也各持己見……

謎團之一：罕王倉促遷都只為保江山龍脈？

西元一六二一年，努爾哈赤率領八旗大軍以銳不可擋之勢挺進遼東，並將都城從赫圖阿拉遷至遼東重鎮遼陽，大興土木，修築宮室。

然而，出人意料的是，一六二五年三月初三早朝時，努爾哈赤突然召集眾臣和貝勒議事，提出要遷都盛京（今瀋陽），諸親王、臣子當即強烈反對，但努爾哈赤堅持自己的主張。

努爾哈赤為何如此「倉促遷都」，民間一直流傳：努爾哈赤深信「傳統風水」，按照風水先生的指點，他在當時的東京城西南角修建娘娘廟；在東門裡修建彌陀寺；在風嶺山下修建千佛寺，想用三座廟把神龍壓住，以保龍脈王氣。

但是，三座廟宇只壓住了龍頭、龍爪和龍尾，城裡的龍脊樑並沒被壓住。於是龍一拱腰，就要飛騰而去，一直向北飛到渾河北岸。罕王以為龍是奉天旨意，命他在龍潛之地再修造城池，於是一座新城便拔地而起，並將此命名為「奉天」。又因為渾河古稱沈水，而河的北岸為陽（風水中有關陰陽的規定是，山的南面為陽、北面為陰，水的南邊為陰、北邊為陽），所以又稱「瀋陽」。

當然，傳說似乎過於神奇，但國家清史編纂委員會委員李治亭教授和瀋陽故宮博物院研究室主任佟悅表示，歷來建都建城，風水都是放首位的。瀋陽在渾河之陽，上通遼河，遼河又通大海，可謂是一塊「風水寶地」。

但是兩位專家同時又指出，努爾哈赤遷都瀋陽，更主要的目的應該是出於戰略進取上的考慮。首先，瀋陽乃四通八達之處，其地理位置對當時的滿洲而言非常有利，北征蒙古，西征明朝，南征朝鮮，進退自如。其次，原先的都城遼陽滿漢民族矛盾衝突嚴重，而瀋陽當時還只是個中等城市，人口少，便於管理，這樣可以避免滿漢矛盾的激化。

謎團之二：瀋陽故宮究竟何年開始建造？

由於史料沒有任何明文記載，瀋陽故宮究竟何年開始建造，一直是歷史上的一大懸案，也是歷史學家們爭論的一個焦點。

瀋陽故宮博物院研究室主任佟悅說，這可能是因為修建皇宮是件勞民傷財的舉動，清代統治者認為不值得提倡，而且修建宮殿本身也就是為皇帝建個家，沒必要將具體建造年分寫進史書。然而幾年前，鞍山市文物站的一位工作人員在當地發現了一本《侯氏宗譜》，其中關於修建遼陽東京城和瀋陽盛京城的記載非常詳細。

據《侯氏宗譜》記載，負責為瀋陽故宮燒制琉璃瓦的侯振舉家族是「於天命九年間遷至瀋陽，複創作宮殿龍樓鳳闕以及三陵各工等用」。有專家據此推斷，瀋陽故宮應該是在天命九年，也就是一六二四年開始建造的。

二〇〇三年一月十五日，瀋陽晚報發表了一篇題為《瀋陽故宮到底建在哪一年？》的文章，經瀋陽故宮博物院院長、清前史專家支運亭研究員多年研究，認定瀋陽故宮的始建年代應為一六二四年（天命九年）。

但佟主任卻不贊同這一說法，他認為，《侯氏宗譜》中所說的「天命九年」指的是侯振舉一家遷居瀋陽的時間，而不是說侯振舉搬到瀋陽後就立即開始建造故宮。佟悅認為，瀋陽故宮應該是從一六二五年開始建造的，理由有二：首先，一六二四年東京城還沒有建好，許多貝勒、大臣都還在忙著建自己的住所，努爾哈赤在沒有下達遷都命令之前，不可能在瀋陽建造故宮；其次，努爾哈赤居住在位於城北的罕王宮，而不是故宮裡。如果瀋陽故宮一六二四年就開始修建的話，那麼努爾哈赤為什麼不住在故宮裡反而要在故宮城旁居住？

謎團之三：誰才是瀋陽故宮的「總工程師」？

這些清代宮殿建築到底是誰設計的？又是由誰建造的？這同樣是《侯氏宗譜》掀開了冰山一角。

宗譜中記錄了這麼一段文字：「大清高皇帝興師吊伐以得遼陽，即建都東京，於天命七年修造八角金殿，需用琉璃龍磚彩瓦，即命余曾祖振舉公董督其事，特授夫千總之職。後於天命九年間遷至瀋陽，複創作宮殿龍樓鳳闕以及三陵各工等用。又賜予壯丁六百餘名以應運夫差役驅使之用也。余曾祖公竭力報效，大工於是乎興。選擇一十七名匠役，皆竭力報效……」

佟悅認為，這段文字說明，侯振舉這個人與瀋陽皇宮的營造關係很大。從以上文字可以判斷，侯振舉應該是建造故宮的負責人之一，但是考慮到瀋陽故宮中有許多建築是滿蒙風格，侯振舉作為一個漢人，不可能設計出來，所以除了侯振舉之外，應該還有其他的設計者和建造者。

對此，也有人提出了不同意見。有專家認為，侯振舉只是「燒制琉璃瓦的管窖人」，而不是瀋陽故宮的「工程師」，因為侯振舉是從海城遷至瀋陽的，根據《海城縣誌》載，「城東南三十五里，在岩山山麓有黃瓦窖，制黃琉璃瓦。清時工部派五品官監製黃瓦，以備陵寢宮殿之用」。其卷二《民族》中有這樣的記載，「侯氏，原籍山西明福縣，後徙本境。清初隸漢軍旗，世襲盛京五品官，監製黃瓦，族繁戶眾，世居城東南析木城」。該縣誌又在《重修缸窖嶺伯靈廟碑記並序》中說：「清初修理陵寢宮殿，需用龍磚彩瓦，因賞侯振舉盛京工部五品官……」

所以，究竟是幾個人一同修築了這座清代宮殿，還是由某位大師具體設計，這個問題也一直是未解之謎。

謎團之四：努爾哈赤是否修建了部分故宮？

努爾哈赤在位期間，是否修建了部分故宮？這在史學界同樣存在很大爭議。李治亭教授認為，努爾哈赤在瀋陽時一直都居住在故宮北門旁邊，而不是居住在瀋陽故宮裡，這說明當時故宮肯定還沒建完。

而且建造宮殿是一項耗資巨大的工程，前期準備工作紛繁複雜，而努爾哈赤率部遷都瀋陽十八個月後便猝死。在這麼短時間裡，根本沒有足夠時間能將複雜的宮殿建完。

而佟主任則認為，一年半時間也不算太短，在遼陽城建造宮殿時也只用了二年多時間，努爾哈赤在位期間完全有時間修建宮殿。而根據史料最早記載，一六二七年正月初一，皇太極在大政殿舉行典禮儀式。按照瀋陽的天氣，說明大政殿在一六二六年十月之前就應該完工。也就是說，在努爾哈赤時期，大政殿和與之成組的建築十王亭時應該已經建好。當然，關於瀋陽故宮的未解之謎還有很多。但李教授強調，只要能從文化角度來分析解讀故宮，那麼這就是皇家宮殿留給後人最重要的一筆文化遺產。

清東陵乾隆陵墓謎案

徐廣源

東陵盜案發生後的一九二八年八月，溥儀派載澤、耆齡等人進行善後處理。他們在清理裕陵地宮時，發現了一具完整的女屍，面目如生……

孫殿英匪兵在進入裕陵地宮時，竟發現乾隆帝的棺槨不在棺床上，而是頂住了第四道石門。既然棺槨的四角都被龍山石牢固卡壓，怎麼會飄浮起來呢……

清朝是中國最後一個封建王朝，在近三個世紀的歷史時空內，共修建了十二座皇帝陵、七座皇后陵、十座妃園寢。位於河北省遵化市馬蘭峪西部的「清東陵」是清朝三大皇家陵園中規模最大的，現已成為世界文化遺產。然而令人痛心的是，從清王朝滅亡到中華人民共和國成立的三十八年間，清東陵曾先後遭到三次大規模的盜劫，變得傷痕累累，滿目瘡痍，損失相當慘重。

三次瘋狂盜劫

第一次盜劫

一九二八年，也就是清朝覆亡後的第十七個年頭，掛著國民革命軍旗號的十二軍軍長孫殿英製造了第一次東陵大盜案。案情大致是這樣的：時任奉軍二十八軍某連連長的馬福田是河北遵化人，早已對東陵的地下寶藏垂涎三尺。當時他正好帶兵駐紮馬蘭峪，便與當地慣匪王紹義秘密勾結，準備伺機而動。沒想到他們的野心被駐紮在馬蘭峪四十里之遙的孫殿英所偵知。其實孫殿英對東陵也早有覬覦之心，肥肉豈能落入他人之口？孫殿英立即命師長譚溫江率兵攻擊馬福田，兩軍在馬蘭峪展開一場激戰，馬福田終因兵微將寡而狼狽逃走。於是，譚溫江率「得勝之師」進駐馬蘭峪。他們以軍事演習為名，實行戒嚴，封鎖消息，斷絕交通。在七天七夜的時間裡，盜掘了隨葬品最豐富的乾隆帝的裕陵和慈禧太后的菩陀峪定東陵，將地上、地下珍寶掠奪一空。盜案發生四十天後，正在天津的清遜帝溥儀派宗室遺臣匆匆趕到東陵，對被盜的陵寢進行了善後處理，將被拋出的屍體進行了二次安葬。這次盜案震驚了中國，也震驚了世界。儘管溥儀強烈要求緝拿並嚴懲盜犯，但由於孫殿英重賄民國政府要員，此案最後不了了之。

第二次盜劫

一九四五年八月，日本投降。在當年的後半年和次年年初，東陵地區的民主政權尚未正式建立，政治上出現了臨時真空，一些不法分子和土匪便乘機製造了又一起震驚中外的東陵大盜案。這次被盜的陵寢有康熙帝的景陵、咸豐帝的定陵、同治帝的惠陵和慈安陵，陵寢被盜之多，損失之慘重，超過了第一次。這次盜案發生前後，其他陵寢也相繼被盜，陵區週邊的大量陪葬墓也幾乎無一倖免。

第三次盜劫

第二次盜案發生後，儘管政府進行了嚴厲鎮壓，但仍然有一些人賊心不死，欲壑難填。一九四九年，東陵地區的某些不法村民喪心病狂，又對那些被盜陵寢進行了一次全面「掃倉」。所謂「掃倉」，就是對地宮進行二次搜查，不使珍寶遺漏。經過這次「掃倉」，那些倖存的文物，特別是地宮金井中的珍寶，全部被盜掠一空。

這三次陵墓被盜事件，是中華文明史上的浩劫。它給子孫後代造成的物質損失和精神遺恨，將無法彌補！

開啟裕陵地宮

一九五六年，國家對定陵進行發掘，實際是為發掘明永樂皇帝的長陵而先期進行的一次試點性發掘。然而，此事在當時卻產生了很大的負面影響。隨後，國內便興起了一股挖掘帝王陵墓的狂潮。為此，在明定陵地宮發掘後不久，在國家文物局局長鄭振鐸、中國科學院考古研究所副所長夏鼐（二人當年均對發掘定陵持反對態度）的聯合提議下，國務院下發了「停止對一切帝王陵墓發掘」的檔。可是，十幾年後又有開啟乾隆帝的裕陵之舉。

一九七五年六月的一個星期天，文化部文物局局長王冶秋偕夫人到清東陵進行參觀旅遊。名為旅遊，實際上是一次工作暗訪，所以事先既未通知河北省、唐山市，也沒有告訴遵化縣和東陵保管所。

清東陵陵寢雖然有十五座之多，但當時開放的卻只有慈禧陵一座，遊客也很少。當時東陵保管所的辦公室和接待室就設在慈禧陵的神廚庫內。王冶秋夫婦剛剛進入參觀區，就被經常進京出入國家文物局大門的謝久增認出。他急忙將王局長夫婦請進接待室，休息了一會兒，由喬青山所長和謝久增陪同，參觀了慈禧陵。參觀結束後，喬青山向王局長彙報了工作，並重點介紹了開啟裕陵地宮的想法。王局長聽得很認真，但未作任何明確表態。王冶秋先生是當時掌管全國文物工作的最高長官，也是國內外知名的文物專家，他問開啟裕陵地宮需要多少錢？有關人員回答說兩萬元就夠了。王局長點了點頭，當天就回北京了。誰也沒有想到，就在王治秋走後的第七天，國家文物局就撥來了兩萬元錢。不久，河北省文物處派人來監督指導裕陵地宮的開啟工作。

諸多謎團未解

裕陵地宮自一九七五年開啟，至今已經三十多年。其中仍有許多謎團未解，疑雲籠罩。現擇其主要，略作介紹。

女屍之謎

東陵盜案發生後的一九二八年八月，溥儀派載澤、耆齡等人進行善後處理。他們在清理裕陵地宮時，發現了一具完整的女屍。參與清理重殮的清室遺臣在東陵期間所寫的日記中，都曾提到此事。據這些宗室遺臣判斷，此具女屍就是嘉慶皇帝的生母孝儀皇后，卒年四十九歲。裕陵地宮中的六位墓主人，有比她先死先入葬的，也有比她晚死晚入葬的；有比她年齡小的，也有比她歲數大的。為什麼其他五人都成了一堆亂骨，唯獨她卻屍體完整，沒有腐爛，面目如生？至今無法解釋。

出水之謎

裕陵建成於乾隆十七年（1752年），建成當年地宮裡就出現了滲水。乾隆皇帝曾命大臣三和等加緊維修整治，費了很大勁兒才解決問題。當年，葬入了孝賢皇后、慧賢皇貴妃、哲憫皇貴妃；乾隆二十二年和四十年，又分別葬入淑嘉皇貴妃和令懿皇貴妃（後追贈為孝儀皇后）。嘉慶四年（1799年）九月，乾隆皇帝正式入葬。在這前後四十七年的時間裡，地宮裡始終沒有再出現滲水情況。說明乾隆十七年那次對地官的整治是十分成功的。可是，在一九二八年重殮裕陵遺骨時，地宮裡竟有兩公尺多深的積水。自一九七八年裕陵地宮開放至今，每到盛夏陰雨連綿的季節，更是必須天天抽水，否則滲水就會湧冒上升。裕陵地宮為什麼會出現積水，滲水情況是從什麼時候再度出現的？這些都未找到答案。

棺槨飄起之謎

裕陵地宮裡的每具棺槨的四角，各有一塊重達數百斤的龍山石，將棺槨牢牢地固定在棺床上。龍山石下部伸出的四棱形榫，根部細，頭部粗。榫插入石制棺床上的長方形眼中，向旁邊相通的方眼一推，由於這個方眼口小下大，龍山石便被牢牢地固定在棺床上。龍山石上面鑿有縱向和橫向的通槽。槨的豎向邊棱被卡在龍山石的縱向槽內，槨底部伸出的橫向邊棱被龍山石橫向的槽卡壓，這樣棺槨既不能升起，又不能前後、左右移動。然而，孫殿英匪兵在進入裕陵地宮時，竟發現乾隆帝的棺槨不在棺床上，而是頂住了第四道石門。既然棺槨的四角都被龍山石牢固卡壓，怎麼會飄浮起來呢？至今令人百思不得其解。

石柱之謎

現在裕陵地宮的前三道石門，每道都用四根巨大的四棱形石柱支頂，共有石柱十二根。人們一看便知，這些石柱並非原來就存在，而是後來增加的。因為如果原來就有石柱，巨大的棺槨是根本無法進入地宮的。

為什麼要支頂這些石柱，它們又是什麼時候支頂的？如果仔細觀察，就會發現前三道石門的上門檻及以上的枋子，帶門簪皆出現了程度不同的裂璺，其中第一道石門尤為嚴重。如果不採取必要措施，後果會不堪設想。這十二根石柱中，第一道石門裡側的兩根和第二、第三道石門的八根，都是一九八九年由清東陵文物管理處古建隊支頂的。而第一道石門外側的兩根石柱。支頂日期至今不明。

一九二八年孫殿英匪軍盜陵時，是不會支頂石柱的。是否是溥儀派出的東陵善後大臣所為？這種可能性很小。因為他們在東陵善後期間，每一位都做了詳細的日記，就連一些瑣碎小事都有記錄，但對支頂石柱之事卻隻字未提。一九七五年開啟裕陵地宮時，這兩根石柱就已存在，更不是清東陵文物保管所支頂。

這樣看來，兩根石柱只能是清朝遺物，而且只能是在乾隆入葬地宮後、隧道填堵前那幾天支頂的。因為乾隆入葬前的嘉慶四年（1799年）七月，在修築裕陵地宮隧道券內的斜坡地面時，曾計畫築打夯土，但負責工程的大臣綿課發現「頭層石門之上橫安石檻已見有裂縫斜紋兩道」。為了避免震動，遂奏請皇帝，將築打夯土改為用磚鋪砌，這就形成了我們今天看到的隧道券磚鋪地面。

石門上檻出現裂縫，嘉慶皇帝是不會置之不管的。可是，在乾隆帝入葬後，綿億、弘謙、特清額、成林在向嘉慶皇帝奏報「敬修填砌裕陵元宮門隧道並成砌琉璃影壁等工」的奏摺中，並未提及支頂石柱之事。是根本沒有支頂，還是因為事小，沒有必要寫進奏摺？我們不得而知。

這兩根石柱到底是什麼時候支頂的，至今還是一個謎。

棺槨頂門之謎

一九二八年，孫殿英匪軍在盜掘裕陵地宮時，曾順利地打開了前三道石門。但第四道石門卻無論如何也不能打開，便氣急敗壞地用炸藥炸開了石門。進了金券後，發現原來有一具巨大的棺木頂住了石門。後來從這具棺木中找到了乾隆帝的頭顱骨，才知道這具頂門的棺木就是乾隆帝的。溥儀派善後大臣重殮裕陵遺骨時，將乾隆帝的內棺重新擺放在正面棺床上的正中之位，並將一帝一後三妃的遺骨殮入棺內。可是到了一九七五年，清東陵文物保管所開啟地宮時，又是乾隆帝的內棺頂住了石門。

為什麼兩次都是乾隆帝的棺木頂住石門？地宮內的積水主要是從地面的石縫中滲出。平緩上升的水面，不會產生波浪水流，更不會有衝擊的力量。所以地宮內積水不會將乾隆帝的棺槨沖下棺床。乾隆棺槨頂門之謎，實在令人匪夷所思。

一七五七年乾隆徹底閉關鎖國始末

季壓西　陳偉民

乾隆二十二年（1757年），一道聖旨從京城傳到沿海各省，下令除廣州一地外，停止廈門、寧波等港口的對外貿易，這就是所謂的「一口通商」政策。這一命令，標誌著清政府徹底奉行起閉關鎖國的政策。兩百多年來，乾隆的這道聖旨一直被視為是導致近代中國落後於世界的禍根。那麼，當時正值鼎盛時期的大清帝國，為何會有這種舉動呢？

謎一樣的英國小影子，成了清朝閉關導火線

清朝政府實施的「閉關政策」，是以兩件歷史大事為標誌的：一件是乾隆二十二年（1757年）清朝政府宣布「恢復廣州一口貿易政策」；另一件是乾隆二十四年（1759年）清廷批准頒布「防範外夷規條」。這兩件大事的導火線都由一位叫福林特的英國人所點燃。

乾隆元年（1736年），英國來華商船「諾曼頓號」上搭乘了一位叫詹姆斯·福林特（James Flint）的英國青年。他的出身、家庭背景以及搭船來華目的，是否是一名船員，從事何工種等，至今仍是一個謎。這位英國青年突然向這艘商船的里格比（Rigby）船長

主動提出請求，把他留在廣州，說自己想留在這裡學習漢語。學習漢語，這樣的英國人在當時幾乎絕無僅有。英國船長答應了福林特這個突兀的要求，將他留在了中國。這艘船三年後失事了。船長消失了，留在中國的那位小夥子似乎也銷聲匿跡了。直到五年後即乾隆六年（1741年），在英國東印度公司董事會給赴中國參加該年度廣州貿易的「約克號」和「瑪麗公主號」的指令中出現了這樣幾行字：

（1736年「諾曼頓號」）船長裡格比留下一名小童，名叫詹姆斯・福林特，在中國學習漢語。如果你在該處見到他，倘若他能對你有任何幫助時，要很好地接納他為我們工作。

「約克號」的大班忠實地執行東印度公司董事會的這項指令，設法聯絡到了這位英國青年。福林特在乾隆六年十月十二日（1741年11月19日）寫給「約克號」大班的信中，談到自己五年來是如何入迷而又執著地學習漢語的經歷，並用懇切的語氣表達了自己今後的打算：

敬懇容許我上稟，五年前船長裡格比留下我在此學習中國語文，而我申請在此學習三年，後來船長裡格比叫我到孟買，我是乘「哈林頓號」前往的。在我到達該處之前，船長裡格比已離埠，不久，居留地總督和管理會認為應該命令我乘「威廉王子號」（Prince William）前往馬德拉斯，以便該處的總辦事處准我乘他們的船再往中國，繼續申請學習該國的語文，……我知道貴董事會在給你們的訓令上提及我。因此，擅敢向你寫信，假如你們願意在我繼續學習期間給予一些支持，我將盡力留在此間學會讀和寫，並努力學會官話及此處的方言。

當時，福林特請求東印度公司廣州管理會援手相助，並願意受雇為廣州的英國商人效力，條件是出資為他提供繼續學習漢語的機會，直到能熟練地掌握中文和廣州話。管理會主任奧里弗（Richard Oliver）被這位小夥子的精神和執著打動了。他徵求管理會其他兩個成員的意見，他們表示同意並送給詹姆斯・福林特聘銀一百五十兩。此後發生的一切證明，這筆錢是那一時期英國商人在華投資中錢花得最是地方、最及時，也是花得最值的。福林特就此當上了東印度公司的第一個漢語翻譯學生。

「通事」洪任輝的出現，讓英國商人欣喜若狂

乾隆七年（1742年），英國艦隊指揮官環游世界時訪問廣州會見了兩廣總督，福林特作為一名譯員出現在會談現場，他的翻譯令艦隊指揮官很滿意。乾隆十一年（1746年）的廣州貿易季節，倫敦東印度公司董事會在給本年廣州貿易大班委員會主席湯瑪斯・科爾的指令中，再次提到了詹姆斯・福林特。董事會這一次的指令更像是一紙委任狀：「我們已經指令詹姆斯・福林特乘『塔尼斯托克號』（Tanistock）前來，做我們全體大班的通事，並在事情需要時，協助辦理我們的業務，在你居留期內，必須招待（他）在我們的商館內，並准每船給他九十兩。」福林特已經正式被稱為「通事」（譯員）了。

福林特因為學會了漢語，再也不為除了接受商館的接濟而「找不到別的辦法謀生」而犯愁了。前面曾經說到過，現在無法查出誰是第一個學會漢語的英國人，福林特是有案可查並且是真正意義上的首位英國在華正式商務譯員，「是（東印度）公司第一位、也是長期以來唯一的一位通曉中文的雇員」。這是英國東印度公司在華貿易史上具有極大意義的一件事。在此之前，英國商人在華貿易中只能依賴清朝通事或者法國人和葡萄牙人以及一些傳教士。到了乾隆十五年（1750年），福林特住在英國商人米西諾爾的廣州商館裡任通事，進入了高收入階層——「付福林特通事以公司的津貼，我們三船，每船九十兩，共兩百七十（兩），同上，預付交他的房屋租金兩百（兩）。」以這一年東印度公司來華船隻不少於十艘計，他的收入至少有九百兩。

不知何時，這個掌握了中文的英國人給自己起了個中國名字——「洪任輝」。在清朝官方的檔中，有時他又被誤稱為「洪任」或「洪仁輝」。英國東印度公司在中國第一次有了自己的中文譯員，很快就嘗到了甜頭——因為英國商人們第一次可以通過自己的喉舌和聲音向粵海關監督直截了當、不打折扣、不含糊其辭地提出自己的要求，從而打破了當時那種凡事必須通過行商和清朝通事稟報的規矩。不再擔心清朝通事傳話時，避重就輕，擅改語氣，偷換概念了。

乾隆十八年七月初六（1753年8月4日），洪任輝趁粵海關監督李永標丈量四艘英船之機，將由英公司本屆廣州貿易大班委員會擬寫的一分稟帖譯成漢文，繞過行商和清朝通事，徑直遞交給了粵海關監督李永標。這分漢譯稟帖實際上等於是向自乾隆十五年（1750年）開始確定的清朝對外貿易所採用的保商制度開火。稟帖要求免去雇傭的通事和買辦們向官員們獻禮物的負擔，因為這些負擔最終都要轉嫁到英國商人的身上。這封漢字稟帖立即引起了清朝有關方面的強烈反響。一周以後，海關監督派人通告這艘英船的中國保商，命令立即查出並逮捕那個竟敢替英商大班起草中文請願書的傢伙。海關監督毫不隱諱自己對這個可惡傢伙的憎恨：「我們不知道自己應該怎麼辦，而他（那個起草稟呈的傢伙）卻知道要用什麼辦法來對付我們。」此時，清朝官員尚不知道「那個起草稟呈的傢伙」竟是一個英國人，因為以前從未發生過此類事情。

雖然洪任輝向粵海關監督李永標呈稟遭到拒絕，但是，他和其他英國人並不甘心。乾隆十九年五月（1754年7月），洪任輝又來到海關衙門，求見李永標。由於李永標對求見不置可否，洪任輝和大班們便決定於六月初十（7月29日）集體前往總督衙門，要求和總督會談。上任不久的兩廣總督楊應琚尚不熟悉與夷人打交道的規矩，有點冒失地答應了這一請求。英國人除了準備好稟帖外，還讓洪任輝用中文準備了另一封信。三艘商船上的英國大班們在「自己的譯員」洪任輝的陪同下，拜見了總督大人。在會晤中，洪任輝遞上了那一封怨氣沖天的中文稟帖，當面向兩廣總督口頭解釋了英商在廣州所遭受的困難，特別強調了保商制度給英人造成的困難，要求給予廢除，並且要求允許英商直接向清朝官員交稅。由於此次會晤繞過了行商和清朝通事，兩廣總督對此很不適應，也無人可以商量，他便當場答應對英人提出的這些事務性問題將作出最後的規定。據英國商人的記載，這位元剛升遷不久的兩廣總督給他們的印象是，他對來訪的英國人非常客氣，而且，當他讀英國人的呈訴書後，英國人覺得他似乎並沒有弄清楚英人申訴的主要目的。這種反常態度引起了在場的英國商人們的懷疑，他們立即懷疑可能是洪任輝的翻譯出了問題。

不知兩廣總督是否故意裝傻，或是洪任輝把譯文翻錯了，因為洪任輝翻譯時，不敢找中國人幫助，以免走漏消息。英國人看出總督很可能壓根沒看懂稟帖上究竟在說什麼，也不知道這幫英國人來此究竟想要求什麼，因為總督最後仍向英國人打聽他們此來何干，究竟想要求什麼。可見此時洪任輝如無中國人幫助，在翻譯上還沒有太大的把握。

不管怎麼說，英國人還是極其感激自己的譯員洪任輝。英國商人正是通過他而不是通過清朝官方派給自己的行商、通事，直接與總督展開了史無前例的對話。據英國商人在記載中聲稱：「這在二十年來還是第一次。」而且，此次會面的效果也出乎英國商人們的意料：

六月十五日（8月3日），總督派員通知英國大班，中國商人將以合理的條件和他們交易，如果英國人有冤要訴，可以自由地謁見總督。一個學會了漢語的英國人的價值很快就顯現出來，並日益受到英國商人的高度重視。洪任輝則趁勢利用自己在語言上的優勢，在充當東印度公司在華商人的通事之餘，還以散商的身分直接跟中國人做生意。乾隆十二年（1747年），他在廣州與江南婺源縣生員、茶商汪聖儀父子開始貿易，並提供每年三百二十兩的販茶資本。

真正顯露出洪任輝所發揮的不可替代的巨大作用的是另一件大事。

乾隆二十年四月二十二日（1755年5月22日），洪任輝與英商「哈德尼斯公爵號」與「格林芳號」商船到達定海。洪任輝對前來詢問來意的定海官員稱：「因祖上曾到此做過生意」、「聞得寧波交易公平」，要到寧波買絲、茶。他們得到了浙江官員的熱情接待，被安置在寧波船王、商人李元祚行中。洪任輝所稱的「祖上曾到此做過生意」，是指從康熙二十四年至乾隆元年（1685年至1736年），英船先後有八次共計十五只船前來寧波做過貿易。洪任輝等來寧波一事，浙江提督武進升向朝廷做了簡單的彙報。乾隆帝在審閱奏摺時，對外國商船造訪寧波進行貿易並未表示異議。

洪任輝因此在英國人心目中地位大升，正是因為他，才使自乾隆元年後自動中斷了若干年的英商船在寧波的貿易得以恢復。這一切更使英國人看到了洪任輝這位英國譯員在排除語言障礙方面的巨大作用。東印度公司廣州委員會的主席給予高度評價：「從我們在寧波的成就中，可以清楚地看到，我們的成功在於我們（的人）掌握了漢語，如果沒有福林特先生的幫助，就不會取得成功。」

英國商人哈利生（又譯作哈里遜）興奮地寫道：「一七四一年（乾隆六年）福林特先生的出現，給東印度公司帶來了一線希望。他開始學習漢語，後來對東印度公司給予了很大幫助。」

在洪任輝的幫助下，英國人與清朝擴大通商的願望似乎就要實現了，然而，一場風暴卻很快襲來……

寧波之行首獲成功，卻引來乾隆一紙禁令

繼乾隆二十年（1755年）洪任輝成功進入寧波貿易之後，洪任輝第二年帶領商船再次來到寧波。當地官員認可了洪任輝的寧波貿易行為，同時奏報朝廷。英國人連續造訪寧波，開始引起朝廷的警覺。同年七月九日發給閩浙總督喀爾吉善的上諭裡寫道：「向來洋船進口，俱由廣東之澳門等處，其至浙江之寧波者甚少……今年乃多有專為貿易而至者。將來熟悉此路，進口船隻不免日增，是又成一市集之所在……國家綏遠通商，寧波原與澳門無異，但於此複又多一市場，恐積久留居內者益眾。海濱要地，殊非防微杜漸之道……蓋本地牙行及通事人等，因夷商入口得從中取利，往往有私為招致者。此輩因緣覓利無有已時；即巡邏兵役人等，亦樂於夷船進口抽肥獲利。在此時固不過小人逐利之常，然不加禁止，誠恐別滋事端，尤當時加體察。」之後，來自兩廣總督的一項報告提到，這年前來廣州貿易的外國商船較往年明顯減少。這更增加了乾隆帝對於寧波的憂慮。他在閏九月十日發給兩廣總督楊應琚的上諭裡寫道：「今思小人惟利是視。廣省海關設有監督專員；而寧波稅額較輕，稽查亦未能嚴密，恐將來赴浙之洋船日眾，則寧波又多一洋人市集之所，日久慮生他弊。著喀爾吉善會同楊應琚，照廣小海關現行則例，再為酌量加重（寧波

稅額），俾至浙者獲利甚微，庶商船仍俱歸澳門一帶，而小人不得勾串滋事，且於稽查方便。其廣東洋船至浙省勾引夷商者，亦著兩省關會嚴加治罪。」乾隆二十二年正月八日（1757年2月25日），乾隆帝發給閩浙總督喀爾吉善的上諭裡寫道：「浙省寧波雖有海關，與廣省迴異。且浙民習俗易囂，洋商錯處，必致滋事。若不立法杜絕，恐將來到浙者眾，寧波又成一洋船市集之所。內地海疆緊要。」二月，乾隆帝再次發給兩廣總督楊應琚上諭，稱：「近年，奸牙勾串漁利，洋船至寧波者甚多。將來番船雲集，留住日久，將又成一粵省之澳門矣。於海疆重地、民風土俗均有關係。」

這些諭旨表明，清政府開始擔心外國人頻來寧波這一「海濱要地」，「日久慮生他弊」，「別滋事端」；更懷疑通事乃至巡邏兵役人等會與外國人勾結串通，長此以往，會使寧波成為下一個澳門。同時他們還擔心外國人到寧波日眾，留住日久，民風會受到汙染，海防也會受到威脅；更擔心民夷雜處，易致滋事。於是，乾隆二十二年十一月十日（1757年12月20日）給兩廣總督李侍堯的上諭裡寫道：

> 曉諭番商：將來只許在廣東收泊交易，不得再赴寧波。或再來，必押令原船返至廣；不准入浙江海口。如此辦理，則來浙番船永遠禁絕。不特浙省海防得以肅清，且與粵民生計並贛韶等關均有裨益。

同日，致閩浙總督楊應琚的上諭寫道：

> 傳諭楊應琚，令以己意曉諭番船：以該督前任廣東總督時兼管關務，深悉爾等情

形。凡番船至廣，即嚴飭行，善為料理，並無與爾等不便之處。此該商等所素知。今經調任閩浙，在粵在浙均所管轄，原無分彼此。但此地向非洋船聚集之所，將來只許在廣東收泊交易，不得再赴寧波。如或再來，必令原船返至廣，不准入浙江海口，預令粵關傳諭該商等知悉。

根據這項禁令，來航貿易的船及外國人不得再前往廣州以外的海口城市從事貿易，從而重新規定了外國商人在中國的活動範圍，而頒布這項貿易禁令的直接原因是英國商人洪任輝引發的寧波貿易問題。同時，官府開始盯上始作俑者的英國人洪任輝，不再將他僅僅看做是個外國通事而已。

洪任輝以及跟他一起學習漢語的見習生貝文・布朗特所搭載的「翁斯洛號」於乾隆二十二年十二月八日（1758年1月17日）迎來了舟山全部官員。這些官員通知他們明年不可再來，因總督已下令不准再接納他們。「翁斯洛號」駛抵澳門後，決定讓洪任輝和貝文留下。前山寨的軍民府立即派人查問，是誰擔保洪任輝留居澳門的。廣東總督也很快就向英國人發出書面命令：

本官憲知照並命令知縣督同書吏及有關人等同，前往澳門港口查察上述兩人（指布朗特和洪任輝），並將通知抄本交與彼輩及全體外國人等，俾彼等知悉：以後所有來船，必須駛來廣州口岸，並在該處選擇行商，進行正常貿易……現本官憲交與洪任輝書信一件，彼於返回歐洲後，通知全體外商，今後來船，一律不准駛往浙省口岸。

乾隆二十三年正月初九（1758年2月16日），兩廣總督李侍堯召集在華外商，正式宣布今後只准在廣州一口進行貿易。此舉結束了康熙二十三年（1684年）開始的允許外商任選口岸貿易的合法地位。由洪任輝等人打通的貿易之路自此又被封死。

前有堵截後有追蹤，英國「四品官」告御狀

面臨一口通商政策的恢復，英國商人天真地認為這是清朝地方官吏所為，而北京朝廷並不知實情。因此，英國人希望派人北上，設法直接與朝廷接觸，反映情況，以求轉寰。乾隆二十三年（1758年），洪任輝等遵從禁令，果然未去寧波。但是，乾隆二十四年（1759年），根據東印度公司董事會指令並得到公班衙同意，五月十九日（6月13日），洪任輝與其他十三名商人及水手從廣州外河啟程，向北航行，五月三十日（6月24日）駛抵定海外四礁島地方，遇上正在定海巡檢外洋的把總謝恩。受阻的洪任輝請求中方同意他們到寧波貿易。謝恩急忙把英國人的到來向上報。結果驚動了全浙大吏。巡撫下令，讓提督、總兵、道台前赴定海檢查英國「勝利號」（Success，一譯「成功號」）船所載槍炮，並嚴飭禁止貿易，立行驅逐。

洪任輝的日記中記載道：「六月二十五日……下午有兩位軍官和一位文官從舟山來此，帶來總兵及知縣的命令，這是直接從省里送來的，由於皇帝已下令不准任何船隻開來浙江，因為廣州是他們（歐洲人）居留的口岸，所以此口岸完全禁止與歐洲人貿易。我告

訴他們，我是先乘這艘小船來，交一件稟帖給浙江總督及官員們，由他們轉奏皇上關於我們在廣州所受到的抑屈……但他們拒絕接受，並告訴我，它是無關緊要的，要我一定立即離開……我對他們說，我們頂著逆風返回廣州是不可能的，而且我們沒有供應品足以支援這個航程。他們說，他們亦無法幫助，因為他們不准我們在此地購辦，所以我們必須到別的地方購買，他們亦不准我們派小艇上岸取水。但他們可以讓那些開來各個島監視我們的每艘帆船送水給我們。經過多次堅持，他們答應收下我們的稟帖，並轉送總督。我從他們的態度和總兵給這幾位官員的命令看來是如此堅決，知道事情是難以挽回的。我認為最好的辦法是安然離開他們，因為我們的辯護理由難以反駁他們，而且惹起一點糾紛，就會對我們的天津之行不利，因為我準備如寧波一事無成時，就到該地去。我們被迫在當天黃昏時起錨，順著潮水開走。」

浙江方面對這個會講漢語的英國人說的話並不放心，總兵羅英笏命令守備陳兆龍率兵船尾隨「勝利號」，逼其南行。三天後，陳兆龍回報稱：英船確已南下。誰知，洪任輝一見監視他們的清朝兵船返航遠去，便立刻轉舵，沿內海急駛天津。六月二十四日（7月18日），洪任輝的船忽然出現在天津大沽口外白河口。他因此成為「第一個到天津的英國人」。洪任輝充分利用自己嫺熟的漢語與前來盤查的清朝官員進行耐心的對話，並付出數千兩銀子的賄賂，終於在六月二十七日（7月21日）說服清朝官員將一分中文寫成的控告信遞到了天津道那親阿、知府靈毓手中。

這兩個清朝大吏不敢耽擱，親赴河間府奏報直隸總督方觀承。方觀承接到洪任輝訴狀後，同樣也不敢擅自處理，用五百里火票將它迅速送京，並協同長蘆鹽政官著會銜再呈奏密摺，將所得到的情況飛報京師：

內有稍知官話者，一名洪任（洪任輝），口稱：「人、船俱是英吉利的，因有負屈之事特來呈訴，將我送到文官處，就明白了」等語。……隨後，據西洋人洪任供稱：「我一行十二人……我系英吉利四品官，向在廣東澳門做買賣，因行市（商）黎光華欠我本銀五萬兩不還，曾在官差衙門告過狀，不准。又在總督衙門告狀，也不准。又曾到浙海寧波海口呈訴，也不准。今奉本國公班衙派我來天津，要上京師伸冤」等語。及再詰問，惟稱：「我只會眼前這幾句官話，其餘都寫在呈子上了」。

洪任輝很懂中國人的心理，稱自己為「英吉利四品官」，「僭用」清朝官銜以嚇唬那些怕大官怕得要命的清朝官員。另外，他故意說自己漢語口語不好，無法面談，只得求助譯好的稟帖來說明自己的來意，以此逼迫清朝官員細讀他所遞交的稟帖。

乾隆仔細閱讀了洪任輝訴狀，並對此給予高度重視，認為此事「事關外夷，關係國體，務須徹底根究，以彰天朝憲典」。同時，乾隆皇帝對一個外國人學了幾句漢語，竟在天朝之國，直奔天子駕下告狀，感到十分氣惱。他認定其中必有「浙省奸牙潛為勾引，代夷商捏砌款跡，慫恿控告情事」。乾隆帝認為，查清這一點比查洪任輝上京控訴事件本身還值得深究，並指示一旦查出「此奸宄之徒」後，「亦當即行正法示眾」，以杜後患。

這種認為外國人有語言障礙，不會寫出這種呈狀的想法也為其他大臣所認同。例如，浙閩總督臣楊廷璋也認為：「伏查洪任所投呈詞，察其字跡語句，斷非番人所能為，必有內地奸徒為之串商、捉筆，冀遂奸謀。」乾隆當日即下諭旨選派他的親信、御前侍衛兼福州將軍新柱和愛新覺羅家族的近臣、滿籍官員給事中朝銓為欽差大臣，分別從福州和天津啟程星夜馳往廣州查辦英中貿易發生的重大爭執。接著，皇上又諭令他們「會同該督李侍堯秉公審訊」。乾隆二十四年七月初二（8月12日），一向對英國大班們不理不睬、保持距離的兩廣總督李侍堯突然親自召見英國人，「他叫通事轉告，他禁止洪任輝再來廣州。如洪任輝擅自前來，將有很不愉快的結果，而我們亦將得到同樣的對待。他極感驚訝，洪任輝竟敢在皇上明令禁止寧波貿易之後，仍貿然前往。我們說，洪任輝是服從本公司的命令前往的，並非他擅自主張……他堅持要洪任輝在澳門等待，乘第一艘駛往歐洲的船回國。我們用盡各種辯詞來勸止他的獨斷命令，但他堅決不允」。洪任輝隨欽差大臣朝銓抵達廣州後，東印度公司廣州委員會前往「歡迎大臣並向他致敬，並乘機交給洪任輝一張紙條，內容是他離開之後我們全部工作的經過。他要留在城裡直到事情解決之後，現在不允許接見任何人。我們要求他堅持在審查時，准許我們管理會全體人員入城……我們稟求總督、將軍和大臣准許洪任輝返回商館，希望他們接見，以便我們向其申訴長期以來所受的委屈」。

告狀不成反被囚，惹來滔天大禍

英國人有點太天真了。欽差大臣此行並不是真的想瞭解英國商人在廣州受的什麼委屈。他們是想儘快地平息因洪任輝告禦狀而引發的政治震盪。欽差大臣們展開調查後，找到了清朝方面的幾個替死鬼，並對此做了處理。接著他們就來處理這個「外借遞呈之名，陰為試探之計」、「勾串內地奸民，代為列款，希圖違例別通海口」而闖下滔天大禍的英國人洪任輝。最初，負責調查此案的三位大臣新柱、朝銓、李侍堯等於乾隆二十四年九月初四（1759年10月24日）向皇上提出了一個相對溫和的方案，決定加強管束，但不採取懲前措施：

臣等查洪任輝在粵貿易年久，通曉漢語，（與）內地商民及通事、買辦熟識頗多，人亦巧詐，眾番人無不聽從伊言。但現在此案所控情節尚屬有因，似難坐以罪名……惟有密飭地方文武時刻稽查，嚴加防範。若伊安靜守法，仍聽照常貿易；如有交通內地奸民、干犯禁令之事，查拿懲究。

但皇帝卻在奏摺上朱批道：

即將洪任輝驅逐回國，則眾番商亦斷不敢萌往浙另開港路之心矣。

根據這道朱批，洪任輝於八月初一（9月21日）被釋放回英商館。之後，總督令其立即離開中國。

九月二十六日（11月15日），兩位欽差回京奏報整個事件的處理情況。洪任輝問題的處理因此發生驟變。「1759年12月6日，在廣州的總督要見洪任輝……他叫洪任輝上前，他指著一道命令說，這是上諭，要把他放逐到澳門三年，期滿後即回英倫，永不得再來中國。這是對他前往寧波的懲罰，因為皇上早已明令不准船隻到該處貿易。」洪任輝被監禁在離澳門一英里遠的地方。禁止他與大班們進行書信往來。英國商館僅在乾隆二十五年（1760年）收到過他唯一的信：「我被關在一幢像籠子似的四間小房子裡，全部門和窗都安上了鎖，每晚七時，敲過鑼和竹筒四五聲後，即行上鎖。早晨六時才開啟，有兩個人睡在室內，防我逃走……你們告訴醫生，我的腳浮腫很厲害，我不得不穿一雙大鞋，在腳跟的三四英寸皮上有色腫紋，在伸腳時非常疼痛」。直到乾隆二十七年九月（1762年11月），他才被釋放，關了近三年。自從洪任輝被關押，廣州的英國商人們開始重新遭受語言障礙之苦。

這一場由一名英國譯員進津告狀所引發的揭露清朝封疆貪汙、行商保商制度弊端的重大事件，最終以海關監督李永標失察革職、兩名商人梟首流徙和洪任輝監禁三年、驅逐出境而結束。洪任輝告御狀之舉，非但沒有達到增開口岸、取消通商限制的目的，隨之而來的是更嚴重的後果——導致清朝近八十年的閉關政策全面實施。

我們為什麼敬仰漢朝？

蔡偉

當電視連續劇《漢武大帝》在中央台迅速竄升至收視率第一時，一個兩千年前既熟悉又陌生的王朝連同那位偉大君主，頓時成為坊間熱門的談資。因為在漢武帝文治武功的背後，是一個前所未有的強盛帝國冉冉升起的偉大歷史。

漢王朝是中國歷史上最偉大的朝代之一。漢王朝締造了中國歷史上數一數二的盛世，奠定了後世中國的疆域基礎和民族基礎，其文化和社會制度得到了長久的傳承，他的國號甚至成為了一個民族永遠的名字。

大漢帝國，奠定了後世中國的基礎

大漢王朝，漢武大帝，一個既熟悉又陌生的偉大王朝和那位偉大的君主。後人一句「秦皇漢武，略輸文采」，讓人對漢武帝產生了「雄才大略」和「好大喜功」這一對矛盾的印象。但在他的文治武功背後，卻是一個前所未有的強盛帝國冉冉升起的偉大歷史。

雖然在漢朝數百年後另一個同樣由華夏民族建立的偉大帝國大唐，在世界上似乎具有更為深遠的影響，但《帝國興替啟示錄・漢・白日薄西山》的作者、南京大學中文系教授徐興無指出：「作為一個全然由華夏文明自身孕育出來的偉大王朝，大漢帝國才在最深的層面影響了此後中國兩千年的全部歷史。」

漢帝國最重要的政治遺產之一就是郡縣制。雖然在秦朝已被正式推行，但郡縣制是在漢朝開始完善，並第一次真正紮下了根。這無疑是一種偉大的反封建革命。今天的西方國家認為，一個近代國家的標誌，就是沒有世襲，沒有宗法血緣，國家機器向全民開放。對於中國，這一制度早在兩千年前的漢帝國就已經開始完善。帝國的創立者高祖皇帝本身就是一介布衣，與此對應，試圖向漢朝皇帝兜售政治理想的諸子百家也大都出身寒門。這的確是史無前例。

在著有《漢武帝傳》的首都師範大學歷史系教授楊生明先生看來，漢朝的另一個偉大之處，在於他在四百多年的歷史上第一次形成了中華民族的概念，實現了中國歷史上第一次真正意義上的大一統。漢武帝收復了匈奴占領的秦朝故土，統一了兩越，其領土除了今天的西藏和東北部分區域外，幾乎包括現在中國領土的絕大部分，超過前朝秦朝一倍之多。儘管此後政治上的分裂和統一又反覆了多次，但以華夏文明為中心的文化整合運動始終沒有停止。

大漢帝國統治的頭兩百年也是中國歷史上詩歌、繪畫、音樂、哲學、文學和撰史空前繁榮的文化時期。中國的文官制度通過對人才才能和德行的考察，而不是以出身與地位來選擇用人。這一制度幾乎在兩千年後的今天仍然被採用。漢朝的理想雖然在幾百年後由於它的滅亡而暫時中斷，但是後來歷代的繼承者都敬仰漢代所創立的偉大傳統。

羅茲・墨菲在《亞洲史》中指出：「中國人在漢朝統治期間取得的領土和確立的政治和社會制度一直維持到二十世紀。中國人至今仍然稱自己為『漢人』，他們因自己是漢代首次確立的典型中國文化和帝國偉大傳統的繼承者而深感驕傲。事實上，漢朝之後的中國歷史，基本上由大漢帝國的成就所確定——從起源於有限的華北平原的商朝開始，中國政權和版圖到漢代時已經擴大到包括了現代中國邊界內的大部分地區。在這一時期，中國文明的傳統模式也已經確立，那就是在此後兩千年中一直堅持不敗的模式。」

這正是大漢王朝的光榮所在。他在兩千年的歷史深處俯視著它所形成、並一直延續至今的這個偉大民族。

大風起兮雲飛揚：帝國初年的艱難

漢高祖剛登基時，在當時首都洛陽南宮的一個慶功宴上，曾與手下功臣將領討論過得天下和項羽失天下的問題。在他看來，成功失敗，全在用人：「運籌帷幄，決勝千里，我不如張良；治理國家，安撫百姓，給前方運送軍糧，我比不上蕭何；統領百萬大軍，開戰就打勝仗，攻城就能拿下來，這一點我趕不上韓信。此三人乃天下豪傑。」

然而功臣在天下平定後面臨的「兔死狐悲」的命運，似乎永遠是一個終極問題。異姓王韓信、彭越、英布在劉邦的猜疑中先後被誅，淮南王英布被迫叛亂。當劉邦親率大軍擊敗英布後，邊境危機又接踵而至。漢朝雖然取強秦而代之，但國家的命運是否會和亡秦一樣，實在尚未可知。在返回首都長安路過故鄉沛縣時，劉邦在沛宮擺下盛大酒席，宴請故人親友和沛縣的父老鄉親。舊地重遊，回顧半生戎馬生涯的劉邦不禁擊築高歌：

大風起兮雲飛揚，
威加海內兮歸故鄉，
安得猛士兮守四方！

正如翦伯贊在《秦漢史》裡說：「當漢高祖削平天下、統一中原、得意洋洋、擊築高歌之時，四周諸種族已經把中原文化區域包圍得水瀉不通了……這些蠻族中，最成為中原種族之威脅的是北方的匈奴。因為它們具有強大的武裝，而又接近中原種族政權的中心。」

開國的漢朝國力贏弱，百業凋零。《史記・高祖功臣侯者年表》載：「大都名城散亡，戶口可得而數者十二三。」《資治通鑒》描述當時的狀況，甚至連天子出行都找不到四匹同樣顏色的馬。不過當過亭長的開國皇帝似乎能夠忍受這一點。這個中國歷史上第一個由平民通過暴力創建的王朝，從開始便表現出不凡的氣象。在接受群臣的建議後，高祖將首都從最初的洛陽遷往長安，依靠關中險要的形勢高屋建瓴，向東控制天下，從此無後顧之憂。之後漢高祖命故秦博士、儒生叔孫通制定朝廷禮儀，以確立天子威嚴。面對匈奴的威脅，以武力奪天下的漢高祖也決定還以顏色。

儘管今天的研究顯示，匈奴從人種學上不同於漢人，但在漢人看來，匈奴和漢人只是夷夏之別，這種思想在《左傳》中已有反映。在秦始皇的年代，甚至出現過一則「亡秦者胡」的讖語。這對於新科的漢朝同樣是個難題。自匈奴汗國崛起開始，中原政權此後兩千年間的外患幾乎全部來自北方。如何解決內憂和外患，決定著百廢待興的新王朝的存亡。

文景之治：韜光養晦的年代

漢文帝和其後的景帝在位數十年間，雖然漢王朝對匈奴採取防禦與和親並重的方針，但每次和親只能維持數年和平。漢朝邊境「斥侯望烽燧，不得安臥，將吏身被甲冑而睡」。大臣賈誼為此痛哭不已，建議漢文帝要「獵猛敵」，全力對付匈奴。大臣晁錯上書漢文帝陳述防禦匈奴的戰略「籌邊策」。晁錯認為，「有必勝之將，無必勝之民」。因此要「安邊境，立功名，在於良將，不可不擇」。

整個文景時代，漢朝通過郡國兵和屯田兵組成邊防部隊，防禦匈奴的進攻。通過遷徙內地人民充實邊疆、建築城邑、高城深壘、穩固邊境。採用晁錯的建議，「以夷制夷」——賜予歸附漢朝的胡、義渠、蠻夷部署以漢朝精良的武器，利用他們與匈奴類似的騎射能力和風俗習慣，會同邊境的漢朝部隊，共同守衛邊疆。面對匈奴的多次襲擊和大舉進攻，漢朝的策略雖然只能做到將匈奴「逐出塞即還，不能有所殺」，但還是保證了內地中原地區的安寧。

與此同時，文景兩代皇帝都採取了「順民之情，與之休息」的方針。不但獎勵農耕，宮廷還提倡節儉。半個多世紀農業文明的發展讓漢朝逐漸積累下巨大的財富，繁衍出眾多的人口。文景兩朝皇帝崇尚黃老哲學，以無為治理天下。對內減免嚴苛的稅收制度，對外採取容忍的外交策略。讓漢朝在建國初期內憂外患中得以安然度過，史稱「文景之治」的兩代朝廷，成為漢朝走向強盛前韜光養晦的年代。然而在匈奴的鐵騎威脅下，帝國開國年代一個錯誤的決策在多年後，卻險些在國家上升階段帶來致命的危機。

高祖當年為了穩定劉氏天下，分封同姓王以輔佐中央。然而血緣從來就不能避免為權力進行的殺戮。同姓諸侯王逐漸形成內部的割據狀態。賈誼在《治安策》中指出，如果不解決這種尾大不掉的局面，則必將「制大權，以逼天子」。漢文帝採取「剖分王國策」，將數個大國一分為數國。並任命自己的兒子劉武為梁王以控制中原。但這些策略卻適得其反，使諸侯王與帝國中央的積怨越來越深。當晁錯在景帝時提出《削藩策》以削除諸王的領地和實力時，最為強大的吳王劉濞終於聯合楚、趙、膠西、膠東、淄川、濟南等六個諸侯國，以「誅晁錯，清君側」為名發動叛亂。在任命當年為漢文帝所器重的周勃之子周亞夫為主將平定七國之亂後，漢帝國的中央集權得以維護。

選擇儒家：政治理想的尋求

然而儘管漢承秦制，但秦的敗亡卻是一個揮之不去的陰影和教訓。秦朝的敗亡表面在於暴政，深層的原因在於反傳統反封建的同時卻缺乏政治理想。短暫的秦帝國在用法家制度統一文字、錢幣和度量衡的時候，卻未能統一帝國內部遼闊土地上的文化。法家在摧毀了秦帝國精英文化的同時也試圖摧毀平民文化。《雲夢秦簡》記載了秦朝試圖統一全國風俗而遭至各地「父老」抵制的歷史。這些「父老」正是支持漢高祖劉邦起義的主要力量之一。他們類似西門豹在「河伯娶婦」中痛斥的愚民，卻是鄉間宗族的領袖人物。漢帝國明智地選擇了黃老和儒家思想較富人性的道德觀，使法家的嚴酷得到緩和。漢高祖劉邦甚至強調，政府存在的意義在於為民服務、不義的統治者理當喪失上天授權和民眾支持等觀念。建國初期的艱難終於得以度過，文化標準上的統一則最終避免了秦代招致的叛亂。

將大漢帝國內各種意識形態統一起來的正是漢武帝。他最終選擇了儒家。這是漢帝國一次長達七十多年的政治試驗，它早在漢高祖分封諸侯王時就已經開始。

法家的治理引發了「七國之亂」。漢景帝整治梁孝王，民間同情的卻是後者。法家和道家結合的黃老學說提倡「無為而治」，卻全然解決不了國家的內憂外患。在百廢待興的年代，儒家的治學方式迎合了社會在知識上的需求。儒學主動調整思想迎合武帝的作為（他曾當過膠東王，對於齊魯的儒家很瞭解），最終使得儒學中春秋公羊學派在朝廷中占據統治地位。

這絕非偶然。公羊派儒家宣揚「大一統」迎合了剛剛平定「七國之亂」、正在完善高度專制的中央集權的漢帝國；儒家提出的推恩令，削弱了諸侯國的勢力，維護了國內的安定，卻又不失仁義；「國君報九世甚至百世之仇」的思想，也合乎漢武帝反擊匈奴的需要。

至此漢帝國建立後的三大任務——發展生產，消除內憂，平息外患，三大戰略已完成了前兩項。平息外患匈奴，維護國家安全和領土完整的偉大責任，正等待一位具有雄才大略的領袖完成。

反擊匈奴：大漢雙星閃耀

《資治通鑑》記載漢景帝後三年國家的富足：「京師指錢累巨萬，貫朽而不可校；太倉之粟陳陳相因，充溢露積於外，至腐敗不可食」。功臣們乘牛車的時代早已成為過去。中央政府僅養在首都長安的馬就有四十萬匹之多。即便如此，漢武帝在即位後的十二年間，為未來對匈奴的反擊進行著各方面的準備也相當謹慎。

西元前一三三年漢武帝下達了開戰的命令。通過馬邑富豪聶壹，漢朝試圖誘使匈奴軍臣單于率十萬騎兵入漢境。漢武帝則派遣三十萬大軍在馬邑（今山西朔州）山谷埋伏，試圖誘敵深入予以全殲。然而由於情報被軍臣單于發覺，馬邑之戰功敗垂成。漢匈五十多年的脆弱和平終於破裂，兩大強國的全面戰爭開始了。

馬邑之戰後四年（前129年），漢武帝派大將衛青、公孫敖、公孫賀、李廣分別從上谷（今河北懷來）、代郡（今河北蔚縣）、雲中（今內蒙古托克托）、雁門（今山西右玉）四路進擊匈奴。除了衛青搗毀匈奴的聖地龍城，其餘三支部隊都遭到失敗或者無功而返。兩年後匈奴入侵漢朝東北部的上谷、漁陽地區。漢武帝採用避實就虛的戰略，派衛青與李息從雲中沿黃河河套進行長距離大範圍的迂迴作戰。穿越單于本部和右賢王的領地，包圍白羊王與樓煩王的部隊並予以全殲。

《史記．衛青傳》記載漢軍大獲全勝，並「全甲而還」。這一戰不但是軍事史上長途奔襲的偉大戰例，還一舉收復秦代版圖、水草豐美的河套地區，去除了匈奴威脅長安的前沿基地，並為漢帝國進擊匈奴提供了絕好的前進基地。漢帝國反擊河套之戰徹底改變了帝國六十多年來被動防守的作戰方針，從此陰山南麓的匈奴主力開始暴露在漢帝國的鐵騎面前。

衛青的第二次出擊目標是匈奴右賢王的王庭。他率領著由步兵、騎兵和戰車部隊組成的十萬大軍，再次以出乎意料的速度出現在匈奴人面前。正喝酒醉臥、毫無察覺的右賢王只帶著一名侍妾和數百人逃走，其下小王數十人和上萬名匈奴人為衛青俘獲。

歷史全然翻轉！過去是匈奴人主動犯邊，現在卻成了漢軍主動尋找匈奴的軍隊。右賢王被擊破，使得匈奴從遼河流域到天山阿爾泰山的廣闊領地被分割成兩段。匈奴鐵騎再也不是不可戰勝的了。當匈奴的騎兵於漢武帝元狩五年（前124年）再次進攻漢朝的代郡時，漢朝派遣大將軍衛青率領中將軍公孫敖（義渠胡人）、左將軍公孫賀、前將軍趙信（前匈奴小王）、右將軍蘇建（蘇武的父親）、後將軍李廣、強弩將軍李沮的強大陣容，率兵十餘萬主動攻擊匈奴單于本部主力部隊。此次戰役雖然雙方都有得失，但是漢朝的戰果更大。更重要的是，漢帝國另一顆偉大的將星冉冉升起：十八歲的霍去病隨衛青出征，僅率八百名騎兵，就斬殺匈奴兩千零二十八人，並且斬單于的祖父，俘獲單于的叔叔和相國。

漢帝國的三次勝利讓匈奴單于做了一個錯誤的決定。他接受投降的漢將趙信的建議：「撤軍到更北面的大漠深處，誘使漢朝軍隊前往，屆時遠征的漢軍人馬疲憊，匈奴可以一擊成功。」這一決策讓大漠以南的匈奴只剩下河西走廊的匈奴渾邪王和休屠王，以及東面的左賢王。此時張騫已經從西域歸漢，向漢武帝報告了西域各國的情況。一舉打通連接西域的河西走廊，聯合西域各國攻擊匈奴，成為第四次反擊匈奴的戰略目的。

霍去病在攻取河西走廊的戰役中終於一戰功成！他以驃騎將軍率精騎萬人從隴西出發，轉戰五個匈奴屬國，幾乎抓住單于的兒子。在與渾邪王、休屠王部遭遇後大獲全勝，殺死了匈奴的折蘭王、盧侯王，俘虜了渾邪王的兒子、相國、都尉和休屠王的祭天金人。匈奴在河西十分之七的軍力被一舉消滅，河西走廊從此被打通。同年霍去病再次遠征。他率軍深入大漠千里後突然南下，一舉擊破渾邪王、休屠王部，計俘虜五王、王母、單于閼氏、王子共五十九人，斬俘三萬多人。幾乎清除了河西走廊全部的匈奴勢力。此戰堪稱戰爭史上的奇蹟。史載匈奴歌謠當時唱道：「亡我祁連山，使我牲畜不繁息。失我焉支山，使我婦女無顏色」。

開通西域：文治武功的頂峰

河西之戰不僅斷絕了匈奴和南方羌族的聯繫，更重要的是打通了絲綢之路，開通了東西方的貿易通道。這的確是大漢帝國最偉大的功績之一。從一個搖搖欲墜的新生國家到武帝時代的文治武功，漢朝已全然成為一個偉大的帝國。數代人為之所困的匈奴邊患終於得到緩解。但帝國的徹底和平還沒有到來。

元狩三年秋（前122年），匈奴騎兵數萬人再次攻擊右北平地區，掠殺千餘人。漢武帝獲知趙信為匈奴單于獻計，試圖囤積精兵於漠北以待漢軍。於是命令衛青和霍去病率領前所未有的騎兵大軍，輔以數十萬步兵輜重部隊，深入匈奴深處尋找其主力部隊。匈奴俘虜錯誤的情報讓衛青而非霍去病與匈奴主力相遇。衛青用武剛車（一種有邊有蓋的古代戰車）結陣，同時派出兩翼騎兵衝擊匈奴騎兵。兩強相遇中，單于在漢帝國遠征大軍面前脫逃。這一戰衛青擊潰匈奴主力，並焚毀匈奴趙信城而還。

大漠以東，霍去病的五萬騎兵深入匈奴境內兩千餘里，與匈奴左賢王部隊相遇。年輕的漢朝將軍以此前中原軍隊前所未有的進攻精神，一舉俘獲匈奴七萬多人，並追擊左賢王至狼居胥山，封山而還。匈奴汗國即使在冒頓單于最強盛時，騎兵也不過三十萬人。此次漠北決戰徹底殲滅匈奴主力部隊，從此「匈奴遠遁，而幕南無王廷」。

強大的大漢帝國的建立，與之相輔相成的，便是匈奴汗國的衰亡。在張騫聯合西域各國攻擊匈奴後，匈奴汗國不但主力被漢帝國的軍隊摧毀，在西方勢力也被漢和烏孫聯軍擊敗，在東方也被新興烏桓部落擊敗，從而分裂為南北兩個汗國。西元前五十一年，南匈奴呼韓邪單于在北匈奴的攻擊下，率部歸附漢帝國，並前往長安朝覲。這一事件給西域各國以巨大的震撼，從前蹂躪西域各國的強大匈奴汗國竟被漢帝國征服，從此大漢帝國的聲威遠播西域。這一巨大影響體現在此後匈奴再次與漢朝開戰之後：西元前三十六年，在匈奴郅支單于殺漢使節八年後，漢帝國西域副校尉陳湯竟然能私自調發西域各國軍隊，合同漢朝屯墾部隊共四萬餘人，分兩路，越蔥嶺（帕米爾高原），穿大宛，過烏孫，至郅支城（今哈薩克斯坦江布林）下合圍匈奴，並斬郅支單于首級，傳送大漢帝國首都長安。這是一場結束西漢與匈奴百餘年戰爭的勝利，大漢帝國的威信從此在西域建立起來。正如陳湯在給皇帝的奏疏中指出，應該向天下各國表明：「犯我強漢者，雖遠必誅。」

第二篇
名人新事

至聖先師孔子也傳緋聞？
滿清乾隆皇帝是漢族後代？
翻新歷史人物，
「英雄」亦或「梟雄」、「聖人」亦或「罪人」恐僅一線之隔！

川島芳子詐死，隱居長春三十年？

劉昕

研究者李剛等人發現：三大最新出現的科學考證證據證明，從小看著長春市職業畫家張鈺長大的「方姥」很有可能就是川島芳子。中方研究者根據最新證據得出的這個結論，日本專家也認為，這個可能性是百分之九十九……

新聞背景

長春職業畫家張鈺去年透露一個大秘密：「姥爺臨終前告訴我，從小看著我長大的方姥就是川島芳子，方姥到一九七八年才去世。」並披露關於此事的諸多情況。其間，張鈺、「方姥」故居鄰居、張鈺之母段續擎、愛新覺羅家族現族長愛新覺羅‧德崇、川島芳子親妹妹金默玉各自表述過相同或相悖的證言。「方姥」遺物景泰藍獅子中的神秘篆字紙條、刻有英文字母「HK」的望遠鏡等引起社會各界高度關注，公安影像專家更鑒定「方姥」畫像與川島芳子為同一人。

今年，研究者李剛等人，又在浙江某寺發現疑似「方姥」的骨灰，並帶至日本進行DNA檢測。

歷史謎案，雲開霧散？

從日本考證歸來的李剛等人認為，答案是肯定的：「張鈺所說的方姥，就是川島芳子！」李剛等表示，三大最新出現的科學考證證據，已確證張鈺姥爺段翔（化名）的遺言。

赴日考證，意在尋找科學證據，而最初並不順利。三月一日，段續擎、張鈺母女，中方研究者李剛、何景方等人，抵達日本東京。早在二月十一日，吉林省社科院研究員王慶祥，即受李剛委託，攜相關物證抵日，參與日方鑒定。

「最權威的方法是DNA檢測」，李剛說，在日方聯繫下，中日雙方針對從浙江找回的「方覺香居士骨灰」，進行DNA檢測，「二〇〇〇年，日本專家阿部由美子博士，取得愛新覺羅・憲東的四根頭髮，他是川島芳子同父同母的兄弟，這為DNA檢測提供了前提條件。」其後，日方多次實驗，但未在疑似「方姥」的「方覺香骨灰」中找到DNA元素。

「原因是這些骨灰已深度火化了」，李剛說，「日本九州的鑒定專家，研究了『方姥』可能接觸過的物品，比如密碼箱、望遠鏡、藥勺等，希望從中找到DNA元素，也沒成功，日方專家說是因為年代太久遠。」

指紋檢測，未找到「方姥」指紋

DNA檢測骨灰中未發現DNA元素，另一條科學驗證路徑，是指紋比對。李剛介紹，日方存有川島芳子的指紋，「他們希望在『方姥』留下的望遠鏡等物品中，找到可以對比的指紋」。

對此，記者曾專門諮詢公安部門專業技術人員。據稱，從技術層面看，指紋留在物體上後，如不經特殊保護，保留期一般不超半年，即使留在保存環境較好的玻璃等器物上，也很難超過兩年。

李剛坦言，並沒在張鈺提供的物品中，尋找到有價值的指紋，「日方正在檢測方姥看過的五本《紅樓夢》和《產婆學》等書。但在日本期間，我們聽段續擎說，方姥看書有時用鑷子翻頁，看來靠指紋檢測找出證據，也基本無望。」

據悉，日方專家亦鑒定了其他物件，但對「方姥是否真是川島芳子」並無決定性影響。

新證一，刑場上的死者不是川島芳子

川島芳子被押期間所拍照片和行刑後照片，吉林省公安廳副調研員、省公安攝影協會秘書長台祿林以個人身分作出鑒定結論：兩張照片中並非同一人。

李剛介紹，針對這一結果，日方再次進行鑒定，「日本專家將行刑後的照片通過電腦製作，將人像立體化，進行骨骼分解，得出的鑒定結論是，被槍斃的死者不是川島芳子。」

新證二，李香蘭：沒別的可能性

三月八日，中方研究者回國，張鈺一人留在日本東京，等待會見川島芳子生前密友——現已八十八歲的李香蘭。

根據研究者提供的書面材料，三月十二日十八時，張鈺來到李香蘭住處。這場會見，李香蘭事先要求不能超過十五分鐘。雙方見面後，張鈺談起「方姥」的生活習慣，並介紹了「方姥」住房、茶室的布置。聽完這些介紹，李香蘭連聲說「是哥哥！」李香蘭對川島芳子的稱呼，一向是「哥哥」。

談話中，在場日本記者問李香蘭：「『方姥』會是川島芳子嗎？」

李香蘭回答：「沒別的可能性了。」

這場會見，實際花了四小時。

新證三，筆跡鑒定為同一人所寫

張鈺說「方姥」曾為她畫過一幅墨版肖像畫，在這幅畫的下面，隱約有三個字：「姥留念」。

研究者們表示，這是方姥留下的唯一筆跡。

吉林省收藏家協會創始組建人、知名古董鑑定家郭相武對筆跡進行了校對。「鑑定書畫真偽，最主要的一項是字跡鑑定。」郭相武表示，他對自己的鑑定結論有信心。

困難的是，「姥留念」三個字刻上後，有人似乎想隱藏什麼，又用墨水塗抹在字上，導致只有「念」字比較清晰。郭相武分析，塗抹字跡的人可能是作者本人，「也就是方姥」。

容易的是，川島芳子筆跡留存世上較多，這為筆跡比對提供了保障。郭相武選擇的主要比照對象，是川島芳子在獄中寫給其養父川島浪速的信。

郭相武比較發現，「念」字其上部的「人」，和川島芳子信中「今」字、「命」字上部的「人」，其書寫習慣一致，「這是一般作偽者想不到的，也是不可能做到的。」郭相武說。

由此，郭相武出具鑒定意見：從字跡看，為同一人所寫。日方也對兩者筆跡進行了鑒定，沒有得出結論。目前，中方研究者們採信了郭相武的結論。

新證四，老照片中的第六人

這是一個最驚人、最讓人意想不到的發現！

日本考證期間，張鈺母女與研究者們參觀了松本市博物館。松本市是川島芳子年少時生活之地，該博物館留存著川島芳子的相關資料。館內，展有川島芳子多幅照片。段續擎表示這些照片很像方姥，在一幅合影照片前，段續擎突然指著照片中一個人說：「這人面貌很像我父親，越看越像。」

照片中共有六人，攝於天津東興樓，並無拍攝日期（注：史料載，川島芳子曾以東興樓為據點刺探情報）。

照片中五個人有署名：分別是川島芳子、孝子、小口敏治、藤澤藤雄氏、千鶴子。只有一人沒有署名，正是段續擎所指之人：一個二十歲上下，一身軍裝，面露微笑的年輕男子，站在川島芳子的身後。

研究者調查了署名五人的身分：孝子是個少女、千鶴子是川島芳子的秘書、一身西服的小口敏治是日本某企業人士、藤澤與「第六人」穿同樣軍裝，是個日本隨軍記者。

松本市館方經過調查，沒有查到「第六人」的任何相關資料。他真是段續擎的養父段翔嗎？

段翔的複雜身分

研究者們認為，段續擎所說的話，邏輯上成立。理由在於，川島芳子經營天津東興樓時期，生於一九一八年的段翔正好二十歲上下，當時在偽滿鐵路工作。段續擎介紹，段翔會一口流利的日語，生前說過自己曾給偽滿警察局局長當翻譯，「大約是一九五三年，父親帶我去過東興樓，當時我記得是棟兩層樓，對面有個飯店。父親說他在解放前，曾經來過這裡。」

「檔案表明，他還在國民黨軍隊當過差」，李剛說，早期他們曾詳細調查段翔的經歷，「因為他身分的複雜性，所以我們當時認為他有可能認識川島芳子，但沒有實質性證據。」

專家結論：確為段翔

發生這個意外插曲後，研究者回國後立刻忙起來。他們在從日本帶回的相關著作中，也找到了類似的照片。但這些能夠看到「第六人」的照片中，都缺少他的署名。

研究者將兩張照片交給台祿林，後者給出書面鑒定結論：通過視覺、面部比例關係、電子影像疊影技術等三種對比方式比對，A、B圖為同一人。A圖是神秘的「第六人」照片，B圖是段翔單人照片。

至此，研究者們得到又一個科學驗證：至少在川島芳子盤踞東興樓時，她與段翔兩人已見過面。至於二人當時的交情深淺，無從考證。

結論，百分之九十九還是百分之一百？

更大謎團恐永難解開，研究者認為，儘管沒有科學證據能直接證明「方姥」是川島芳子，但目前所掌握的材料已經足夠。根據最新證據，他們得出了這樣的推斷：

一、科學證據證明，川島芳子沒有死在刑場上；

二、科學證據證明，臨終留下遺言說「方姥」是川島芳子的段翔，確實認識川島芳子；

三、中方專家認為，「方姥」與川島芳子的筆跡相同。

上述三條推斷，加上前期報導過的種種如愛新覺羅•德崇等人證、藍獅中神秘紙條等物證，綜合分析，中方研究者們認為：「方姥」就是川島芳子。

「由於年代久遠，多數物品發生變化，同一物件又經多人轉手，況且『方姥』本人不留照片、不留筆跡，明顯在隱瞞身分，因此想找到更直接的科學證據，已經很難了。」李剛說：「但在歷史、社會、人文方面的考證表明，我們的結論是有充分依據的。」

相比較而言，日方態度更為嚴謹，李剛稱：「日本權威專家認為，『方姥』是川島芳子的可能性是百分之九十九，這個百分之一，就差在沒有最直接的科學證據上。」

半年來，關注此事進展的人常問，到底何時有結論？

在筆者對張鈺母女及研究者李剛等人的調查與暗訪中，沒有發現明顯破綻。但是，由於沒有DNA和指紋的鑒定結果，這件事理論上仍存在虛假的可能性，不過成本會高得離譜。

在研究者的邏輯鏈條上，涉及一系列人證、物證，從省內到省外，再到國外，任何一條斷了，都可能成為致命失誤。另外，涉及其中的人，究竟為什麼甘冒風險編織關於一個漢奸的謊言？筆者想不出理由。

若排除故意造假的可能性，那麼已經披露的這些人證、物證，應該可以讓大家得出一個結論。同時，一些暫不便公開報導的證據與分析，也在印證著中方研究者的結論。

一樁歷史懸案得已解開，另一些問號不斷閃現。如果研究者結論與歷史真相吻合，當年的國民黨政府中是誰放掉川島芳子？為什麼放？被槍決的女子又是誰？川島芳子隱居在長春新立城的三十年中，又在做什麼？這些問題，研究者們也無法解答。

更大的謎團，恐將永埋於歷史中。

姜太公釣魚是為了搞情報？

韓玉德

姜太公釣魚，願者上鉤，婦孺皆知。如今又有說法，說姜太公釣魚之意不在釣魚，而在於搞情報，《孫子兵法》也有提到姜太公「上智為間」，很有智慧，適合做國際間諜。事實是否如此呢？

姜太公的身世

誌怪體古典小說《封神榜》為姜太公的身世披上了一層神秘的面紗。那麼，他的祖先究竟是誰？

姜太公是四嶽，也就是伯夷之後。他的遠祖出自炎帝之妻、赤水之子聽訞（音同「堯」）一系。黃帝戰勝炎帝後，炎帝的後裔被降為諸侯。其中，有個分封的侯國叫四嶽，也叫太嶽。它的第一個封君，正是伯夷。具體來說，這個地方應該是在晉南，也就是霍太山地區，那座山現在叫呂梁山。之所以叫呂梁山，就是因為古代的呂國在這裡。

根據《史記・齊太公世家》記載，呂國受封的時間為虞夏之際，約在西元前二一二〇年至西元前二〇二七年之間。西周時期的太公只稱呂尚、呂望，而絕不稱姜尚、姜望。在先秦時期，人們的姓氏非常特別，姓與氏的社會功能不同。貴族的男子有「氏」，只有女的有「姓」。那麼，「氏」是怎麼來的呢？就是貴族分封的國家，以國為氏。既然姜太公氏呂，那他就應是呂國的後代，他的祖國應該是呂國，而不應該是其他國家。

姜太公的祖籍

姜太公的祖籍爭論頗多。有人說是河南南陽，還有人說是山東日照。姜太公的祖籍究竟在哪裡？

歷史上的呂國有好幾個，上面說的霍太山地區的呂國是歷史上的第一個呂國。後來，它遷徙了，一部分遷徙到現在的河南南陽；一部分東遷到達銅山地區，也就是現在的徐州地區，劉邦的皇后呂雉就出生在此；另外還有一部分則遷徙到現在的山東東部濱海地區，其具體位置，據史料記載，就是現在的日照地區。姜太公出生在商末，距呂國受封的虞夏時期已有一千多年歷史。其實，早在夏、商交替之時，呂國的子孫後代因不斷繁衍，受封者已經很少了，大多數都已淪為庶人。姜太公一族便是這樣。所以，即使是姜太公本人，也很難說清楚自己的祖籍是哪裡了。

荀子的書裡關於姜太公的記載是比較可靠的，他曾在《君道篇》裡說，周文王「舉太公于州人而用之……行年七十有二……」。這告訴我們，周文王即位以後起用了姜太公。姜太公此時是「州人」。這個「州」，就在現在安丘市的東北角。呂不韋也曾在《呂氏春秋．首時》裡說姜太公是「東夷之士」，即現在的日照、莒縣、安丘等地。事實上，與姜太公比較親近的那一支祖先，基本上也就在這個區域內活動。姜太公的祖輩居無定處，家裡又窮，所以，雖然關於姜太公老家的說法各異，但卻都有可能，並不矛盾。

姜太公的享年

史書上說，姜太公高壽，各種說法中，最高的歲數為一三九歲。這個數字可信嗎？

關於姜太公年齡的推定，一直是一個很大的問題。之前相關的說法有數十種，究其原因，要從中國的歷史紀年開始講起。

中國的歷史紀年是從共和元年開始計算的，也就是在西元前八四一年，之前數千年的歷史紀年是一片空白。學者李學勤等人於前些年做出的夏商周斷代工程研究成果，為研究姜太公的年齡提供了一種可能。

現在，根據出土文物、天象等可以基本斷定，武王伐紂發生在西元前一〇四五年。後來筆者又推定了一個年代：帝辛（即殷紂王）三十年，即武王伐紂的那一年，為西元前一〇四五年。所以，帝辛二十年，也就是文王元年，應為西元前一〇五五年。根據司馬遷的記載，這一年姜太公被文王提拔重用，當時姜太公正好七十二歲，由此便可得出姜太公出生於西元前一一二七年。

姜太公去世的那一年，時間比較確定，為周康王六年，即西元前一〇一五年。據此，可算出姜太公去世時應是一百一十二歲。

姜太公的釣魚之地

姜太公是否真的釣過魚？姜太公又是在哪裡釣魚的呢？

關於姜太公釣魚的地點，有很多種說法。有史料可查的，姜太公在日照釣過，在膠州也釣過。另外，姜太公也在河南釣過魚，主要是在河南的東北部釣。現在，這個地方屬於河南淇縣，在古代，它就是殷王朝的國都，即朝歌。姜太公沿著黃河岸邊釣魚。另外就是磻溪，即豐鎬地區，也就是現在的秦嶺一帶。不過，那時的秦嶺不同於現在的秦嶺。那時，秦嶺森林密布，可以說是江河縱橫。

姜太公入周前的生活狀況

姜太公入周是在他七十二歲的時候。那麼，之前姜太公的生活狀況如何？

姜太公的前半生是在磨難坎坷中度過的，可謂一事無成。姜太公曾經入贅，用山東話說，就是「倒插門」，去做齊國人的女婿。但這個女婿不好當，到了五十歲後往往會被趕出來，也就是「出夫」了。姜太公就遭遇了「出夫」。這是因為，當時贅婿的地位如同家奴，作用就是繁衍後代等。而姜太公胸懷大志，不可能去做家務，所以「出夫」是很有可能的。另外，姜太公還曾是「逐臣」。當時，在如今山東郯城的南部有個良國，姜太公就曾在那裡幹過。後來不行了，姜太公就被趕走了。

此外，姜太公到朝歌幹過很多工作，殺過豬，擺過攤，還幹過賓館裡的招待員，什麼下等的工作都幹過。姜太公的生存能力比較強。但姜太公做這些事，絕非是為了生存。比如姜太公跟紂王就多有聯繫，還多次見過紂王，但終因政見不合沒能留下來。

姜太公極有可能以職業掩護作間諜

有故事說，周文王為了邀請姜太公出山，曾親自為其拉車，並拉了八〇八步。那麼，真實情況是怎樣的？

這類故事很多，但真實性都沒法證明，當然也有傳說的成分。再說，創業帝王如果執意要用姜太公，為他拉拉車也未嘗不可。因為古代的帝王，特別是在他沒成氣候之前，什麼事都可能做出來。另外有一點，商朝的末年，全國也就幾百萬人，最多是一千萬人口，找個像姜太公這樣的人才不容易啊。

其實，在姜太公向紂王推行政治主張的時候，周文王正好給紂王當卿士（即宰相）。在此期間，姜太公去訪問，就認識了文王，兩人比較聊得來。也就是說，姜太公釣魚也好，做上面那些瑣事也罷，姜太公極有可能是以職業做掩護，就是做間諜，而且，姜太公活動的地方都是在黃河旁的一些渡口周圍。這些地方流水較緩，距離較短，往來人員眾多，容易「搞情報」。所以，包括《孫子兵法》裡也說姜太公是「上智為間」，就是有很高的智慧，做國際間諜。

後來文王被紂王抓了起來，關在羑里，也是姜太公設計放出來的。所以，在周文王元年之前，兩人早就認識了，而且還達成了默契。

孔子的緋聞：「子見南子」經過

老夏

電影《孔子》從一開拍就引起了人們的廣泛關注，孔子和南子的「緋聞」更是引人討論。歷史上，關於孔子與衛靈公夫人南子的關係，歷代文人對此事津津樂道，讓人不由得產生很多遐想……

在歷史記載中，孔子身邊出現的女人並不多，但在為數不多的女人中，有一個人是在史書中被多次提到的，那就是衛靈公的夫人南子。在歷史上南子是個備受爭議的女人，以美貌和善弄權術聞名，由此，「子見南子」便成為爭論已久的千古之謎。

會面引得子路不高興

孔子，名丘，字仲尼，春秋時魯國人，聖人也。

南子者，衛靈公夫人也，春秋時衛國最著名的美人。

孔子見南子的經過是這樣的：西元前四九六年，孔子五十六歲，剛剛辭去魯國「大司寇」職務，到了衛國做官，但是有人向衛靈公打小報告，說孔子的壞話，孔子害怕獲罪，辭官想到陳國去，在「匡」這個地方被誤作陽虎被抓，脫險後在一個叫「蒲」的地方待了一個多月，後又返回了衛國。

到衛國後，衛靈公夫人南子希望見見這位名人，孔子先是辭謝，後來就去拜見了南子。《史記》是這樣記載這件事的：「夫人在絺帷中。孔子入門，北面稽首。夫人自帷中再拜，環佩玉聲璆然。孔子曰，『吾鄉為弗見，見之禮答焉。』子路不說。孔子矢之曰，『予所不者，天厭之！天厭之！』」

譯成白話文：「南子在葛布做的帷帳中，孔子進去後，向北行禮，南子在帷帳中還禮，佩戴在身上的玉器相互撞擊發出清脆的聲音。孔子說，『我本來就不願見她，現在既然不得已見了，就得還她以禮。』子路不高興了。孔子馬上辯解說，『我如果做了什麼見不得人的事，讓上天殺了我吧！讓上天殺了我吧！』」

司馬遷手下留情？

柏楊先生在《君子和小人》一文中對「子見南子」有過這樣幽默的描述：孔丘先生見了她，不知道搞了名堂沒有，歸來後身輕如燕，神色有異，被仲由先生看出苗頭，問了一句。做賊的人心情都虛，孔子先生當時面紅耳赤，賭起咒來曰：「天厭之，天厭之。」情急至此，可見事態嚴重。

按柏楊先生的描述，言下之意，似乎可以肯定孔先生見南子是發生過糗事的。

《史記》中的這段話，原本也看不出什麼問題來。奇怪的是，孔子見南子原本算不得一件大事，既沒有談政治，也沒有談六藝，會晤並沒有形成白皮書之類的東西，但是司馬遷先生卻用了大量的筆墨記載這件事，這本身就十分耐人尋味了。《史記》記載史實還是比較客觀的，相信司馬遷先生不會說假話，但是孔子是至聖先師，可能司馬遷還是手下留情了，有意避實就虛。這是第一個疑點。

到底發生了什麼事情

第二個疑點：孔子見南子到底發生了什麼事情，子路會不高興？是不是做了見不得人的事情呢？無據可靠，不得而知。不過孔子會見南子做出非禮的事情的可能性是很小的。雖然據朱熹注解說「南子有淫行」，但是孔子當時的年齡已經五十六歲，而且孔子作為一個客居衛國，首次進宮面見國君夫人的名人來說，借給孔子十個膽子也不敢胡來。

據朱熹分析，子路不高興是因為看不起南子的品行，認為南子行為不合禮教，而孔子居然去面見這樣的人，顯然有失身分。

孔子為何向子路發誓

第三個疑點：為什麼孔子要向子路發誓「天厭之！天厭之！」

按照孔子為人處世的原則和修養，會見了一個女人不必要也不會發這樣的毒誓吧？

看來孔子面見南子後的確有了變化，連子路這樣的粗人也看得出來——即使沒有失魂落魄，大概也神魂顛倒了。一方面說明了南子的確美豔動人；另一方面，可以斷定孔子有些動心了。

另有一個佐證：過了一個多月，衛靈公和南子同車外出，讓孔子坐在第二輛車子裡跟隨，孔子自言自語地感歎出了一句名言：「吾未見好德如好色者也。」意思是，我還沒有看見過愛好道德像愛好美色一樣的人呢。後人注解說這句話是諷刺衛靈公的。可誰知道孔子是不是在自我感慨，自我傷懷呢？因為這句話也可以理解為連我孔丘也難以倖免啊！

朱熹為孔子見南子一事進行了深刻而巧妙的解釋。朱熹認為孔子見南子是不得已而見之，「蓋古者仕于其國，有見其小君之禮」。的確，「四方之君子不辱欲與寡君（國君）為兄弟者，必見寡小君（即國君夫人）……」意思是在這個國家做官的，有拜見國君夫人的禮節，所以孔子見南子是當時的禮節規定的，不得已而見之。

朱熹進一步替孔子辯解說：子路不高興是因為孔子會見的是一個淫亂之人，對孔子來說是一種恥辱。但是孔子是什麼樣的人啊？是至聖先師，朱熹說，「聖人道大德全，無可不可。其見惡人，固謂在我有可見之禮，則彼之不善，我何與焉。」意思是說孔子道德高尚，已循化境，見到品德不好的人，按照禮節應該會晤，雖然對方品德差些，但是絲毫不會影響到孔子的。言下之意，孔子好像得道高僧，「色即是空，空即是色」了。但是，孔子擔心子路卻沒有這樣的智慧——「然此豈子路所能測哉？故重言以誓之，欲其姑信此而深思以得之也。」朱熹認為子路野人出身，智商有限，怎麼能夠想得這樣深刻呢？所以只好發下重誓，消除子路的懷疑，相信自己，並試圖引起子路的進一步思考。

不許聖人動凡心

由此可見，孔子見南子不是什麼大不了的事情，絕不像某些人認為的那麼齷齪下流，無非是講了一件男人看見美女有點心動的事情，因為孔子是聖人，做人難，即便是心中有一點點想法也會被好事者顛來倒去地說。

其實孔子見到美女而心動又有什麼可以指責的呢？「食色性也」，孔聖人也是凡人，也有七情六慾。但是壞就壞在「人非聖賢，孰能無過？」按照這個邏輯反推過來就是「凡是聖賢就不會有錯」，孔子聖人也，當然不能有一點點錯誤，哪怕想想也不行。

乾隆到底是不是海甯陳家的兒子？

歐陽勝

乾隆皇帝，姓愛新覺羅，名弘曆，是清王朝定鼎中原後的第四位皇帝。他在位六十年，勵精圖治，出現了為人們所津津樂道的「康乾盛世」。

然而在民間，乾隆皇帝的身世一直被人們傳得十分離奇……

離奇傳說

康熙五十年（1711年）八月十三日，雍親王府裡一片歡笑，這天家裡又添了一個小孩。同一天，海甯陳家也添了一個小孩。

這海甯陳家指的是浙江海寧的陳世倌家，人們俗稱他為陳閣老，在康熙年間曾入朝為官，並且和當時的皇四子雍親王胤禛的關係十分密切。當時，雍親王妃和陳世倌的夫人都懷有身孕。不久，兩家先後生了孩子，雍親王生了一個女孩，而陳家生了一個男孩。過了幾天，雍親王讓陳家把男孩抱入王府看看。王命難違，陳家只好把孩子送進王府。可等孩子再送出來時，陳家的胖小子竟變成了一個小丫頭。久在官場的陳閣老意識到此事性命攸關，不敢聲張，不久就辭官帶著全家回原籍去了。而那個被換入王府的男孩，就是後來的乾隆皇帝。

隨著這個傳說的廣泛流傳，乾隆帝六次南巡甚至被說成是為了探望自己的親生父母。而那個雍正換出去的女兒，長大後嫁給了大學士蔣廷錫的兒子蔣溥。蔣家是江蘇常熟的大姓，雍正之女所住的那棟樓被後人稱為「公主樓」。

中國歷來就有俗文化壓倒嚴肅文化、演義小說埋沒正史的傳統。乾隆為海甯陳家之子的傳聞不斷被吸收到文藝作品中。一九二五年，上海出版了鴛鴦蝴蝶派大家許嘯天的一部《清宮十三朝演義》。書中說：乾隆原來是海甯陳閣老的兒子，被雍正用調包之計換了來。乾隆長大後，從乳母嘴裡得知此事，便借南巡之名，去海寧探望親生父母。因陳閣老夫婦早已去世，乾隆只好到陳氏夫婦的墓前，用黃幔遮著，行了做兒子的大禮。

後來，乾隆是海甯陳家之子的傳聞仍連續不斷地進入到文藝作品中，其中最有影響的就是金庸先生的《書劍恩仇錄》。金庸是浙江海寧人，從小便聽說乾隆是海甯陳家之子的傳聞，因此《書劍恩仇錄》緊緊圍繞乾隆身世這條線索展開。不但如此，金庸還在書中杜撰了陳世倌的三公子，也就是乾隆的親弟弟陳家洛。他在于萬亭去世以後繼任紅花會總舵主，共同成就恢復漢家天下的宏業；而熱戀陳家洛的香香公主則犧牲了自己的愛情，身侍乾隆，欲助陳家洛一臂之力，不幸失敗自刎，葬於「香塚」。

金庸先生在這部小說的後記中，老老實實地告訴廣大的讀者，「陳家洛這個人物是我的杜撰」，同時他還聲明，「歷史學家孟森做過考據，認為乾隆是海甯陳家之子的傳說靠不住」。

史家考證

一般來說，凡是有影響的傳聞逸事，不管它怪誕荒唐到何種地步，總是有某種合理性和或多或少的歷史原因。

那麼，乾隆是海甯陳家之子這種說法，又有什麼根據呢？

首先，乾隆在位六十年中曾六次南巡，其中四次到海寧，而且每次都住在陳閣老家的私園——隅園中，並將「隅園」改為「安瀾園」。

其次，海甯陳家有清帝御賜的兩塊名曰「愛日堂」和「春暉堂」的堂匾。「愛日」也好，「春暉」也好，用的都是唐代詩人孟郊《遊子吟》一詩的典故。乾隆若不是陳家的兒子，談得上報答父母如春暉一般的深情嗎？

再次，乾隆的父親胤禛為皇子時，生育不繁。由於當時皇太子兩次被廢，儲位遲遲未定。出於爭儲的目的，胤禛有可能不擇手段地將女兒「調包」成兒子。以至於以後出現了這樣一種說法，雍正之所以能登上皇位，是因為康熙皇帝看到了胤禛的兒子弘曆（即後來的乾隆）頗有英雄氣概，有一代雄主之氣象，於是為了讓弘曆以後繼位，就把皇位傳給了胤禛。

第四，那個被換走的雍正的女兒由陳家帶回海寧，長大後嫁給了當朝重臣、大學士蔣廷錫之子蔣溥。蔣溥也甚得皇上恩寵，官至大學士。當地人遂將蔣氏夫人所居之樓稱為「公主樓」。

最後，有清一代，海甯陳家科名最盛，名相迭出，寵榮無比。據傳，當年陳崇禮科舉及第之後蒙道光帝召對，得知他是陳世倌的後人，道光帝微微一笑說：「汝固海甯陳家也。」不久，陳崇禮即被擢升為鹽運使。若無雍正、乾隆和海甯陳家的這層關係，陳崇禮怎會受到如此眷顧？

更有野史傳說，乾隆自知自己不是滿族人，因此在宮中常常穿漢服，還問身邊的侍從自己是否像漢人。一位老臣趕緊跪下說：「對漢人來說，皇上確實像漢人；對滿人來說，則不像。」乾隆聽後很久沒有說話，而且此後也不再提起此事。

對於上述說法，金庸先生提到的那位歷史學家孟森先生分別援引史實加以批駁。

首先，來看一下海甯陳氏家族的歷史。海甯陳氏的先世為北方渤海高氏，後南遷到江南地區。陳家的真正發達在萬曆年間，其中，陳元成這一支，與傳聞中的「海甯陳家」關係最大。陳元成之孫陳詵官至刑部尚書。陳詵之子陳世倌在雍正當朝時已歷任巡撫，至乾隆六年以工部尚書授文淵閣大學士。他就是金庸在小說中所寫的乾隆生父。

陳世倌的侄子陳用敷官至巡撫，那已是乾隆中期以後的事了。據此，孟森先生明確指出，海甯陳家仕宦之盛，發端於明朝末年，到康熙和雍正時達到了頂峰。乾隆即位之前，陳氏為相者多已謝世，陳世倌尚存，卻並未得到乾隆皇帝的格外關照。乾隆六年（1741年）升任內閣大學士的陳世倌，不久因起草諭旨出錯被革職。不僅如此，乾隆皇帝還當面斥責他「無參贊之能，多卑瑣之節，綸扉重地，實不稱職」。如此不留情面的苛斥，就是很普通的前朝老臣也很少受到，更不用說是傳聞中皇帝的生父了。

關於陳家的兩塊匾額「愛日堂」和「春暉堂」一事，孟森先生肯定確有其事，但這並不是乾隆所題寫，而是其祖父康熙皇帝書賜的。這兩方匾額與乾隆毫無關係，更談不上乾隆是陳家之子的證據了。

從乾隆出生的時間和當時的背景來看，其為雍正急欲抱養外姓之子為己子的說法也不合情理，且沒有根據。

按照皇帝家譜《玉牒》所記載，乾隆出生於康熙五十年八月，當時雍親王胤禛三十四歲，已先後生育了弘輝、弘昐、弘昀、弘時四個兒子（但前三子均夭折）。乾隆出生時弘時已經八歲，而且就在乾隆出生後三個月，雍親王又得了一個兒子弘晝，後來又陸續生育了弘瞻等四個兒子。在這種情況下，雍親王偷偷摸摸換一個漢人的兒子，於情於理都說不通。從另一方面來看，當時皇太子兩次被廢，且從此以後皇太子的儲位一直空缺，為爭奪儲位而進行的明爭暗鬥日趨白熱化。以雍親王的精明和謹慎，怎麼會在這個時候冒著給別人留下把柄的風險去抱一個漢人的孩子呢？再說，他又怎麼會知道自己一定會繼承大位，而陳家之子就一定會大富大貴呢？在這「一著不慎全盤皆輸」的微妙時刻，雍親王絕不會冒這個險。

另外，一個滿族旗人在《皇室見聞錄》中稱：「以雍正之英明，豈能任後宮以女易男？」因為按清朝皇室的規矩，皇孫誕生時，皇子要立即派王府裡的太監到皇宮的內奏事處口頭上報給皇上，然後再由宗人府專門寫摺子奏報，以備皇上為皇孫取名；若雍親王府當時已按時辰報生的是女兒，又怎麼能過了幾天再改為男孩呢？這從理論上來看也是說不過去的。

就算傳說是真的，乾隆是被雍正用女兒從海甯陳家換來的，那麼這位真正的金枝玉葉的下落也應該有所交代。據說，這位公主後來嫁給了當朝重臣、大學士蔣廷錫之子蔣溥，蔣氏夫人所居之樓被稱為「公主樓」。可許多熟悉當地歷史的人，都不知道家鄉有座「公主樓」；就連蔣家後人，也都說不知道。由此我們可以肯定地說，這件事情為訛傳。

早在清軍入關時，曾對頑強抵抗的江南人民進行過大規模的屠殺，因此江南地區的反清情緒異常高漲。從康熙皇帝開始，清朝的統治者就採取了各種方法，如設立博學鴻詞科，徵調明朝遺民編修《明史》等，極力籠絡前朝，尤其是江南地區的文人士大夫。海甯陳家中科舉人數之多，是一個不爭的事實。這是和統治者重視科舉，極力籠絡南方世族，藉以消弭江浙一帶士大夫強烈的反清民族主義意識的政策有關。而到了乾隆時期，這種科舉之盛早已成為明日黃花。將此作為乾隆出自海甯陳家並眷顧陳家的根據，顯然是不能成立的。

六下江南

如此，支持乾隆是海甯陳家之子的幾條證據都被逐一批駁。現在只剩下最後一條，也是最重要的一條：乾隆六次南巡，四次到海寧，而且每次都住在陳氏的私園中，這是為什麼呢？

康熙皇帝曾六次南巡。一心想要效仿祖父的乾隆也有過六次南巡，並且前兩次和他的祖父康熙一樣，以浙江杭州為終點，還登上紹興會稽山祭禹陵而還，意在炫耀國力、安撫江南民心。從第三次南巡開始，乾隆連續四次都到了海寧，主要目的是視察耗費巨大的錢塘江海塘工程。

古代錢塘江口江流海潮的出入有南大門、中小門和北大門三個口門。如果海潮趨向北大門，則海寧一帶的海潮首當其衝；趨向南大門，則紹興一帶的海塘坐當其險；唯有主流走中小門，南北兩岸才少有海潮之災。從乾隆二十五年開始，海潮北趨，海寧一帶潮信告急。一旦海寧一帶的大堤被沖毀，那麼臨近的蘇州、杭州、嘉興、湖州，這些全國最富庶的地區將會被海水淹沒。因此，乾隆皇帝從「海塘為越中第一保障」的認識出發，在乾隆二十七年第三次南巡之時，親臨海寧勘察。另一方面，海寧地方的地勢和土質都不是很好，在施工過程中存在著許多困難，負責的官員們在具體措施等問題上還有很大分歧。因此，乾隆每次南巡都要親往閱視，以便更好地做出決策。就這樣，在乾隆皇帝的督責之下，海寧一帶修建起了耗資巨大的魚鱗石塘，成功地抵擋住了海潮的侵襲，對保護當地及附近地區的百姓、土地以及農業生產的安全起了非常大的作用。時至今日，經過了兩百多年的海水沖刷，這座石塘的某些地段依然完好，還在繼續發揮著作用。金庸先生小的時候，就曾在海甯乾隆皇帝所修的石塘邊露營、玩耍。

由此可見，乾隆四度前往海寧，根本不是所謂的探望親生父母，而是要閱視和籌畫海寧的海塘工程。

那麼，乾隆四到海寧勘察，總得有個合適的住所吧？

乾隆駐蹕的陳家私園名叫「隅園」，位於海寧縣城的西北角。而陳氏是康、雍、乾三朝宰輔，其隅園占地有百畝之廣，入門水闊雲寬，園內有百年古梅，南宋時期的老樹，風景宜人。在這偏僻的小縣城，確實是找不到另外一個比這「三朝宰相家」的私家園林更為體面的地方來迎接乾隆皇帝了。且在園中就可以聽到海潮的聲音，難怪乾隆皇帝四度駐蹕此園，流連盤桓了。

乾隆並不諱言駐蹕陳氏隅園是「喜其結構至佳」，心中念念不忘的卻是越中第一保障——海塘。所以，在他初幸隅園之後，便賜名為「安瀾園」，以志此行在使海水永安其瀾。乾隆回京之後，在圓明園也仿造了一個安瀾園，而且還寫了一篇《安瀾園記》，願四海之內江河之瀾皆安，曲折地表達了他不忘民生疾苦這樣一個意思。

如果仔細檢查一下正史、野史以及其他同時代人所著的文集，就可發現，乾隆四次駐蹕在陳氏家園，但從未召見過這聲名顯赫的「三朝宰相」陳家的子孫，更談不上什麼「升堂垂詢家世」了。至於說他張黃幔偷祭死去的生身父母，則更是無稽之談。

乾隆出自海甯陳家，乃漢人之子，是一個流傳很久而且很有影響的傳聞。近年來某些休閒性質的小說和影視作品還仍然用它來媚俗，但是歷史學界早已徹底摒棄了這個傳聞，認為它等諸齊東野語，毫無根據。就連善於寫作清宮故事的高陽先生也說，乾隆絕不可能是海甯陳家之後。

可見故事本來就是故事，不能和歷史事實等同起來。

偶像皇帝宋仁宗

頤禎

西元一〇六三年農曆三月，五十四歲的宋仁宗去世了。消息從皇宮傳到街市，開封街頭的一個小乞丐，起初一愣，接著竟放聲大哭，踉踉蹌蹌地往皇宮跑。誰知宮門外早就擠滿了人，襤褸的乞丐、斯文的書生、稚氣的小孩……哭作一團，披著白麻，燒著紙錢，給皇帝「送別」。第二天，焚燒紙錢的煙霧飄滿了城市上空，以至天日無光。這是怎麼回事呢？

宋仁宗去世的消息從大宋傳到大遼，剽悍的遼國君主也大吃一驚，衝上來抓住宋朝使者的手嚎啕痛哭道：「四十二年不識兵革矣。」一時之間，宋遼邊境的百姓遠近皆哭，可見受惠於他的不只是宋朝百姓。

從貧民到敵人，都捨不得他死——皇帝做到這個分上，可見是一個什麼樣的君王。晚明士大夫所稱讚的夏商周以後的賢明君王，只有三人：漢文帝、宋仁宗和明孝宗。就連心高氣傲、看誰都比自己差一大截的清朝乾隆皇帝，也不得不承認，平生最佩服的三個帝王，除了爺爺康熙和唐太宗，就是宋仁宗了。

爹不疼，娘不愛

宋仁宗出生時，那一聲嬰兒的啼哭，讓伸長脖子的文武百官們大大鬆了口氣——在他之前，所有的皇子都夭折了。於是他取名「受益」，五歲封慶國公，九歲立為太子，十三歲老爹一駕崩就改名趙禎，登基為帝。比起後世的九子奪嫡、你死我活，這傢伙的好命，足以讓歷代的皇子們嫉妒。但殊不知，宋仁宗的少年時光，卻過得異常艱難——他的糊塗老爹、那個簽下了「澶淵之盟」的宋真宗，竟然時刻擔心大臣們會利用太子架空自己。他越看兒子，越有「被害幻想症」，乾脆，我先下手為強吧！大臣們實在看不下去了：「陛下還有幾個兒子，能讓你想殺就殺？」這才讓真宗正視一個後果，殺了太子，就絕嗣了。

太子一條小命雖然保住，可父親的猜疑並沒緩解。彌留之際，真宗滿腦子都在想，這兒子不可信，只有把權力交給皇后。經過父親的「嚴防死守」，十三歲的少年趙禎即位之後，也沒過上什麼舒心日子，最大的考驗來自他的「母后」——章獻太后劉娥。

拜《狸貓換太子》的戲說所賜，人人都知道，宋仁宗的生母是李妃，而章獻太后正是戲中的壞人劉皇后。但事實上，章獻太后非但不是奸妃，反而聰慧敏捷，頗有政治頭腦。她理所當然地坐到了宋仁宗身後，垂簾聽政十一年。

權力的滋味，一旦嘗到，就不想放棄；更何況，從深宮走上朝堂的聰穎女子，前朝就有一個武則天。章獻太后把皇袍披到身上，故意問大臣：「你說，武則天是個什麼樣的皇帝呀？」這個小動作讓氣氛緊張起來，太后和臣子開始了權力拉鋸。好笑的是，雙方打出的旗號都是「保護天子」。年少的趙禎，成了這兩派鬥爭中的擋箭牌，也成了他們互擲的矛，皇位之上如履薄冰。

如果趙禎只是個昏庸的草包，倒也罷了，日子混混也就過去了。但他偏偏在孩童之時，就能一眼洞穿父親的寵臣王若欽「實是奸邪」。這樣敏銳的孩子成了「夾心餅乾」，會有怎樣的內心煎熬？唯一能讓後世浮想聯翩的是，在這十一年裡，他苦練書法，一手「飛白體」練得極為神妙。或許，練字就是練心。

也因此，趙禎成了一個異數——從呂雉到慈禧，中國不乏女人掌權，在她們身邊長大的小皇帝，要不敏感怯懦，要不偏激殘暴。但趙禎卻有了對弱者的同情、對世事的寬仁。正是這一點，決定了北宋初年改革的走勢——高潮短暫，餘音很長。

短命的范仲淹新政

一〇三三年，宋仁宗親政。他太清楚自己接手的爛攤子，老爹當年愛面子、好排場，為了彌補在「澶淵之盟」當中受傷的自尊心，竟然一口氣把「五嶽」都封禪了。想當年，唐太宗想封禪一座華山，都因為太貴而作罷。可想而知，宋朝的國庫消耗到了何等地步。

宋仁宗的第一把火，就是抓經濟。對外平息戰爭，對內作風儉樸，從而扭轉了經濟頹勢，迎來了一個黃金發展時期。至此，他才騰出手來，尋覓合適的改革帶頭人。幾經斟酌，在群眾中呼聲很高的范仲淹，進入了視野。一〇四八年，宋仁宗宣布全新的「內閣名單」，調范仲淹回京，任參知政事（即宰相），與樞密副使富弼、韓琦一道主持朝政。

此時范仲淹從政已經二十八年，改革在他腦子裡醞釀已久，十大政策一揮而就——明黜陟、抑僥倖、精貢舉、擇官長、均公田、厚農桑、修武備、減徭役、覃恩信、重命令。宋仁宗當場拍板、准奏，全國執行。

但是，僅僅一年零四個月後，范仲淹、富弼和韓琦相繼被調出京城，改革突然煞車。是宋仁宗不信任他嗎？不。歷朝歷代，改革者如商鞅車裂、張居正掘墳，比比皆是，可小范毫髮無損，「聖眷」不可謂不深。是政敵暗算他了嗎？也不盡然。學幾筆小范親信的字體、造一封逼仁宗退位的假信，這樣拙劣的政治伎倆，宋仁宗不會看不出。

問題只在於，操之過急。有一次，范仲淹審查一分官員名單，不稱職的都毫不客氣一筆勾銷。一旁的富弼看了不忍：「小范呀，你筆一勾，可害苦一家人。」范仲淹嚴肅地說：「不害一家苦，那就害了一路百姓苦。」富弼啞然了。不錯，官員是要嚴格選拔，可你只看一眼名單，又憑什麼認定他就是昏官呢？范仲淹是一個理想主義者，他言簡意賅地找到改革的目標，卻找不到複雜精細的實施辦法。面對那封假造的退位信，宋仁宗看到了潛在的危機，群臣惶惶，小范孤立，新政還怎麼執行？他果斷地叫停了。

史上文人「最好的時代」

范仲淹離去了，岳陽樓留下了他作為一個文人的絕唱：「先天下之憂而憂，後天下之樂而樂」。但宋仁宗不會離去，開封城延續著他的政治部署——文彥博，一個有些保守的大貴族，接替了小范的宰相職位。

這一次，宋仁宗選對了改革的領頭人。此後的十多年裡，文彥博以沉默而實幹的姿態，把宋仁宗的改革意圖，不動聲色地貫徹了下去。和他一道的是包拯、杜衍這批能臣。沒有口號、沒有激辯，小范的十大政策，一條條經過修改，變得可以操作了。

一〇五〇年前後，文彥博覺得，宋仁宗在四川試點多年的紙幣「交子」，向全國推廣的時機成熟了。陝西長安的官員「立功」心切，說乾脆廢止鐵錢，只用紙幣吧。此言一出，老百姓連忙拋售鐵錢、搶購貨物，長安經濟陷於混亂。緊急關頭，文彥博並沒有強制推行「交子」，而是拿出了自己家裡的絲綢，來到長安：「來來來，今日我賣絲綢，只收鐵錢。」一下子就穩定了民心。從那以後，朝廷再推廣「交子」，就沒有阻力了，因為百姓對主政者有了信任。

或許，宋仁宗這種含蓄漸進的方式，錯過了大變革的時機，治不好國家的病根；又或許，這種方式的成功，過分依賴他個人的寬仁魅力，而令後世之君難以效仿。但無論如何，新黨舊黨的爭議淡化了；日後改革的中心人物王安石提拔了；人才薈萃的高峰到來了——在「唐宋八大家」裡，除了唐代的韓愈、柳宗元，其他六人都活躍於仁宗時期。以至於林語堂說，這是中國文人「最好的時代」。

很多年以後，激進的王安石改革失敗了，宋神宗又恢復了祖父仁宗的溫和改良做法，遼國君主急忙召集將領：「不許再去邊界惹事了，宋朝又回到了仁宗的路上」。遼國人或許不會懂得，他們敬畏的這個宋朝皇帝，為什麼叫「仁宗」。仁，是儒家思想的核心追求；在中國歷史上，他是第一個被尊稱為「仁宗」的皇帝，並造就了北宋一世繁華。

誰是《紅樓夢》中秦可卿的原型？

劉心武

秦可卿，《紅樓夢》裡的一位神秘女性，卻牽引出康雍乾風雲突變的時局。她是養生堂裡抱來的野嬰，卻成了堂堂甯國府三代單傳的孫兒媳婦。曹雪芹為什麼如此安排？她第五回出場，十三回卻一命嗚呼，曹雪芹為什麼讓她如此早夭？

她死後，甯國府大力操辦葬禮，極盡奢華與浪費，秦可卿究竟是誰？為什麼要如此大興土木？《紅樓夢》裡為什麼會留下這些讓人捉摸不透的資訊？

秦可卿抱養之謎

在第八回的末尾，寶玉和秦鐘要到家塾去讀書，於是以這個為由頭，順便就提到了秦鐘和他姐姐秦可卿的出身。說秦業是現任工部營繕司，營繕司是一個很小的官，可能是管工程建設的。秦業為曹雪芹所設定的秦可卿養父的名字。

根據曹雪芹的話，秦業是一個小官，「年近七十，夫人早亡」。書裡面秦可卿出場的時候，大約應該是二十歲的樣子，那麼就說明秦業是在五十歲左右，得到了她，因為當年無兒無女，便向養生堂抱了一個兒子和一個女兒，這就是秦可卿的來歷。

封建社會是非常重視血脈相傳的，就是今天的社會，很多人也還是很重視這個的，何況曹雪芹所表現的那樣一個時代。

在秦業所生活的那個社會，按一般家族血緣延續的遊戲規則，如果他是一個五十歲上下的男子，沒有兒女的話，他要解決子嗣的問題，第一招就是續弦。當時實行一夫多妻，你這樣繁衍你的後代不就完了嗎？根據《紅樓夢》後面的文字描寫，秦業他有生育能力，後來他生了秦鐘，他要延續子嗣的話，沒有必要到養生堂去抱養孩子。而且很古怪，一般到養生堂去抱孩子，如果是為了延續子嗣應該抱男孩，而這個秦業一抱就抱了一對，一男一女。照理說你要有能力養兩個，抱兩個男孩雙保險，你不就更可以延續你的秦姓嗎？他卻又抱了一個女兒，看來這個女兒是非抱不可的，恐怕也未必是他願意抱的。而且更古怪的是，最後兒子又死了，只剩一個女兒。要延續子嗣的話，再去抱一個兒子不就完了？很奇怪，他就只養這個女兒，不再抱兒子了。

另外，在當時那個社會，如果自己實在生不出兒子，還可以從兄弟或堂兄那裡過繼來一個兒子。這種延續家族血脈的方式在那個時代，從上到下都很流行，實行起來非常方便，除非你親兄弟堂兄弟全沒有，但是在小說裡，曹雪芹分明寫到，秦鐘死後，賈寶玉聞訊去奔喪，「來至秦鐘門首，悄無一人，遂蜂擁至內室，唬的秦鐘的兩個遠房嬸母並幾個兄弟都藏之不迭」，可見秦業若是要從秦氏宗族過繼來一個兒子，是很現成的事。可是這個秦業卻既不納妾也不過繼，偏要到養生堂裡抱孩子，抱來一兒一女以後，卻又不認真養那個兒子，倒是把心思全用在了養那個女兒上頭。這真是奇事一樁。

從養生堂抱來的這個女兒，秦業很喜歡，小名兒喚可兒，可兒在過去的語言裡面，就表示可愛的意思。在曹雪芹寫到這句話的時候，下面就有脂硯齋的批評，就是「出名」，意思是秦氏開始出現名字了，可兒便是秦可卿了。下面又說，是「秉刀斧之筆，具菩薩之心，亦甚准矣」，就好像有什麼隱情。刀斧是用來砍削東西的，這就是說，她指出，作者寫這個人物，是用大刀大斧砍去很多真相，刀斧砍的是什麼啊？又說「具菩薩之心」，「菩薩之心」就是不忍之心，慈悲之心，那麼，顯然是不忍心寫出真相來。

有一個結論，就是賈蓉的妻子千萬不能亂娶，甯國府的血脈已經到了三世單傳的危機時刻了，娶媳婦一定要娶一個門當戶對的，門不當戶不對的話也得比賈府的門第還要高，而且要保證能給賈蓉生兒子，也就是給甯國公這一支傳續後代。可是僅僅因為營繕郎跟賈家有點瓜葛，就去把他抱養的養生堂的女兒，許給了賈蓉，還不是小老婆，而是娶為了正室。所以這一段話實在是每一句都古怪。

秦可卿出身之謎

所以我猜測，秦可卿這個原型，她真實的出身不僅不寒微，而且還高於賈府。

我不是去胡亂地猜測，而是根據書裡面描寫所下的結論。第五回，秦可卿正式出場，帶賈寶玉去午睡。她先帶他到賈珍和尤氏的那個正房，這是正確的，因為賈寶玉是和賈珍、尤氏一輩的，所以要先到一個正房去。結果這個正房掛了一幅《燃藜圖》，《燃藜圖》是一幅勸人好好讀書做學問的圖畫。賈寶玉一看就不喜歡，說不能在這兒，於是秦可卿就把賈寶玉帶到她自己的臥室。這當然相當出格了，因為賈寶玉是她的叔叔，侄兒媳婦把叔叔帶到自己的臥室去午睡，這實在是有點有悖封建禮教的規定。所以書裡面寫了，有一個嬤嬤說了，說怎麼去這樣安排啊？但是秦可卿氣派很大，滿不在乎的說，「他能多大，就講究這個了？」就硬把賈寶玉帶到她的臥室。

於是，在《紅樓夢》文本裡面就出現了一段非常奇特的文字，就是對秦可卿臥室的描寫。秦可卿的臥室，首先它是掛有唐伯虎的《海棠春睡圖》，《海棠春睡圖》畫的是楊貴妃喝醉酒以後，像海棠花一樣美麗的情景，賈寶玉喜歡。在秦可卿的臥室裡面，還有一副秦太虛的對聯，寫的是「嫩寒鎖夢因春冷，芳氣襲人是酒香」。賈寶玉說這裡好，我就在這兒午睡。然後他環顧這個臥室，不得了！哪裡是僅僅有唐伯虎的畫和秦太虛的對聯呢？是什麼樣的陳設呢？「案上設著武則天當日鏡室中設的寶鏡」，「一邊還擺著飛燕立著舞過的金盤，盤內還盛著安祿山擲過傷了太真乳的木瓜」。這裡說的木瓜應該不是真正植物的木瓜，而是一個用玉石仿製的木瓜，是很貴重的東西。「上面設著壽昌公主於含章殿下臥的榻，懸的是同昌公主製的聯珠帳」。以前的紅學界對這一段描寫的解釋，說這是誇張的描寫，主要是為了表現秦可卿的生活很奢靡，而且她本人很淫蕩。這些描寫表現她生活奢靡，這當然說得通，但說它完全是為了暗示秦可卿生活很淫蕩，不太說得通。武則天、或者是趙飛燕、或者是安祿山、或者是楊太真，你說，他們都帶有某種淫蕩性，但是壽昌公主和同昌公主的故事裡面沒有什麼淫蕩的內容。這裡要特別注意，武則天當過女皇帝，飛燕是一個愛妃，楊太真也是一個愛妃，安祿山是後來篡權，一度當過皇帝的人。作者不僅寫到了皇帝那樣的人物，也寫到兩個公主，那麼這些誇張的暗示性的符碼究竟在隱喻什麼？我想，它實際上應該是在影射，秦可卿的血統就高貴到是帝王家的公主的地步。

《紅樓夢》的整體風格從頭到尾，以寫室內的陳設而言，一律採取寫實的辦法，幾乎沒有例外——唯一一處例外，就是寫秦可卿的臥室陳設，極度誇張，無法復原。怎麼復原呢？哪兒找這些東西去啊？這就說明他有他的苦心，他寫別的那些陳設也許無非是烘托氣氛，展示一下人物的性格而已。他寫秦可卿的臥房陳設，聳人聽聞，就是故意要讓讀者大吃一驚。他的目的，就是暗示我們秦可卿實際上的血統。

但是秦可卿她自已忽然得了病，到了第十三回，她就一命嗚呼了。在臨死以前，秦可卿有一個大的行為，就是她死前去給王熙鳳托夢，這是小說裡面一個極重要的情節，值得我們仔細研究。她這個托夢也是非同小可，托夢的內容很豐富。首先是理論指導，完全是居高臨下，她哪裡是什麼養生堂抱來的棄嬰？哪裡是宦囊羞澀、沒見過大世面的小官吏家裡養大的一個女兒啊？她說了：「常言：『月滿則虧，水滿則溢』；有道是『登高必跌重』。如今我們家赫赫揚揚，已將百載，一日倘若樂極悲生，若應了那句『樹倒猢猻散』的俗語，豈不虛稱了一世的詩書舊族！」她告訴王熙鳳，我死了以後，你們賈府應該怎麼辦。你說，她多厲害！

然後她就提供具體的實踐方案。她輩分比王熙鳳低，但是口氣極大。大意就是說，你們現在還沒有垮掉，趕緊在祖墳旁邊多置一些地畝，一是把宗族的祠堂設在那兒，這樣就可以世代香火不絕。另外，可以把家塾設在那兒，這樣以後不管怎麼樣，家裡的這些子弟還可以通過讀書、科舉去謀求一個發展。如果不是一個有著豐富的政治經驗，出身於一個非常高貴的家庭的女性，她是不可能想到這些的。

而且，她還能夠預言禍福！她知道賈家在她死以後，會發生什麼樣的事情。首先她預言一件好事：「眼見不日有一件非常喜事，真是烈火烹油，鮮花著錦之盛。」指的是什麼呀？就是賈元春晉封為皇妃。

但是她也很坦率地向王熙鳳預言了賈家的禍。她最後念了兩句話驚心動魄！叫做「三春去後諸芳盡，各自須尋各自門」。如果秦可卿的出身非常寒微，她不可能說出這些話來。

在秦可卿死後的喪事裡面，有一些細節更能夠印證我這樣的一個判斷。比如說，她所用的棺木，是薛蟠家裡面存下來的木料，這個木料當時還沒有做成棺木，乃是潢海鐵網山上出產的一種檣木。這個木料原來是義忠親王老千歲訂的貨。清朝在康熙那一朝，曾經冊立過太子，而且明確地告示天下，在他眾多的兒子裡，太子就是唯一被指定的皇位繼承人，因此，曹雪芹筆下的「義忠親王老千歲」，就是暗喻康熙立的太子胤礽。這個太子很不幸的是被兩立兩廢，也就是最終壞了事，沒能當成皇帝。康熙死了以後，繼承他皇位的是他的第四個兒子，就是雍正皇帝。為什麼這個人後來沒把這個棺木拿去做棺材呢？這個人後來「壞了事」。他沒用，別的人也都不大敢輕易地取用。總而言之，這個檣木是這樣的人物才能使用的，秦可卿死了以後，就理直氣壯地，甚至可以說是名正言順地睡進了本來是給義忠親王老千歲所留的珍貴木料——檣木製成的棺材裡面。你說，秦可卿她應該是什麼樣的出身？

甯國府的一個重孫媳婦，賈蓉連爵位都沒有，就是皇宮裡面的衛兵。這麼一個人死了，何至於驚動皇帝，驚動皇宮呢？書裡面寫得很怪，忽然就有大明宮掌宮內相戴權親來上祭——大家知道，曹雪芹給一個人物取名字，往往都是隨手諧音，有所寓意。「戴權」，它的諧音就是大權，就是宮裡面太監的總管，大太監，權力最大的一個太監。如果沒有皇帝的批准，他能來嗎？一路鳴鑼而來，什麼氣派啊？

說到這兒，秦可卿的真實出身，也就是說，這個人物的生活原型已經呼之欲出了。

秦可卿原型大揭秘

我層層剝筍般地分析，終於得出一個結論，就是秦可卿的真實出身，應該說是極其高貴，很可能來自於宮中，是皇族的血脈。她應該很小的時候就被隱藏到甯國府，作為童養媳，精心地加以培養，並且與她的真實的背景家庭，也還一直有著聯繫。《紅樓夢》描寫的社會背景，就是清代康熙、雍正、乾隆三朝，重點寫的是乾隆朝，「當今」這個「日」，和潛在的敵對政治勢力「月」，構成了緊張的「雙懸日月照乾隆」的形勢。在真實的生活中，就是被康熙兩立兩廢的太子胤礽，和胤礽的嫡長子弘晳，他們那一派勢力，總憋著要顛覆乾隆，取而代之，而秦可卿這個人物的生活原型，顯然與其中的一股，有著密切的聯繫。

書中第七回薛姨媽派周瑞家的送宮花，賈府裡的其他小姐、媳婦，對宮花的態度都或者平淡、或者調侃甚至挑剔，但恰恰在這一回，有一首回前詩，透露出在所有這些接受宮花的人裡，有一位惜花人，她跟宮花有一種特殊的「相逢」關係，這個人「家住江南姓本秦」。秦可卿既然本屬宮中的人，宮花送到她手中，是她跟宮花喜相逢，那她有什麼不能公開她的真實血統、真實身分的呢？可見這裡面有不能公開的隱情，而且事關重大。

《紅樓夢》第十回，秦可卿突然病了，她月經不調，內分泌紊亂，吃不下睡不好，人消耗得瘦弱不堪，用今天的臨床醫學的觀點來衡量，她應該是神經系統的毛病，心理上的病症，主要表現為焦慮、抑鬱。她為什麼好端端地突然就焦慮了，就抑鬱了？宗族的老祖宗賈母對她不是挺好嗎？她婆婆對她也很好啊！連榮國府的王熙鳳都對她那麼樣的百般呵護，上上下下的人對她都很好，怎麼就焦慮起來了呢？然後就寫到因為病了就要看病，那麼當時是怎麼給她看病呢？三、四個人一日輪流著，倒有四、五遍來看脈，很離奇，哪有這麼看病的，這不折騰死人嗎？說弄得一日換四、五遍衣服，坐起來看大夫，每看一次大夫就要換一套衣裳，這很古怪。得病得的怪，看病的方式也很古怪。

最後就來了一個張友士，《紅樓夢》的人名都是採取諧音、暗喻的命名方式，有的時候一個人的名字就諧一個意思，有的時候是幾個人的名字合起來諧一個意思，「張友士」顯然他諧的是「有事」這兩個字的音。那麼這個姓張的，他有什麼事呢？第十回回目當中寫的是「張太醫論病細窮源」，但是在第十回正文裡面又明明告訴你，他的身分，公開身分不是太醫，他有事，他就忽然以這個太醫的身分跑到賈府裡來了，到甯國府來了。他有事，他有什麼事？他論病細窮源，論的什麼病？窮的什麼源？

仔細研究《紅樓夢》的文本，我就感覺到，秦可卿這個角色的原型不但是皇族的成員，而且應該是皇族當中不得意的那一個支脈的成員。她是一個身分上具有某種陰謀色彩的人物，她在皇族和賈家之間具有某種紅娘的作用，具有某種媒介的作用；她得病，她突然焦慮和抑鬱，並不是因為賈家的人對她不好，而是因為某個她自己的背景方面傳來的重要消息，這應該是一個勝負未定，而且還很可能會暫時失利的、不祥的資訊。

太醫，只有皇帝能夠設太醫院，那裡面的大夫才能夠叫太醫。在現實生活當中，擅立內務府七司，設置了一個系列和皇帝完全一樣的宮廷般的機構的不是別人，就是弘皙。這個人就是廢太子的兒子，他當然也可以設立一個機構，給自己看病，就叫太醫院。因此，從生活的真實到藝術的真實，曹雪芹就構思出了這麼一個角色，這位張友士就應該是來自於這個系統的一個人物。

以太醫身分出現的張友士，在給秦可卿把了脈看完病後，還開列了一個長長的藥方。這個藥方子曹雪芹在來回調整文本的時候，其他的藥方子都刪除了，始終沒有把它刪除，究竟這個藥方子有沒有深意？它究竟傳遞著什麼樣的資訊？

我們都知道曹雪芹他有一個慣常的寫作方式，就是通過諧音，還有所謂拆字法，來進行隱喻。

我研究這個藥方，還不成熟，我只說藥方裡面的頭幾味藥。人參、白術、雲苓、熟地、歸身。我認為，實際上這個藥方，應該是秦可卿真實的背景家族，跟她與甯國府進行秘密聯絡時，亮出的一個密語單子。賈蓉在他看完病以後就問他，我們這個病人能不能好？張友士說人病到這個地步，非一朝一夕的症候：「依小弟看來，今年一冬是不相干的，總是過了春分就可望痊癒了。」這都是一些黑話。

這個藥方的頭一句如果要用諧音的方式來解釋的話，人參、白術，按我的思路，應該代表著她的父母；如果父母不在了，那就代表她的兄嫂；人參，這個參，可以理解成天上的星星，人已經化為星辰了，高高在上，我覺得可以理解為是象徵長輩；白術，作為一味中藥，術的讀音應該是zhu（第二聲），但是曹雪芹從南方來到北京，他還保留著不少江南人的發音習慣，吳語裡zhu（第二聲）和「宿」的發音很接近，因此「白術」作為黑話，也可以理解成「白宿」，「宿」也有星辰的意思，白晝的星辰。

如果說理解頭兩味藥的諧音轉義比較費勁，那麼，下面我把第三味藥的兩個字拆開，與前後兩味藥連成句子，那意思就很直白了，它是這樣的——人參白術雲；苓熟地歸身。

意思就是她的父母說，也即命令她，在關鍵時刻，在她生長的熟悉的地方，結束她的生命。為什麼？在皇族的權力鬥爭當中，她的家庭做出了一個很恐怖的決定，讓她犧牲自己，延緩雙方搏鬥的時機以求一逞，所以她後來淫喪天香樓，畫梁春盡落香塵。她的病，原來是政治病，她的死，原來是政治原因。

為什麼張友士說「今年一冬是不相干的」，為什麼「總是過了春分就可望痊癒了？」清朝皇帝有一種很重要的活動，就是春秋兩季木蘭的圍獵，在木蘭秋獮的時候，特別是在春天比較小規模狩獵的時候，反對派是最容易下手來顛覆皇權的。因此給她看病的人，實際上就是她的家族派來的一個密探來跟她透露，這一冬雙方可能都按兵不動；春天那一次皇帝的狩獵如果這方面準備得充分的話，就有可能把皇帝殺掉。突發事變以後，這一派就可以掌握政權。

因此，我們就可以知道，秦可卿的原型應該是一個不幸的公主。她的家族如果登上皇位，她就是正兒八經的公主。而她的家族經過幾次向皇位的衝擊以後，都沒有得逞，因此給她傳遞了一個很糟糕的資訊，就是在必要時候讓她顧全大局，自盡而死，以為緩兵之計。這就是秦可卿這個角色在小說裡面，她的尷尬處境；她的原型，在生活裡面也應該是類似的，處於很困難的境地。

我的結論就是：曹雪芹所寫的秦可卿這個角色是有生活原型的。這個角色的生活原型，就是康熙朝兩立兩廢的太子所生下的一個女兒。這個女兒應該是在他第二次被廢的關鍵時刻落生的，所以在那個時候，為了避免這個女兒也跟他一起被圈禁起來，就偷運出宮，托曹家照應。在曹雪芹寫《紅樓夢》的時候，這個生活原型使他不能夠迴避，他覺得應該寫下來，於是就塑造了一個秦可卿的形象。

慈禧太后為《中國不高興》「作序」

魏劍美

多年後，神州大地上雖然沒有了洋鬼子的耀武揚威，但對我天朝的不恭卻是眾所周知的。於是，又有一批好漢站出來對洋人大喊「中國不高興」。慈禧太后地下有知，欣喜若狂，趕忙翻找出她老人家一百零九年前擬好的「宣戰聖諭」來，給這批「愛國志士」們作為書的序言……

光緒二十六年（1900年），隨著民族主義者發起的義和團運動迅速發展，全國上下掀起一股痛殺「洋毛子」乃至於與「洋毛子」打交道的「二毛子」、「三毛子」的轟轟烈烈的群眾運動。革命形勢一片大好，慈禧太后審時度勢，已察覺到了這些。

於是慈禧太后連續四次召王公大臣、六部九卿商議對帝國主義的決一死戰。沒想到竟然有右派分子居然反對開戰，置民族大義於不顧，簡直是「痛恨中國，痛恨中國強大，痛恨一切批評西方和美國的聲音」、「看到『愛國』這樣的字眼，哪怕聞到『愛國』的氣息」、「就要神經病發作」，真是甘心做西方列強的走狗啊。有感於此，慈禧太后憤而痛斥這些「滿奸」「漢奸」，大義凜然地宣稱：「我為江山社稷，不得已而宣戰」，於是強令會議通過宣戰。慈禧太后「中國可以說不」的姿態，大大鼓舞了左派們的鬥志，義和團諸好漢殺氣更盛，大喊著「中國不高興」，將所能找到的洋人無論男女老幼、好壞忠奸均痛快殺之，連與「洋」字沾邊的「電報局」、「鐵路」等全部清除之。真正是揚眉吐氣大快人心。好漢們乘勝追擊，又猛攻外交使館，不管什麼「國際慣例」，我們中國人別的沒有，就是有脾氣。

對於人民群眾的愛國正義行動，慈禧太后給予了大力鼓舞大力支持。一九〇〇年六月二十一日（光緒二十六年五月二十五日），慈禧太后以光緒帝的名義頒布宣戰上諭，又諭各省督撫集「義民」成團，以禦外侮；隨後發米兩萬石給義和團，讓民團領用軍械，賞銀十萬兩。

轟轟烈烈的愛國戰爭終於如星火燎原，只可惜的是「刀槍不入」的神話和「宣戰聖諭」最終都沒有抵禦住八國聯軍的槍炮。但這又有什麼要緊呢？雖然最後還是免不了生靈塗炭、割地賠款，最重要的是我們已經對洋人說「不」了，已經表達了我們的「不高興」，並且還給了那些「在洋人面前做精神侏儒」的家奴們以「響亮的耳光」。

多年後，神州大地上雖然沒有了洋鬼子的耀武揚威，但對我天朝的不恭卻是眾所周知的。於是，又有一批好漢站出來對洋人大喊「中國不高興」。慈禧太后地下有知，欣喜若狂，趕忙翻找出她老人家一百零九年前擬好的「宣戰聖諭」來，給這批「愛國志士」們作為書的序言。全文如下：

我朝（清）二百數十年，深仁厚澤，凡遠人來中國者，列祖列宗，罔不待以懷柔。迨道光、咸豐年間，俯准彼等互市，並乞在我國傳教。朝廷以其勸人為善，勉允所請。

初亦就我範圍，詎三十年來，恃我國仁厚，一意拊循，乃益肆梟張，欺淩我國家，侵犯我土地，蹂躪我人民，勒索我財物。朝廷稍加遷就，彼等負其兇橫，日甚一日，無所不至。小則欺壓平民，大則侮慢神聖。我國赤子，仇怒鬱結，人人欲得而甘心。此義勇焚燒教堂、屠殺教民所由來也。朝廷仍不開釁，如前保護者，恐傷我人民耳。故再降旨申禁，保衛使館，加恤教民。故前日有拳民教民，皆我赤子之諭。原為民教解釋宿嫌，朝廷柔服遠人，至矣盡矣。

乃彼等不知感激，反肆要脅，昨天複公然有杜士立照會，令我退出大沽口炮臺，歸彼看管，否則以力襲取。危詞恫喝，意在肆其猖獗，震動畿輔。平日交鄰之道，我未嘗失禮於彼，彼自稱教化之國，乃無禮橫行。專恃兵堅利器，自取決裂如此乎？

朕臨禦將三十年，待百姓如子孫，百姓亦待朕如天帝。況慈聖中興宇宙，思德所被，浹髓淪肌，祖宗憑依，神祇感格，人人忠憤，曠代所無。朕令涕淚以告先廟，慷慨以誓師徒，與其苟且圖存，貽羞萬古，孰若大張撻伐，一決雌雄？連日召見大小臣工，詢謀僉同。

近畿及山東等省，義兵同日不期而集者，不下數十萬人，至於五尺童子，亦能執干戈以衛社稷。彼尚詐謀，我恃天理；彼憑悍力，我恃人心。無論我國忠信甲冑，禮義幹櫓，人人敢死；即土地廣有二十餘省，人民多至四百余兆，何難翦彼兇焰，張國之威？其有同仇敵愾，陷陣衝鋒，抑或仗義捐資，助益餉項，朝廷不惜破格懋賞，獎勵忠烈；苟其自外生成，臨陣退縮，甘心從逆，竟做漢奸，即刻嚴誅，決無寬貸。爾普天臣庶，其各懷忠義之心，共泄神人之憤，朕有厚望焉！

果然是大氣滂薄，對外足以威懾洋夷，對內足以嚇呆「帝國主義的走狗」。算得上絕妙好辭！

不過歷史事實有點掃興：當初慈禧太后和她的幕僚們大義凜然地對敵宣戰，然而戰事一啟即不堪一擊，此時她想到的不是如何接著「說不」和表達「不高興」，而是立馬將義和團出賣，說是被他們脅迫所致，鼓勵洋大人大殺亂黨，並承諾幫著他們來殺。她是這樣說的，也是這樣做的，義和團「亂黨」又成了她的刀下鬼。

兵馬俑的主人不是秦始皇？

吳 波

二〇〇九年六月十三日，秦始皇陵兵馬俑一號坑開始第三次大規模發掘，再次引起全世界的關注和討論。近日，古建築學專家陳景元新書《兵馬俑真相》出版。書中系統論證並得出結論：兵馬俑根本不是秦始皇的！

「兵馬俑定性太草率」

陳景元告訴記者，關於兵馬俑屬於秦始皇陪葬坑的考古定性一直未向外界公布，直到一九八一年，在外界不斷追問下，才有人發表文章介紹秦俑「定性」的來由。文章宣稱，有一位叫袁仲一的考古學家憑著廣博的歷史知識，猛然地想到：一本古書上記載著，秦始皇來到工地進行視察，當場下令宰相李斯將陵墓範圍向外擴展「三百丈」。經過他們鑽探測量，發現西楊村出土陶俑的地點，正好在這「三百丈」內。

陳表示：「我找到那『古書』的各種版本裡根本沒有『三百丈』的字樣；退一步說，即便有『三百丈』的記載，也是毫無意義的。因為秦漢的一尺，只有現在的二十三釐米，『三百丈』折合成現在的尺寸，只有六百九十公尺，西楊村距秦始皇陵中心接近兩公里，怎麼可能在『三百丈』範圍內？

「秦俑正式『定性』多年後，俑坑裡發現了五件刻有呂不韋名字的銅戈，袁先生等人就毫不遲疑地說：呂不韋是秦始皇的宰相，戈的出現，當然代表著俑坑的建造年代。

「按照袁先生說法，俑坑由宰相李斯負責修建，為什麼坑內沒有發現『李斯戈』？秦始皇是個孝子，呂不韋是他生父，豈有以生父的名號去為兒子陪葬的道理？另外，淤泥層猶如年輪，從對淤泥層計算的結果看，俑坑自建成到焚毀前存續的時間至少為四十年至五十年。《一號坑發掘報告》第兩百五十八頁上寫著『三年呂不韋戈』就出土在淤泥層的表面之上！」

「阿房宮不是秦始皇所建」

七十二歲的陳景元告訴記者：「我研究阿房殿數十年，已寫出幾十萬字的論證專注，阿房宮並不是秦始皇新建的。」陳認為，阿房宮「三百里」讓人驚訝，如果包括後花園，其面積有現在上海市那麼大。首先，《史記》等史料記載的以「兩年或者十年時間」，要去建造周圍「三百里」的阿房宮，使之成為一座世界上規模最大的帝王宮殿，只要稍有一點理性或者建築常識的人就知道不可能。

其次，伐木是宮殿建設的最大難題。《漢書・賈山傳》記載「阿房宮之殿，高數十仞」，秦漢時期，五尺六寸為仞，一尺為零點二三公尺，可見阿房宮內的木柱既粗又高。正如王仲言《慈寧殿賦》中說的那樣，它是「千年之產、萬年之材」。生木建造宮殿後果不堪設想，因此根據建築材料推斷，阿房宮並不屬於秦始皇那個年代。

阿房宮考古隊隊長李毓芳在對阿房宮遺址進行五年的考古挖掘之後，除找到一個高大的夯土台基外，沒有發現一點有如瓦當之類的秦代建築痕跡，也沒有發現任何一點被燒毀後留下來的炭跡、灰燼、紅土和結土塊等。為此李先生認為，所謂阿房宮工程，在兩年的時間中，台基上的木結構宮殿根本沒有時間進行施工建設，因此阿房宮充其量只是一處「半拉子」的工地而已。

對話陳景元：出土青銅兵器不屬於秦朝

廣州日報：在俑坑裡面出土了很多的青銅兵器，有的光澤如新，而你有什麼理由認為，這些青銅兵器只是一種過時的武器呢？

陳景元：鐵劍長度可達一百五十釐米以上，鋼鐵兵器能夠削鐵如泥，誰先進、誰落後，難道秦始皇都分辨不出來嗎？秦始皇陵附近出土的銅御手俑，劍長為六十點二四釐米，以二分之一比例製作，它的原型尺寸，應該是一百二十點四八釐米，既然俑坑九十一釐米銅劍長度是極限尺寸，那麼御手所佩之劍，毫無疑問肯定就是一把鋼鐵之劍了。

秦始皇統一中國，下令收繳全國所有銅制兵器，鑄造成十二個各重三十四萬斤的銅人，這是全國數百萬軍隊原來使用過的兵器。所以在秦王朝，誰繼續擁有青銅製造的兵器，誰就是一種嚴重違抗君命的犯上行為。從《史記・刺客列傳》荊軻刺秦王有關史料記載中，可以發現：秦國朝宮正殿的擎天大柱，都是採用青銅材料澆鑄而成的，這就充分地說明了，秦王朝的眾多冶銅作坊，早就已經轉產為非軍事的各種用途了。

兵馬彩俑與秦服飾不符

廣州日報：秦兵馬俑博物館名譽館長、秦俑考古隊原隊長袁仲一的觀點是，秦代「尚黑」制度，只在重要慶典活動、喪葬禮儀上，穿黑色的衣服。專家劉占成的觀點是，秦軍的服裝由農家自備，顏色很難統一。你是怎麼去看待秦王朝「衣尚黑」的問題？難道不是最重要的喪葬禮儀嗎？

陳景元：袁先生一直強調，秦俑是秦始皇的陪葬坑，難道不正是必須穿黑衣的關鍵時刻嗎？況且一國之君去世了，難道全體的軍人，還要穿著五顏六色的彩服，前去參加各種悼念活動？說秦朝軍隊服裝由農家自備，是對雲夢秦簡「家書」的曲解。野戰軍南征北戰，服役幾十年，居無定所，讓家人怎麼郵寄？難道秦始皇有財力去塑造秦俑的彩色服裝，而無錢去給作戰部隊發放真的軍需品？

秦俑的服裝，以紅色、紫色居多，這是楚人「尚赤」精神的再現，與秦王朝「尚黑」制度完全對著幹，在俑坑服色，沒有絲毫「尚黑」體現的情況下，有什麼資格去鼓吹這是一支秦王朝「尚黑」的軍隊？不可一世的秦始皇，發出「尚黑令」後，居然沒有人出來回應，並且還穿著紅綠彩服為自己來陪葬，這難道合乎邏輯嗎？

「兵馬俑屬於一個女人」

陳景元告訴記者：「在《史記・正義》及《陝西通志》《臨潼縣誌》等史料中，都有『驪山：在雍州新豐縣南十六里；秦始皇陵：在雍州新豐縣西南十里；秦宣太后陵：在雍州新豐縣南十四里』的記載。雍州新豐縣的縣城，在今臨潼縣新豐鎮的東北不遠處。根據上述明確的方位和里程，很容易就能找到的秦宣太后陵，就在秦始皇陵的東側偏南、距驪山山腳約一公里處的西楊村、下和村一帶，也就是人們現在所熟知的秦俑坑附近。」

「同時，人們在秦俑坑裡發現了最直接的證據。不少秦俑的頭頂，梳有苗裔楚人特有的、偏於一側的歪髻；秦俑的服色五顏六色，非常鮮豔，與秦王朝的尚黑制度有顯著差別。此外，在陶俑身上還刻有一個『芈』字，與當年發掘的阿房宮『北司』遺址中的『芈』字相似。阿房宮由秦惠文王始建，而宣太后芈氏即是秦惠文王的妃子。更重要的是，在俑坑底部存有厚厚的、可分為十四層的淤泥層。從歷史上臨潼大暴雨的頻率及旱澇交替的規律和特點看，要形成這麼厚的淤泥，至少需要四十年以上。如果俑坑確實毀於秦末，由此往前推移幾十年，加上建坑所需的時間，那麼俑坑的主人，只能推移到秦宣太后這邊來了！」陳景元表示，秦宣太后，姓芈，本是楚國的顯赫王族，後嫁於秦惠文王。她在秦國統治了四十一年之久，是中國歷史上第一個真正掌權治國的女國君，甚至有人稱她為兩千多年前的「慈禧太后」。她完全有條件、有資格修建豪奢大墓及陪葬坑。

秦宣太后建兵馬俑

廣州日報：袁仲一先生認為，陶俑身上的陶文是一個完整的字，經過辨認後，它應該是「脾」字，而且還是一位工匠的名字，不可能是秦宣太后的名字。你有什麼確鑿、可靠的材料，能夠判讀出它一定就是「芈月」兩個字？

陳景元：袁仲一將陶俑身上的那個字，讀為「脾」字，並沒有一絲一毫的根據，因為各種古文字的書寫中，「脾」的字形是很多的，但「脾」字所有的古文與那個陶文都沒有任何相近之處。將陶文只認定為工匠的名字是一種猜測和想像，因為整個俑坑只有一個這種陶文，難道這位工匠做完一件陶俑後，就「下崗」了？陶俑身上刻有「咸陽」、「咸陽令」，難道這些也都是工匠們的名字？

「芈、月」的判讀，有眾多古文字學上非常確鑿的依據，而且在阿房宮遺址上也有相同的字，所以俑坑和阿房宮都和一位芈姓人物有著直接的關係。應該說，這一種認定的方法，是非常嚴謹、可靠、準確的。文字到底能不能拆開判讀？這是有關獨體字、合體字最基本的常識問題。秦俑館研究室主任張文立教授一九八四年就曾經公開發表文章，認為我將陶俑身上的文字判讀為「芈、月」兩字是非常正確的。

廣州日報：袁仲一認為，驪山北麓地區，從未發現有其他人大型墓葬的記載，而從俑坑的規模來看，只有秦始皇才有這一種魄力、財力去進行修建，所以秦俑坑不可能是秦宣太后的陪葬坑。為什麼你幾十年來一直堅持認為，秦宣太后芈氏的陵墓位置坐落在秦始皇陵東側的不遠處？

陳景元：在《史記・正義》《括地誌》《陝西通誌》《西安府誌》《臨潼縣誌》等史料中，明確地記載著「秦宣太后陵在雍州樣的認定新豐縣南十四里，秦始皇陵在雍州新豐縣西南十里，驪山在雍州新豐縣南十六里」。這些材料有共同起算點，有準確里程數字。人們能夠輕而易舉地找到秦宣太后陵的位置，恰好就在西楊至下和村附近。

袁仲一認為秦宣太后陵，在西安市洪慶地區，洪慶歷史上屬於咸寧縣，而在《咸甯縣誌》《西安府志》《陝西通志》中，是找不到秦宣太后陵任何文字記載的，所以秦宣太后葬在洪慶，並沒有任何的史料依據。秦始皇連年征戰，財源枯竭，是短命的王朝，哪有強大國力可言。秦宣太后執掌朝政四十一年，社會安定，有財力搞任何的工程建設，因此兵馬俑真正的主人屬於兩千多年前的一個女人。

圍繞兵馬俑的學術之爭

（一）「呂不韋戈」能不能說明俑坑是秦始皇時期建造的

袁仲一：「兵馬俑」是秦始皇陵的陪葬品結論，是在多種、大量考古證據的基礎上做出的。在俑坑之中，有多達二十三件帶有秦始皇明確紀年的銅兵器。兵器上面刻有呂不韋的名字，而呂不韋是秦始皇的丞相。這些兵器在俑坑內出土，由於晚期的器物，不可能出現在早期的墓葬中，這是考古學的基本知識，有了這「呂不韋戈」，就可以證明俑坑是秦始皇時期建造的，絕對不可能是早於呂不韋幾十年的秦宣太后建造的。

陳景元：從已經正式發表的《考古發掘報告》上看，俑坑內出土的真正有秦始皇明確紀年的兵器，只有五件刻有「呂不韋」字樣的戈，另外有十六件銅鈹上面，根本就沒有秦始皇紀年的痕跡，因為銅鈹上刻有「寺工」的字樣，袁仲一堅持認為「寺工」，最早出現於秦始皇二年，那是秦始皇時期中央主造兵器的官署，所以即使沒有刻著「呂不韋」的名字、而只有「寺工」銘刻的銅鈹，也應該是秦始皇時期的紀年兵器。

其實，有「寺工」銘文的器物並不少見，漢代出土的器物中，「寺工」兩字出現的頻率是很多的。而且在秦始皇二年之前，「寺工」的陶文也已經存在了，一九九五年在西安未央區一個古代灰坑中，發現泥封上刻有「寺工丞璽」字樣，由於它和秦昭王時期「加邊欄」的印式相同，而被考古界認定是秦國早年的器物。在江蘇儀征出土戰國後期的銅鈹之上，也刻有「寺工」兩個字。由此可見，「寺工」並不是秦始皇時期特有的。

（二）俑坑內物品風格一致能不能證明是秦始皇陵的陪葬品

袁仲一：俑坑磚的大小、紋飾、陶文，陶俑的髮型、風格、製造工藝，陶馬的造型、種類，俑坑的戰車、系駕方法，俑坑的構築方法、隔牆、坑頂棚木，陶俑腳踏板上的人名、字樣等，都與秦始皇陵園內其他地方出土磚、陶俑、銅馬、銅車等是完全一致的，這就證明它們統統是秦始皇陵的一部分陪葬品。

陳景元：幾千年來人人都要「入土為安」，有限的風水寶地早就已經「人滿為患」了，在同一塊土地上，那種墓中墓、墓壓墓、墓擠墓現象，歷來都是不可避免的。《漢書》記載：成帝修建昌陵「發民墳墓，積以萬數。」《後漢書》記載：「順帝作陵，多壞吏塚。中山簡王焉修塚塋，平夷吏人塚墓以千數。」《晉書》記載：「曜葬其父，發掘古塚以千百數。」在秦始皇陵圈占土地時，難道就不曾去壓占他人的墓地？

幾十年來，在驪山北麓廣大地區，不論發現什麼文物，不管阿貓阿狗，不分真馬假馬，不看木車銅車，都被裝進秦始皇陵考古發現的大籮筐之中。袁仲一羅列的秦始皇陪葬品，幾乎沒有一件是經過嚴格、科學的考古論證後加以確認的。比如，銅車、銅馬雖然出土在秦始皇陵封土邊上，稱它為秦始皇的御用安車，但與帝王駕六馬的制度相悖，銅御手的佩劍原型是一百二十釐米，而俑坑銅劍只有九十一釐米，它們之間根本是不可比的。

第三篇

事件追蹤

梁武帝的弟弟放高利貸致富？

鄭和下西洋為消滅海盜集團？

深入挖掘真相，

青史上留存的美名及惡名值得我們重新探究！

六百年前鄭和智剿最大海盜集團

喻嘯東

自二〇〇八年十二月二十六日以來，中國海軍已先後派出六批護航編隊執行護航任務。一年多來，中國海軍護航編隊已成為維護亞丁灣、索馬里海域安全的一支不可或缺的重要力量。

中國海軍開赴索馬里海域打擊海盜的消息，曾引起國際媒體的高度關注。美聯社、《華盛頓郵報》、美國《新聞週刊》都曾將此行動比作「鄭和艦隊剿海盜」。

那麼，皇帝朱棣為什麼要組織一支陣容強大的海上艦隊「下西洋」？鄭和又是如何剿滅當時世界級「海盜王」陳祖義，維護東南亞海域安全的呢？

明成祖永樂年間（1403年～1424年），明朝國力強盛，經濟實力、造船技術、航海經驗都足以保證開展大規模的航海活動。

永樂皇帝朱棣也有著雄心壯志，他不滿意明朝初期相對保守的對外政策，想向別的國家宣揚國威，展示明朝的實力，一當上皇帝，就多次派人要求周邊國家來朝見。當然，也有歷史學家認為，朱棣主要是想借機找到下落不明的侄子、建文帝朱允炆。朱棣從朱允炆手中奪得皇位，很擔心朱允炆哪天復辟，所以，他決定組織一支陣容強大的海上艦隊「下西洋」。

此外，鄭和船隊還有別的重要戰略任務。明朝前期最大的外來威脅有北部的蒙古勢力和東部的日本倭寇。鄭和下西洋有如下戰略考慮：一是往西方和南方尋找戰略盟友，加強聯繫，增強對北方和東方入侵者的防禦；二是顯示明朝的海洋力量，警告那些可能從海上方向騷擾的敵人；三是從海上實行戰略包抄，牽制陸地敵對勢力，減輕北部邊防的壓力。

一四〇五年七月十一日，欽差正使總兵太監鄭和奉明成祖朱棣詔書，組織船隊出使西洋。

龐大的船隊：船兩百零八艘，官兵兩萬多人

鄭和率領兩百零八艘艦船，兩萬多名官兵組成的龐大船隊，從南京龍江港起航，駛向福建長樂的太平港駐泊，以等候東北季風。冬天，東北季風來臨時，鄭和船隊便從福建閩江口五虎門正式揚帆遠航。經過南中國海西部沿海海域，首先到達越南的占城（今歸仁），然後到達印尼的達爪哇（今爪哇島）、馬來西亞的滿剌加（今麻六甲）、印尼蘇門答臘島上的舊港（今巴領旁）、阿魯、蘇門答剌、南巫裡。再從南巫裡出發，橫越印度洋的孟加拉灣，到達錫蘭山（今斯里蘭卡）。然後繞過印度半島，先後到達印度的小葛蘭（今奎隆）、柯枝（今柯欽）、古里（今卡利卡特，位於印度半島的西南端）。

鄭和在古里修整待航數日，並在該地立碑紀念，碑文說：「其國去中國十萬餘里，民

物鹹若，熙皓同風，刻石於茲，永昭萬世。」這是鄭和在國外最早建立的紀念碑。

陳祖義：史上懸賞最高的通緝犯

鄭和巨型「寶船」至少有四十多艘，配備了當時最先進的航海儀器和武器裝備。像這樣大規模的船隊，如此精良的裝備配置，不僅在中國歷史上是頭一次，在世界航海史上也是前所未有。

船隊的軍事裝備如此精良，這事出有因。當時東南亞地區的海盜猖獗，橫行不法，劫掠民間財物，當地官府也奈何他們不得。

綽號「海盜王」的陳祖義祖籍廣東潮州，明洪武年間，全家逃到南洋入海為盜，從此盤踞麻六甲十幾年，成為歷史上最大的海盜集團，其成員最多時超過萬人，戰船近百艘，活動範圍包括日本、南海，印度洋等地，總計有超過萬艘以上的過往船隻遭其掠奪，明朝有五十多座沿海城鎮被其攻陷過，南洋一些國家甚至向其納貢。為此，明太祖朱元璋曾懸賞五十萬兩白銀要陳祖義的首級。永樂年間，賞金更是高達七百五十萬兩。要知道，當時明朝政府每年的財政收入也才一千一百萬兩，所以陳祖義成了有史以來懸賞金最高的通緝犯。

「海盜王」陳祖義後來跑到三佛齊（今印度尼巴亞的巨港一帶）的渤林邦國，在國王麻那者巫裡手下當上了大將。國王死後，他乾脆自立為王，成了渤林邦國的國王。他也到明朝永樂皇帝那裡進貢，可很多貢品並不是在本國港口準備好的，而是空船出發，一路搶，搶到什麼送什麼。回國的時候，他也不落空，又是一路搶回去。最讓永樂皇帝受不了的是，他不但搶西洋諸小國的船，連明朝的使船也搶。而且，實行的是三光政策，搶光、殺光、燒光。

鄭和艦隊殺海盜五千餘人

一四〇七年，第一次下西洋的鄭和船隊在回航時抵達當地。陳祖義認定鄭和浩浩蕩蕩的船隊「有寶物」在船上，於是派人向鄭和表示他想投誠，其實陳祖義是想詐降，然後一舉搶奪鄭和的船隊。雖說陳祖義的人數和船隻數量都不及鄭和，但他鼓動部下說：「明朝的船隊雖眾，但操船者初涉遠洋，大多為河塘之師；明朝的船雖大，但行動遲緩，且不熟地形；明朝的水師雖強，但多年未戰，驕兵，且以馬步兵為主……」更重要的是，陳祖義根本瞧不起鄭和：太監算什麼東西呀，而且這個太監還是靠陸戰出名的。

陳祖義沒有料到，鄭和對陳祖義早有提防，因為鄭和船隊經過占城以後，一路上聽到的都是對陳祖義的投訴。更幸運的是，陳祖義的陰謀被舊港一個叫施進卿的中國人知道了，他把消息告訴了鄭和。鄭和命令船隊準備應戰。

陳祖義率眾海盜來襲時，鄭和早有準備，用火攻燒毀海盜船，殺海盜五千餘人。此後鄭和的海軍又設法將陳祖義等三人生擒，囚於船中回京。皇帝朱棣下令當著各國使者的面殺掉了陳祖義，並斬首示眾，警示他人。鄭和為東南亞海域剷除了海盜匪患，維護了海上交通安全，為沿海人民帶來福祉，受到各國稱讚。

鄭和船隊前後共七次下西洋。一四三三年四月，鄭和在最後一次下西洋的返航途中，因過度勞累去世，後賜葬南京牛首山。有史料稱牛首山的鄭和墓是一個衣冠塚，鄭和的遺體埋葬於印度西海岸。不過，東南亞的華僑則流傳著一個說法，稱鄭和葬在印尼的三寶瓏。

鄭和的「治盜」經驗：慎武

鄭和打海盜重在「治盜」，具體操作是：積極用兵，但謹慎動武。

鄭和在平定陳祖義部的海盜時，採取關注民生、維護治安的做法，使海盜失去滋生的環境，而且鄭和船隊的活動還促進了中外貿易的發展。鄭和船隊上帶有大量的銅錢、絲綢、鐵器、瓷器等中國手工藝品，每到一國除了贈送國君和官員之外，就用來換取各國的土特產品。這些精美、罕見的工藝品，吸引了很多外國政府和商人，有些立刻就跟隨船隊來到中國開展貿易活動。

鄭和謹慎用兵還反映在對待斯里蘭卡國王的問題上。那一次，斯里蘭卡國王見鄭和船隊裝載了大量金銀，眼紅起了邪念。他把鄭和請到宮中設宴招待，一面強行向鄭和索取金幣，一面又發兵搶奪鄭和的船隊。鄭和臨危不懼，沉著應戰，他瞭解宮城中的士兵都被派去攻打船隊了，城中兵力反而空虛，於是火速調來兩千多名將士，出其不意地攻打宮城，反而活捉了這個貪心的國王，並把他和他的妻子、主要頭目帶回北京，後來皇帝寬大地把他們放回本國，該國從此不敢再對明朝有任何不敬。

梁武帝禁止弟弟逼債收屋——南北朝爆發「金融危機」

李開周

從西元四二〇年劉裕篡東晉建立南朝宋開始，直到西元五八九年隋文帝楊堅南征滅陳為止，前後綿延近一百七十年，是中國歷史上的南北朝（420年～589年）時代。

南梁（502年～557年），中國歷史上南北朝時期南朝的第三個朝代，由蕭衍代齊稱帝，都建康（今江蘇南京）。國號梁，因為皇帝姓蕭，又稱蕭梁。南朝從孫吳開始在江南建立政權以來，經濟文化最盛的時期就是梁朝。這與蕭衍本人的文化素質是分不開的，蕭衍的文化水準在南朝皇帝中可以說是成就最高的。他當皇帝以後，在國內實行一種溫和的政策，以發展經濟為重點，在發展經濟的同時也重視文化的發展。

蕭宏（473年～526年）是梁武帝六弟。梁武帝攻占建康，以之為中護軍，衛戍京師。天監元年（502年）封蕭宏為臨川王，還揚州刺史。天監四年，奉詔都督南北兗、北徐、青、冀、豫、司、霍八州北討諸軍事。蕭宏靠放高利貸發家，梁朝人那時買房跟我們現在一樣也有貸款買房，也是必須有擔保有抵押的。當時南京有很多人找皇上的弟弟蕭宏貸款，合同到期還不起貸款的就拿房屋作抵押，再還不起錢，蕭宏就派人登門收屋，這樣債務人就成了流浪漢。流浪漢一多，治安就會有問題，於是，梁武帝下旨禁止逼債收屋，也就帶有「家園豁免」的意味。這樣就導致蕭宏放出去的大筆錢收不回來，猶如遭遇了一場「金融危機」。

那麼，這場「金融危機」究竟是怎麼爆發的？又給南北朝帶來了什麼樣的影響呢？

關於房貸的兩個問題

例題一：小明從銀行貸款八十萬，買了一間一百萬的房子，還沒住進去，就發生了地震，小明的新房在剎那間變成廢墟。那麼請問，小明還需要向銀行歸還那八十萬貸款嗎？

我猜您會奪過麥克風搶答：當然要還！當然要還！

恭喜您答對了，加十分。

例題二：小強也從銀行貸款八十萬，也買了一間一百萬的房子，還沒住進去，就發生了金融危機，小明的新房市值一下子縮水百分之四十，而且小明的收入也在下滑，連月供都無力支付了。請問，銀行是否可以收回小強的房子？

我猜您會說：當然可以收回，這麼簡單的題目是誰出的？

很遺憾，這次您沒有過關，因為您沒弄清楚小強是在哪兒買的房子。如果是在中國，債務人無法償還債務，銀行完全可以把抵押物拍賣掉。可是如果在美國，銀行就未必有這個權力了。

美國的「家園豁免」原則

眾所周知，美國每個州（包括華盛頓哥倫比亞特區）都有一大堆豁免法，有的禁止債權人收回債務人的自住房產，有的則要求債權人在收回自住房產之後，再返還給債務人一些豁免金。比如在加利福尼亞州，倘若單身業主無力償還貸款，那麼銀行收回房子之後，必須給業主五萬美金作為生活保障；如果無力償還貸款的是老人、殘障人士、年收入在兩萬美金以下的低收入者，那麼銀行收回房產之後，必須給業主十五萬美金作為生活保障。明尼蘇達州的規定更狠，完全禁止收回債務人的任何自住房產。關於這一點，一個比較典型的案例是發生在一九八五年的Cargill INC.v.Hedge案，在該案中，明尼蘇達州某夫婦以分期付款的方式買下一片八十英畝的家庭農場，後來因為經營不善，無力付清餘款，被賣主告上了法庭，法院最後的判決是，作為被告家園的那片農場不能被強制拍賣。

以上法律和判案原則統稱Homestead Excemption，Homestead意思是「家園」，Exemption意思是「豁免」，直譯就是「家園豁免」（這幾年美國各州的「家園豁免」在不斷修正，文中的描述可能與現行政策不盡一致——編者註）。

南北朝蕭宏放高利貸暴富

其實中國也有過「家園豁免」的事例。說來話長，那是在南北朝時期。梁武帝的兄弟。蕭宏非常有錢，《南史》第五十一卷記載，蕭宏家蓋了三十間倉庫，每間倉庫藏有銅錢一千萬。根據《資治通鑒・梁紀二》裡面的物價資料，梁朝極盛時期，三十文銅錢可以買一斛大米，也就是說，蕭巨集的存款可以買下一千萬斛大米。梁朝一斛米有四十公斤，一千萬斛米就是四十萬噸，按每噸兩千元計算，價值人民幣八億。

放在今天，八億當然上不了富比士富豪排行榜，但是剛才我們只算了存款，沒算蕭宏的不動產。事實上，蕭宏除了這八億存款，名下還有大批的房屋和地皮。《資治通鑒》第一百八十四卷寫道：「宏都下有數十邸。」就是說蕭宏在南京（當時南京是梁朝的首都）擁有幾十套別墅。把這些別墅折成錢，至少也值幾個億。

問題來了，蕭宏一個破王爺（蕭宏爵封臨川王），哪來這麼多財富呢？原來這位王爺擅長放高利貸，當時南京有好多人找他貸款，貸出去一萬，半年後收回來就是兩萬，一年後收回來就是四萬，連本帶利驢打滾，銅錢嘩嘩地往家裡流，想不暴富都不行。

梁朝人找蕭宏貸款，跟我們找銀行貸款一樣，是必須有擔保有抵押的，大批的窮人拿住房作了抵押，後來還不起錢，合同期限一到，蕭宏就派人登門收屋，致使債務人無家可歸，最後成了流民。

梁武帝下旨禁止逼債收屋

站在蕭宏的角度看，誰還不起貸款，他就收誰的房子，這樣做不但划算，而且合理，甚至還符合現代契約精神。但是如果站在蕭宏他哥梁武帝的角度看，那就不同了，因為欠債的人越來越多，被蕭宏趕出家門的人也越來越多，南京城哪怕只有百分之一的人無家可歸，也會給治安帶來巨大影響，所以不管是從道義出發，還是考慮到政局的穩定，梁武帝都有必要給蕭宏上一道箍。

梁武帝天監八年，蕭宏接到一道聖旨：「自今以後，懸券不得複驅奪。」在南北朝，「懸」有抵押的意思，「券」有房契的意思，這道聖旨是告訴蕭宏，以後該放貸還放貸，但是對那些還不起貸款的，不許再收人家的房子了。很顯然，這個政策完全是古典的「家園豁免」。

蕭宏還真聽話，自此不敢逼債收屋。因為這個緣故，他前期投放出去的大筆資金都沒能收回來，連本帶利地虧了一個狠。

梁朝人殷芸（此人做過蕭宏的秘書）寫的《金陵拾遺記》，裡面說蕭宏晚年財富大減，過日子比早先儉省多了。我看這跟那道聖旨有關，是梁武帝搞的「家園豁免」讓蕭宏產生了大量呆壞帳，然後突然變窮，一如在這場金融危機裡翻船的銀行家。

南北朝沒有銀行，也沒有股市，經濟體之間的金融依存度非常之低，大概就是因為這個緣故，當時儘管有大批人還不起貸款，卻只造成了一些治安問題，而沒有引發次貸危機。這在某種程度上是好事兒。等到梁武帝下旨搞起「家園豁免」之後，我相信連治安問題也會消失，這更是好事兒了。

只是有兩點不好：第一，作為放貸者，蕭宏損失慘重，遭遇了金融危機；第二，蕭宏喪失了收屋的權力，同時也就喪失了放貸的動力，以後窮人再找蕭宏貸款會變得很難，同樣是遭遇了金融危機。

匈奴人西遷為什麼改變了歐洲的格局？

沉石

匈奴人西遷，將日爾曼蠻族趕出叢林，匈奴的鐵騎和日爾曼強悍的入侵引發了歐洲的巨大動盪，並使煊赫一時的羅馬帝國走向分裂、衰弱，直至滅亡，歐洲從落後的奴隸時代進入了封建時代……

匈奴的英文名是hun，也是破壞者和野蠻人的代名詞，從中可以看出歐洲人對匈奴的恐怖記憶。西元一世紀，在東方漢王朝的一再打擊下，成為喪家之犬的北匈奴，逐漸向西逃亡，最後深入到歐洲腹地，不僅找回了昔日的榮耀，還引發了歐洲社會的大變動，從而改變了歐洲歷史和世界歷史進程。

北匈奴退出蒙古高原

漢武帝對匈奴的猛烈反擊，大傷了匈奴的元氣。到西漢晚期，匈奴發生了分裂，呼韓邪單于率部歸順漢朝，而流竄到中亞與漢朝為敵的郅支單于也被漢將陳湯以「明犯強漢者，雖遠必誅」為理由消滅掉了，漢匈關係從此走向和解。東漢初年，在匈奴貴族中反漢的勢力重新抬頭，導致匈奴再次分裂，南匈奴歸順漢朝，而北匈奴則堅持與漢為敵，經常發動對南匈奴和漢人的掠奪。而當時東漢剛剛建立，國力還屬於恢復期，因此，直到漢明帝時，才發動了對北匈奴的反擊戰。西元七十三年，漢軍四路出擊北匈奴，竇固、耿忠的漢軍一直追擊到天山一帶，並奪取了伊吾（今新疆哈密）。漢和帝時，又發動了針對北匈奴的反擊戰，西元八十九年，竇憲、耿秉率領漢軍大敗北匈奴，一直追擊到燕然山（今蒙古國杭愛山）。西元九十一年，漢軍再次出擊北匈奴，在金微山（今阿爾泰山）大敗北單于，北單于只得向西逃竄。至此，東漢對北匈奴的戰爭取得了全面勝利，而與漢為敵的北匈奴，則受到漢與南匈奴的合擊，已無法在漠北蒙古高原立足，只得退出蒙古高原向西逃竄。

北匈奴西遷

第一站：伊黎河流域。與其說是西遷，還不如說西逃更貼切一些。在西元九十一年，北單于戰敗後，率殘部西逃至伊黎河流域的烏孫國，在其立足後，仍然出沒於天山南北，實施掠奪。西元一一九年，北匈奴攻陷了伊吾（今新疆哈密），殺死了漢將索班。為了對付西域的北匈奴，東漢朝廷任命班勇（班超之子）為西域長史，屯兵柳中（今新疆吐魯番一帶），班勇於西元一二四、一二六年兩次擊敗北匈奴，西域的局勢開始穩定。在班勇離職後，北匈奴勢力又重新抬頭，漢將裴岑於西元一三七年率軍擊斃北匈奴呼衍王於巴里坤（今新疆巴里坤）。西元一五一年，漢將司馬達率漢軍出擊蒲類海（今新疆巴里坤湖），擊敗北匈奴新的呼衍王。呼衍王率北匈奴又向西撤退，拉開了第二次西逃的序幕。

第二站：錫爾河流域。錫爾河是中亞的內陸河，流經今天的烏茲別克、哈薩克等國，注入鹹海。在漢時，這裡是康居國。北匈奴在西域遭到漢朝的反擊，已無法立足。大約在一六〇年左右，北匈奴的一部分又開始了西遷，來到了錫爾河流域的康居國。至於北匈奴人在康居的活動，因為缺乏史料記載，就不得而知了。

第三站：頓河以東、里海以北。大約西元二九〇年，北匈奴出現在頓河以東的阿蘭國，這段歷史在我國《北史‧西域傳》和羅馬帝國的《歷史》中，都有過記載。北匈奴殺死了阿蘭國國王，徹底征服了阿蘭國。

第四站：頓河以西、多瑙河以東。憑藉著在阿蘭國的休整和補給，北匈奴徹底恢復了元氣，掠奪、貪婪的本性讓他們對頓河以西的草原垂涎不已。西元三七四年，匈奴在大單于巴蘭姆伯爾的率領下，渡過了頓河，向東哥特人發動了進攻，東哥特人哪裡是匈奴人的對手，經過奮戰，依然慘敗，一部分東哥特人只得向西逃竄，到了西哥特人那裡，匈奴尾隨其後，追擊到西哥特人居住地。西哥特人在德涅斯特河（流經今天的烏克蘭和莫爾達瓦）擺下軍陣，準備迎擊匈奴，而匈奴人則趁夜晚偷偷從德涅斯特河上游渡河，然後抄襲西哥特人軍陣背後，西哥特人慘敗，只得向西逃竄至多瑙河。後經羅馬帝國皇帝的批准，東、西哥特人得以渡過多瑙河，進入到羅馬帝國避難。此後，由於羅馬帝國對哥特人殘酷的壓榨，逼迫哥特人又起兵反叛，西元三七八年，羅馬帝國皇帝瓦連斯親征哥特人，結果被哥特人殺死，帝國遭受到沉重打擊。而此時的匈奴，由於占據了南俄羅斯大草原，暫時穩定了下來。

從占據南俄羅斯草原到匈奴帝國的建立

在打敗哥特人，占據南俄羅斯草原後，匈奴人得以休整，人口開始急劇增加，同時，小部分的匈奴騎兵仍然在騷擾鄰國：一股匈奴騎兵渡過了多瑙河，與哥特人一起騷擾羅馬帝國；另一股匈奴人，於西元三八四年進攻美索不達米亞，攻占了愛德沙城；還有一股匈奴人於三九六年，侵入了薩珊波斯帝國。整體而言，匈奴人這段時期，基本是以在南俄羅斯草原休整為主，為下一步的大規模入侵積蓄力量。

西元三九五年，羅馬帝國分裂為東西羅馬，而此時的匈奴正處於烏爾丁大單于的統治。烏爾丁是一個非常有野心的人，他曾對東羅馬帝國色雷斯省總督說過，凡是太陽能照射到的地方，只要他願意，他都能征服。西元四〇〇年，匈奴在烏爾丁大單于領導下，又開始向西大規模入侵，一舉奪得了整個多瑙河盆地，並一度攻入了義大利，這一事件的連鎖反應就是逼迫多瑙河流域的各部族為躲避匈奴人，只得向西羅馬腹地進軍。西元四〇八年，烏爾丁率軍騷擾東羅馬帝國，在搶得大量財物準備撤退時，遭羅馬人的襲擊，烏爾丁大單于的宏圖大志還未實現就一命嗚呼了。

在疆土不斷擴大的情況下，以匈牙利平原為統治中心的匈奴帝國，在奧克塔爾大單于時已基本建立起來。單于王庭穩定在今天匈牙利的布達佩斯附近。這個軍事帝國成為東、西兩個羅馬帝國最嚴重的威脅。烏爾丁大單于死後，匈奴帝國沉寂了一段時間，而在奧克塔爾大單于率領下，匈奴帝國又開始興盛起來。奧克塔爾死後，他的兄弟盧加繼承了王位。盧加大單于在西元四二二年和四二六年兩次蹂躪東羅馬帝國的色雷斯和馬其頓，逼迫東羅馬帝國皇帝向匈奴帝國年貢三百五十磅黃金。此後，東羅馬帝國又被迫在邊境向匈奴帝國開放互市，來確保邊境的安寧，匈奴人的榮耀終於在西方找了回來。

阿提拉大單于和鼎盛時期的匈奴帝國

四三四年，盧加單于去世，他的兩個侄兒阿提拉和布列達共同繼承王位，各掌管一部分領土。兩位單于即位不久，便發動了對東羅馬帝國的戰爭，要求東羅馬皇帝交出匈奴的叛賊，還要年貢翻番，由三百五十磅黃金上漲到七百磅黃金，東羅馬皇帝受武力脅迫，只得答應。四四五年，布列達單于神秘地遇刺身亡，阿提拉成為匈奴帝國唯一的大單于。阿提拉更是一個野心勃勃的傢伙，在他的統治下，整個歐洲都沉浸在對匈奴的恐懼之中，匈奴帝國的鼎盛時期來到了。

阿提拉大單于獨自掌權後，馬上就發動了大規模的戰爭，不過戰爭的矛頭卻指向了北歐和東歐。在北歐和東歐，盎格魯·撒克遜人為躲避匈奴人，逃亡到英倫三島，而許多日爾曼和斯拉夫人的部族戰敗，紛紛向匈奴投降。在鞏固了東方和北方後，阿提拉大單于在四四七年大舉進犯東羅馬帝國，東羅馬帝國軍隊接連戰敗，匈奴的騎兵一直深入到達達尼爾海峽和希臘的溫泉關，嚴重威脅到東羅馬帝國首都君士坦丁堡的安全，東羅馬帝國皇帝被迫求和，雙方在四四八年簽定合約，東羅馬除了馬上向匈奴支付賠款六千鎊黃金，年貢也由七百磅黃金漲到兩千一百磅黃金。至此，匈奴帝國的疆域東到里海，北到北海，西到萊茵河，南到阿爾卑斯山，盛極一時。而東羅馬帝國經過匈奴的長期劫掠和年貢的沉重負擔，財富已基本耗盡，於是，阿提拉大單于又將目光投向了西羅馬帝國。

上帝之鞭對西羅馬的懲罰

四五〇年，阿提拉大單于在完成了對東、北、南的征服後，將矛頭指向了西羅馬帝國。該年，阿提拉派使者來到羅馬，要求娶西羅馬皇帝的妹妹荷諾利亞公主為妻，並要求西羅馬帝國拿一半的國土作為嫁妝。如此過分和羞辱的要求，自然遭到西羅馬皇帝的拒絕，於是阿提拉大單于以此為藉口發動了對西羅馬的戰爭。當年，阿提拉集結了大批匈奴戰士以及被征服民族的僕從軍，號稱五十萬，渡過萊茵河，向西羅馬的高盧（今法國）發動進攻。高盧的城市就如同草原上的獵物一樣，被匈奴人一個接一個地摧毀，最終匈奴軍主力又圍攻高盧重鎮奧爾良。此時，面對共同的敵人，西羅馬人和西哥特人暫時放下他們的爭鬥，組成聯軍來救援奧爾良。面對聯軍，阿提拉放棄了對奧爾良的圍攻，開始機動迂回，尋機與敵決戰。西元四五一年六月二十日，阿提拉的匈奴大軍與西羅馬、西哥特聯軍，在今天的巴黎市郊展開了大決戰。戰鬥打得非常慘烈，僅過了一天，雙方戰死者就達十五萬人，最終，西哥特國王戰死，余部也撤離戰場，而匈奴也損失慘重，無力再進攻，只得退回萊茵河，重新積聚力量。

四五二年，得到休整的匈奴帝國再次發動了對西羅馬的戰爭，被稱為「上帝之鞭」的阿提拉開始對西羅馬的懲罰。他率領的匈奴軍隊翻過了阿爾卑斯山，攻入了義大利。義大利北部地方遭到了匈奴人瘋狂的攻擊，北部所有的城市都被匈奴人摧毀。此後，匈奴人攻占了重鎮阿奎萊亞，揮師直搗帝國的首都羅馬城。西羅馬皇帝萬分驚恐，只得派羅馬教皇利奧一世與匈奴人議和。此時，匈奴軍中突發瘟疫，而東羅馬帝國的援軍也快到達羅馬城，因此，阿提拉便答應議和，但在撤軍前仍揚言，如果西羅馬皇帝不把他的妹妹荷諾利亞公主送到匈奴，他還會來攻打西羅馬。就這樣，羅馬人眼睜睜地看著匈奴人滿載著搶奪來的財物揚長而去，只留下義大利北部的一片廢墟。

阿提拉神秘的死亡與匈奴帝國的瓦解

四五三年，阿提拉大單于又娶了一名少女為妃，然而在新婚之夜，阿提拉卻神秘地死在了婚床上。阿提拉死後，他的兒子們為爭奪大單于之位，打起了內戰，匈奴帝國在瞬間瓦解崩潰了。匈奴帝國的內戰，給了被奴役民族以翻身的機會，四五四年，東哥特、吉皮底人組成聯軍，在匈牙利打敗了匈奴，從此，匈奴人被迫又退回了南俄羅斯草原。在四六一年，阿提拉的一個兒子妄圖重建匈奴帝國，發動了對多瑙河流域東哥特人的戰爭，遭到失敗。四六八年，他又發動了對東羅馬帝國的戰爭，結果自己戰死沙場，從此匈奴人逐漸沉寂了下去，直至被歷史徹底遺忘。

後記

匈奴帝國崩潰不久，深受匈奴摧殘以及匈奴引發的蠻族西遷影響的西羅馬帝國也徹底走向了絕路，西元四七六年，日爾曼雇傭軍攻占了羅馬城，末代皇帝，六歲的羅慕洛被俘虜，西羅馬帝國自此滅亡，標誌著歐洲封建時代的開始。

雍正大展：國寶如何遷到臺灣，雍正曾篡改過遺詔嗎？

雍正是清史上最具爭議的皇帝，稗官野史上對這位皇帝的傳說甚多，包括他篡改康熙遺詔、六親不認、個性陰險狠毒等。由兩岸故宮共同舉辦的「雍正——清世宗文物大展」，二〇〇九年十月七日在臺北故宮博物院開展，展出的兩百四十六件文物包括檔案、史籍、地圖、肖像、繪畫、書法、瓷器、琉璃、瑪瑙等，全面展示這位頗具爭議的皇帝的文治武功和藝術品味，這是否想要「告訴你一個真雍正」呢？

故宮，只有一個，就是北京的紫禁城。文中的「兩岸故宮」指的是同根同源的北京故宮博物院和臺北故宮博物院。那麼，文化寶藏又是如何遷到臺灣的呢？

田志淩　陳容清

探秘臺北故宮：文化寶藏如何遷到臺灣？

二〇〇九年一月十二日晚上十點三十分，十二集紀錄片《臺北故宮》的第一集《國寶遷台》在央視一頻道播出。「從廟堂之高到漂泊江湖之遠」，是該片的總撰稿胡驍對這些國寶輾轉過程的一個總結。《臺北故宮》共十二集，追溯了文物遷台歷史，並分門別類對書法、繪畫、青銅、瓷器、玉器、珍玩等臺北故宮館藏國寶一一進行介紹。

連玉做的蟈蟈鬚子都保存很好

《臺北故宮》播出的時候，恰好是國寶遷台六十年。從一九四八年十二月起，五千多箱文物分三批陸續從南京下關碼頭出發，駛向臺灣。「就在紀錄片播出時的六十年前，文物還在茫茫的大海中漂泊」。

這些陸續漂向臺灣的六十五萬件文物多為中國歷代皇家收藏，是中華國寶「精華中的精華」。包括現存銘文最長的毛公鼎、西周散氏盤，傳世僅數十件的宋汝窯瓷器，蜚聲海內外的王羲之《快雪時晴帖》，煌煌巨製《四庫全書》，蘇軾《寒食帖》和黃庭堅《花氣熏人帖》，乾隆皇帝珍愛的《富春山居圖》；百姓熟悉的翠玉白菜、豬肉形石；以及閻立本、米芾、蔡襄、宋徽宗、文徵明、唐伯虎等從唐代到清代的歷代名家書畫。其中從北京紫禁城搬出的那批國寶，現在依然以當年《千字文》的「天地玄黃，宇宙洪荒……」為首字編號，與每一間故宮殿閣相對應。

「九一八事變」之後，日軍入侵熱河，窺伺華北。行政院代理院長宋子文下令國寶遷至上海，並代表政府表示待「北平安靜，原物仍運還」。

但北平此後再無安靜。從一九三三年二月到一九四九年元月，故宮博物院文物先後經過南遷、西上、東歸、北運、遷台，歷時十餘年的長征躲避戰火，再也沒有回到北京。「這當中幾乎沒有一件文物受到損害，也沒有丟失過一件。不管是很容易受損的瓷器、玉器，包括我們看到翠玉白菜上刻的蟈蟈的鬚子都保存很好。這在人類戰爭史和文化史上是絕無僅有的事情。而且學術研究從沒中斷，這些專家們，他們是本著自己的良心做了這樣一件事情。」胡驍說。

一九三三年二月四日深夜，故宮午門口戒備森嚴，兩千餘箱故宮國寶在這一天秘密離京。在故宮玉器專家那志良的《故宮四十年》中，他回憶說：「他們吩咐我們，要等到天黑才啟運。由幾十輛板車輪流運往車站，由軍隊護送，沿途軍警林立。」

此去的目的地是上海，隨後不久轉往南京，籌備成立故宮博物院南京分院。一九三七年「七七事變」爆發，文物只能再度西遷。從水旱兩路到湖南、貴州、四川、陝西等地。

時任中英庚款委員會總幹事的杭立武，是當時文物遷徙的主要負責人。《臺北故宮》攝製組採訪到了杭立武之子杭紀東。他講述，一九三七年底日軍攻占南京前夕，杭立武在二十天內從水陸兩路搶運了一萬四千五百七十一箱文物出南京城。最後一批重要文物已經找不到船，借了一條英國輪船。「但是英國人跟我父親說，如果你杭某人不上輪船跟我們一起走，我不開船。意思是萬一這個船中途有什麼問題，或者萬一被日本飛機轟炸，那不得了。」

「但船一靠岸，難民看到有船就搶著上去。所以那個船隻能離開岸邊一些。我父親沒有辦法上去，就用那個繩子把他捆起來，吊上去。」這些文物被運到了漢口，再到重慶。之後隨著日軍的逼近不斷西遷，輾轉湖南、貴州、四川等地。

莊尚嚴和申若俠夫婦都是故宮的年輕工作人員，剛進故宮不久就趕上了南遷，從此一輩子跟著文物南走西遷，直到臺灣。就在這文物遷徙的路途之上，他們先後生了四個兒子，最小的兒子莊靈出生在貴州。

二〇〇〇年，莊靈和他的三個哥哥一起，沿著當年文物南遷的路線重走了一遍，在貴州他們曾住過的山洞裡還找到了父親莊尚嚴留下的題詩。臺灣公共電視特別為他們拍了個紀錄片。「當時沒有專人看守和運送文物，就是這批專家自己。一路上他們祠堂、寺廟、山洞都住過。運輸工具從輪船、火車、卡車、馬車，肩挑手扛，什麼都有。」

南遷路上驚險不斷。一次，文物遷到嶽麓山下的湖南大學圖書館內，大家都以為總算平安了。但有一天突然上面說還不安全，繼續西撤。文物剛剛搬走的第二天，日軍飛機就把這個圖書館夷為平地。

還有一次在貴州山路上，一輛運送文物的卡車翻到溝裡，大家嚇壞了，想國寶都摔壞了。結果下來一看，那一車剛好是古籍書，所以沒事。為此那志良一直說一句話「文物有靈」。

一九四七年，在南方輾轉十多年的國寶完好無損地回到南京。然而此時內戰已經爆發，這批文物回不到北平了。一九四八年十二月，國民政府開始策劃文物遷台。

一九四八年十二月二十一日，七百一十二箱文物在南京下關碼頭登上「中鼎號」軍艦，準備前往臺灣。莊尚嚴夫婦帶著四個兒子一起上了船。

「中鼎號」靠岸的消息不脛而走，船剛停穩，國民黨海軍司令部的官兵家屬就一擁而上，把船占得滿滿的。杭立武立刻給海軍總司令桂永清打電話。桂永清趕到碼頭，登上「中鼎號」，勸大家說，箱子裡都是國寶，急需運走，後面還會有船送大家走。終於，人們相互攙扶著下了船。

一九四八年十二月二十二日清晨，「中鼎號」起航駛往臺灣島的基隆港。這七百一十二箱文物來自五個機構的頂級國寶，其中包括故宮博物院的皇家收藏，中央研究院歷史語言研究所的安陽殷墟出土文物、中央圖書館的宋元古籍以及中央博物院籌備處的大批珍貴文物。此外，六十箱重要的外交檔案和國際條約文本也隨船前往，這裡面就有那份著名的《南京條約》。

莊靈和三個哥哥就睡在文物的箱子上，「文物一箱一箱摞起來，然後用繩子固定，上麵包了油布。我們有梯子，爬到上面去，睡在箱子上。」

一月二十八日，第三批國寶一千兩百四十八箱登上「昆侖艦」。正當副艦長褚廉方準備下令起航時，杭立武又派人送來四隻大箱子。這四個箱子裡裝的是抗戰勝利後從日本追討回來的文物，是汪精衛送給日本天皇的禮物，其中最有名的是一副木鏤雕鑲翠玉屏風。船已經超載，褚廉方下令將官兵寢室內的辦公桌椅全部拆除，硬是將這四箱文物搬上了船。

「昆侖號」這一次運走一千兩百四十八箱國寶，其中有蜚聲海內外的王羲之《快雪時晴帖》。

從一九四八年十二月二十一日到一九四九年二月二十二日的六十四天裡，南京下關到基隆港這條水道上，總共有六個機構的五千五百二十二箱頂級國寶被運到了臺灣。

扔掉二十多兩黃金，換張大千七十八幅畫上飛機

最後一批遷台文物是一九四九年國民黨從成都空運的河南博物館文物。十一月，身在重慶的杭立武接到了來自蔣介石的嚴令，不惜一切代價將河南博物館存放在重慶的六十九箱古物搶運臺灣。

河南博物館被專家譽為僅次於故宮的博物館，存有包括甲骨文、青銅器、漢簡等價值非常高的文物。國民黨空軍司令周至柔專門調撥兩架飛機，杭立武從六十九箱文物中精選了三十八箱裝上飛機。文物離開的第二天，解放軍就占領了機場。到臺灣後，就以這三十八箱文物為基礎成立了臺灣歷史博物館。

一九四九年十二月九日的成都新津機場，國民黨政權撤離大陸的最後一批飛機中，有一輛專機上有五個高層官員。包括「行政院院長」閻錫山、「副院長」朱家驊、「政務委員」陳立夫、「秘書長」賈景德，以及剛剛升任「教育部長」的杭立武。因為紙幣嚴重貶值，薪水發金條，所以閻錫山帶了很多金條。

正當飛機要起飛時，張大千帶著七十八張畫趕到了機場，要求上飛機。杭紀東說：

「張大千跟我父親說，他帶的畫是在敦煌臨摹的，非常寶貴。大家說已經超重了，你還要再來。我先父說只有一個辦法，我這裡有二十多兩黃金是我的積蓄，你覺得你的畫如此重要，那我寧願把我的二十多兩黃金丟下來，我就幫你運畫。」

杭立武卸下三件行李和黃金，不過他提出一個條件：張大千手中的畫將來必須捐給故宮博物院。張大千一口答應，並立下字據。到臺灣後，張大千又將這些敦煌臨摹壁畫借到印度、巴西展覽，一九六九年他兌現承諾，把這批畫捐給了臺北故宮博物院。

「歷史本身就特別有戲劇性，不用加工。」胡驍說，《臺北故宮》的每一集都由文物、人和歷史組成，每一集都像一出戲劇。「比如梁廷煒一家五代都在故宮工作。上兩代人是清宮畫師。爺爺梁廷煒在臺北故宮工作，兒子和孫子在北京故宮工作。爺爺一九四八年把文淵閣四庫全書帶到了臺灣，他的孫子梁金生現仍在北京故宮工作，每天上班都要從文淵閣門口過，而書去樓空。」

六十年前，當這些人來到臺灣時，都以為只是短暫停留。高仁俊到臺灣的時候只帶了一身衣服，索予明還沒來得及安頓好老母親就上了船，那志良到臺灣後勸說大家不要買木質傢俱，以免回北京時扔了可惜。梁廷煒跟兒子梁匡忠在下關碼頭告別時，以為過幾天就在臺灣見了，然而從此就音信杳然。

在北溝，只要是故宮的人，就可賒帳

一九四九年，文物抵台後開始轉運台中。杭立武做過調查，台南太熱，氣候溫和又乾燥的只有台中，適合文物保存。開始運到台中糖廠，但糖廠煙囪日夜冒煙環境不好，一九五一年即搬到台中縣霧峰鄉集峰村北溝。

「北溝這地方乾燥，而且當時出於戰備的考慮，覺得山裡比較安全。文物在這裡一放就是十五年。」胡驍說，二〇〇七年《臺北故宮》攝製組到北溝拍攝現場，原來的庫房已經在臺灣「九二一大地震」中被夷為平地，只剩下一片荒煙蔓草。

一九五一年，國民黨政府向北溝一個姓林的農民買下一片三萬平方公尺的田地，花了四萬台幣。在這裡蓋了三排庫房存放文物。來自故宮、中央研究院、中央圖書館、中央博物院的工作人員就在附近蓋起簡陋的房子住了下來。過了一段清苦但自在的日子。

索予明回憶說，當年在北溝上班很好玩，有外國專家從台中來找他和李甯成。看到他們每人搬了一把躺椅坐在樹下，一人拿著一本書，穿著拖鞋，打著赤腳。「他問我們今天是放假嗎？我說，沒有，我們在上班啊。」

當地民風淳樸，他們到霧峰鎮上買東西，百姓叫他們「北溝故宮的」。買東西錢不夠，只要說是故宮的都可以賒帳，下次再給。

國寶在北溝，自然有人要來看。高仁俊回憶說，很多人尤其是大官們要來看，就在庫房旁邊拿著板子臨時搭一個辦公室給他們看。「但是很煩，因為經常有人來，所以就臨時蓋了一間陳列室。」一九五七年建了一個陳列室，只有六百平方公尺。蔣介石、宋美齡、張大千等人都先後來參觀。一次蔣介石參觀文物時聽說專家們生活拮据，當即批文增撥五萬元作為補貼，每人可分得兩百元。

「北溝那十幾年是特別輝煌的。儘管條件艱苦，但做的工作特別多，包括研究、整理、保護和展覽。出來很多研究專著，比如那志良的《玉器通釋》。還有一九六一年赴美展覽，把整個美國給轟動了。」胡驍說，展覽後李林燦曾寫了一句話：過去美國人認為東方文化的中心在日本，這次展覽之後他們覺得中心在中國。

李林燦之子李在中說，父親曾經記錄了這樣一件事。一九六一年在美國展出時，曾經主持一九三六年倫敦中國藝術展覽的英國爵士大衛德也趕到美國。「他非常喜歡瓷器，在第一站華盛頓他想摸汝窯的東西。但是這個絕對不可以摸。三個月後在紐約展覽的時候他又來了，很傷腦筋，但還是不能摸，只能讓他近距離地看一下。還有很多人想用某個杯子喝一杯酒，那都是不行的。故宮建立了一套非常嚴謹的典藏制度。」

就是這次展覽，使美國決定資助臺灣建立一個大博物館來存放這些國寶。一九六五年，臺北故宮博物院在臺北郊外建成。輾轉漂泊三十多年的文物終於得以安頓了。

兩岸故宮大展為雍正平反：未改遺詔奪皇位？

佚名

雍正是否如坊間傳言，篡改康熙遺詔奪得皇位？臺灣《中國時報》報導，這項展覽展出兩百四十六件雍正王朝的文物檔案，觀眾可充分瞭解這位從登基到死亡爭議不斷的「話題君主」，而雍正將外界流言編成《大義覺迷錄》一書，也在展出之列。並且，這次展覽還包含了北京故宮提供的三十七件展品，是兩岸故宮文物相隔一甲子後，首次合作彙聚展出。

雍正是清史上最具爭議的皇帝，以他為題材的影視劇、小說十分火紅。稗官野史上對這位皇帝的傳說甚多，包括他篡改康熙遺詔、為了鞏固皇權六親不認、個性陰險狠毒等。民間流傳最多的是雍正施展少林輕功，從紫禁城乾清宮「正大光明」匾額後方取得康熙遺詔，將「傳位十四子」改為「傳位於四子」。雖然史學界對《康熙遺詔》的真偽有所爭論，但目前也沒有留下任何證據，指出康熙要傳位給十四子。在此次「雍正——清世宗文物大展」中，有一件《康熙遺詔》漢文本，可看到遺詔上清楚寫著：「雍親王皇四子胤禛，人品貴重，深肖朕躬，必能克承大統，著繼朕登基，即皇位。」

事實上，把儲君名單放在「正大光明」匾額後的先例，始於雍正，而非康熙。經歷骨肉相殘的苦痛經驗，雍正建立秘密建儲制，繼位者名單密封在金匣裡，藏在這塊匾額後方。

不過，此次雍正展借自中研院史語所的《康熙遺詔》上寫的是「傳皇四子」毫無更改痕跡。不過，因康熙生前一直沒有立遺詔，所謂《康熙遺詔》是雍正在康熙死後寫成的，故宮圖書文獻處助理研究員洪健榮說，遺詔確實存在，但內容「真假待議」。

坊間還流傳雍正謀父、逼母、弒兄、屠弟、好殺等十大罪狀，雍正將這些流言編成《大義覺迷錄》一書，一一加以反駁，頒行全國試圖闢謠，沒想到越描越黑。而這本《大義覺迷錄》也在展出之列。

兩岸清史研究學者從雍正遺留文物中發現，雍正四十五歲登基，在位十三年期間，勤於理政、肅貪養廉且國庫充盈，他的藝術品味精致典雅，本人更精於書法，文采風流。雍正常夜間挑燈批諭奏摺，此次展出的每摺朱批中，少則數十字，多則千字，洋洋灑灑，全是親筆批示，讓人歎為觀止。從中可看到他懲治貪汙，倡行廉政，賞罰分明。

此次大展中，北京故宮提供三十七件文物，絕大多數是臺北故宮缺少的雍正肖像，包括《雍正朝服圖》《泥塑彩繪雍正像》和十三頁「胤禛行樂圖」，觀眾可一睹雍正廬山真面目。

雍正在康熙的三十五個皇子中，排行第四。根據展出的《大清世宗憲皇帝本紀》描述，雍正母親懷孕時曾「夢月入懷，華彩四照」，出生時亦出現種種祥瑞徵象。文中談到雍正長相「儀容奇偉，高挺鼻子、身材修長、雙耳豐垂、聲音洪亮、目光明亮有神」。

追尋圓明園12生肖獸首銅像的命運

楊東曉

一八六〇年英法聯軍劫掠並焚燒了圓明園，包括十二生肖銅獸首在內的一批中國皇家文物流失海外。那麼，這十二生肖獸首銅像是怎樣鑄成的，它們至今身在何方，都有著怎樣的命運呢？

大約二百六十年前，一個義大利人跟乾隆講：大宅子前搞個噴泉才叫氣派！最好是搞一大排羅馬柱，還有一堆半裸體的銅像，抱著聖瓶或者拿著權杖，吱吱地往外噴水，特古典又特洋氣，效果棒的很！技術上不用擔心，按您的意思，想什麼時候噴就什麼時候噴，保證特有面子！

那時候乾隆正是自信滿滿的三十多歲，獵奇心強得很，一門心思蓋大宅子，反正不差錢，就按歐羅巴風格搞吧！不過有一點，裸體銅像太過了，最好土洋結合，把海神波塞冬、雅典娜之類的都換成中國的十二生肖吧！這就是圓明園西洋樓海晏堂門前的十二生肖噴泉。

圓明園海晏堂獸首銅像是清朝乾隆年間修建，由義大利人郎世寧（1688年～1766年）主持設計，法國人蔣友仁（1715年～1744年）設計監修，清宮廷匠師製作。當時設計好後，郎世寧發現清朝竟然沒有一個工匠懂得青銅器製作方法，後來他和眾工匠查閱典籍，費時費力終於建成。

變為中國審美的噴泉

海晏堂是圓明園最大的一處歐式園林景觀，建於一七五九年（乾隆二十四年）。樓門左右有疊落式噴水槽，階下為一大型噴水池，池左右呈八字形排列著十二生肖人身獸首銅像。鑄造獸首所選用的材料為當時清廷精煉的紅銅，外表色澤深沉、內蘊精光，歷經百年而不銹蝕，堪稱一絕。獸首為寫實風格造型，鑄工精細，獸首上的褶皺和絨毛等細微之處都清晰逼真。

原本郎世寧是要建造西方特色的裸體女性雕塑，但是乾隆認為這個方案實在不符合這個數千年禮教籠罩下龐大帝國的審美觀——怎麼能有如此不雅之裸女站立在皇帝離宮（又稱行宮）的水法兩旁呢？

這一年是乾隆十二年（1747年），郎世寧來到中國已經三十三年了，圓明園長春園東北面有一塊狹長的區域被規劃為西洋樓，郎世寧早年在法國學習過的建築學在這裡派上了用場。乾隆想在這裡看到西洋的水法（即噴泉），這位五十九歲的西洋畫師諳熟中國人的審美，在和他的兩位法國同行過於西化的水法方案被否定後，這些西方的中國通們改變了思路。於是一組以中國十二生肖為代表的小型水法方案順利地進入實施階段。

乾隆沒有他的祖父康熙對待西方科學的探究精神，但他對西洋建築卻充滿好奇。在西洋樓一帶的石雕上，他對巴羅克藝術在中國的運用方面有著自己的主張，為此石柱與水法設計方案一改再改。

終於海晏堂的設計圖確定下來了，歐式噴泉作品中長翅膀的小天使在這裡也是看不到的，因為天使在小的時候也不穿衣服，中國文化在數千年的傳承過程中，對這類問題都有一個說法，叫「隱私」，它們在十八世紀尚不屬於審美的範疇。

於是在皇家園林裡第一次以生命的形式來塑造噴水形象的，是中國傳統紀年中的十二種動物，它們在這個東方的國度裡有著極好的人緣，而且家喻戶曉。「獸面人身水力鐘」就這樣誕生了。這是將中國傳統文化的因素跟西方噴泉的手法完美結合在一起的作品。

海晏堂前的生肖們

海晏堂的每一個生肖的身上都穿著衣服，有對襟的也有斜襟的，人模人樣地坐著，衣服從肩膀往下蓋著整個身體。但這並不妨礙雕像的生動性，因為它們還有肢體語言：兔子搖著扇子、牛手持拂塵、蛇在作揖、猴子手裡拿著根棍棒，可能是想證明自己是孫大聖的後代、懷抱小弓箭的豬，它們卻不是專司狩獵的動物。

生肖們六個一組在一枚巨大的貝殼前，分為左右兩邊按中國十二生肖順序排列，左側為南岸，右側為北岸。十二生肖排坐的順序是從南向北排列，南一子鼠、北一醜牛，南二寅虎、北二卯兔，南三辰龍、北三巳蛇，南四午馬、北四未羊，南五申猴、北五酉雞，南六戌狗、北六亥豬。

海晏堂前兩條約一公尺長的大型吐水石魚，每只魚嘴裡流出的水分別沿左右兩邊的鱗形水道向前流，最後與生肖獸頭中噴出的水一同匯合在海晏堂前的扇形水池中。這些獸頭人身的生肖，頭為紅銅，身為石質，中空連接噴水管，每隔一個時辰各司一次職，從時辰代表者的口中噴出長長的水流直射入池中；而每當正午時分，十二生肖像口中同時噴射水柱，堪稱計時、園林和雕塑中的奇觀。

郎世寧意想不到的事情

郎世寧在設計出十二個青銅獸首後，第一件讓他意想不到的事情發生了，那就是當時鑄造青銅器的工藝近乎失傳，百般周折後，他才找到能夠鑄造十二枚生肖頭部的人。

第二件讓這位在中國度過了大半輩子的義大利人更加想不到的是，在他辭世並安葬在中國九十四年之後的一八六〇年，當年那些嘔心瀝血之作卻毀於戰爭。

他在中國的五十年裡，看到的是這個人口以及工農業產值都占當時世界三分之一的龐大帝國花不完的銀子和數不清的寶藏，他無法想像一百年不到的時間裡，同樣來自西方的一群人竟然能在他參與建造的苑囿裡興風點火，並且把他設計的獸首打劫得一個不剩，只留下帶不走燒不著的大石頭。

石魚回歸海晏堂

二〇〇七年是圓明園建園三百周年，也是圓明園罹難一百四十七周年。在六月八日圓明園遺址公園內舉行的「流散文物回歸活動首歸儀式」上，海晏堂大鯉魚等第一批由社會無償捐贈的十二件文物，帶著百年滄桑和各自的遊歷回歸故里，這也標誌著「圓明園流散文物回歸文物保護工程」全面啟動。

大鯉魚的失而復得完全是個偶然的發現。

這對從海晏堂前「遊」走的大鯉魚，其實也沒走多遠，就在離它的故里大約十六公里的西單橫二條的一處四合院裡住了不知多少年。這裡的主人沒事還經常給它們澆澆水，從來不讓孩子爬到它們身上，所以在人們能記憶到的半個多世紀裡，它們沒有任何損壞。

二〇〇三年，四合院主人為石魚澆水的畫面，被偶然經過的圓明園文物科的劉陽看見了。他當時正在各處尋訪圓明園的流散文物，正好從門縫裡看到了這對石魚，但是沒能看清。又過了兩年，劉陽突然發現一張老照片上的石魚與他在西單看了一眼的石魚非常相似。在他為這對石魚進行了拍照和測量後，終於確認了這就是圓明園西洋樓海晏堂前那一對會吐水的石魚。

這對石魚雖然在西單古老的四合院內深居，但是據擔任過西長安街派出所外勤的陳曦警官說，起碼有兩批盜賊對石魚動過歪腦筋。一次是小偷從另一個院子裡鑽到這個獨門獨院中行竊，還有一次是文物販子趁院內有人裝修，塞了兩錢給幾個民工，把石魚抬走了。好在魚太重，搬了一會就搬不動了，弄得到處是動靜，才被主人發現。

水是怎麼噴出來的

人類在一七四六年間才開始注意收藏自然界中的電，荷蘭人馬森布洛克在他的家鄉萊頓發明了一種叫萊頓瓶的電容裝置，希望能把電存起來。萊頓瓶發明後第二年（乾隆十二年）的中國還沒有電力使用。那麼西洋樓各處的大小噴泉是怎麼噴出水的呢？這對於「水法」兩個字，似乎是個註解：這水的法力竟是這般幻化而美妙，到時辰就會變出一道魔法來。

今天的西洋樓景區，在大水法和海晏堂中間地帶，有一處高達十幾公尺的夯土臺子，它是當年供給所有大小水法所需用水的水塔的一部分。據圓明園管理處副研究員宗天亮介紹，這是個實心的土臺子，結結實實地頂著它上面的「錫海」，也就是盛水之塔。沒有電力和電動機的年代，人們運用從上到下的壓差，把水壓向遠近各處的幾十個大大小小的出水口。

大水法的大噴泉水源就來自這裡，海晏堂前石魚嘴裡吐出的水、每個時辰獸頭裡吐出的水，都是從這個水塔上壓出來的。

而水塔裡的水也是活水，活水來自各個水池，通過齒輪機械的提水裝置，把水汲到水塔裡，齒輪不停地運轉，活水就會源源不斷。而這個龐大的機械裝置就被籠罩在海晏堂後面的高大西式建築裡。外觀石刻雕花，內裡是一顆運轉不停的「心臟」。

但是令人哭笑不得的是，各種水法建成後，這些汲水的機械設備只用了短短的三年，就改為人工提水了。發布這個興師動眾而後又棄之不用的命令的都是乾隆本人。乾隆認為洋人的科學技術簡直是玩物喪志，但他從來不認為人工提水是勞民傷財。

就在這個時候，外面的世界已經變得很精彩了。

大洋彼岸的一群開國者正在為國家的獨立而奮鬥。一七七六年美國獨立，把電從天上引到人間的本傑明・佛蘭克林參加了起草《獨立宣言》和制定美國憲法的工作。這一年是乾隆四十一年。

乾隆剛剛退位沒幾年，法國爆發了資產階級大革命，英國的工業革命也蓬勃發展並向全球殖民。

圓明園裡的機械提水設置停用後，園子裡的人們再沒有聽到機車聲，更聽不到遠處隆隆的馬達和蒸汽機，就這樣自得其樂地關著門過了不到一百年，一八六〇年，炮火攻了進來，又過了四十年，炮火再一次燒進園子，而園子的主人，當時已經棄北京逃到了歷史上的西京。

光緒皇帝與美國總統麥金萊書信往返的背後

方勇

「庚子賠款」，按中國當時人口四億五千萬計算，每人一兩，共計四億五千萬兩，分三十九年還清。這筆鉅款連本帶息，總數達白銀十億兩以上，相當於清政府年財政收入的十二倍。但列強似乎有「良心發現」，先後又對庚款進行了有條件的退賠。在這一賠一退之間，國際交涉紛紜繁複……庚子年間光緒皇帝與美國總統麥金萊有著怎樣的書信往返呢？

《辛丑合約》起源於庚子年間八國聯軍鎮壓義和團運動的侵略行動，正因如此，《辛丑合約》的賠款一般也被稱為「庚子賠款」。該條約的談判從庚子年（1900年）一直持續到辛丑年（1901年），進行了將近一年的時間。以前的不平等條約談判，清政府還可以討價還價，多多少少有些迴旋的餘地。而這次卻是在列強各國就如何「宰製」中國達成一致協議後才通知清政府照章執行。儘管如此，卻有一個國家在條約談判過程中頻頻為中國說話，扮演了中國利益「代言人」的角色，這個國家就是侵略國之一的美國。鴉片戰爭以來有志之士「以夷制夷」的多年夢想，似乎就要變成了現實。這究竟是怎麼一回事呢？事情還得從美國的「門戶開放」政策和庚子年間光緒皇帝和美國總統麥金萊的「交往」說起。

美國的「門戶開放」政策

一八九五年《馬關條約》簽訂後，歐洲列強和日本在中國爭先恐後地劃分勢力範圍。美國對中國這塊肥肉雖然垂涎欲滴，但苦於忙著與西班牙爭奪菲律賓，無暇顧及在中國的爭奪。美國駐華公使康格向國務卿抱怨說，除了直隸省外，簡直沒有其他地方剩下來給美國了。儘管如此，從一八九五年到一八九九年，美國對華出口額仍增長了將近兩倍。美國商人對此欣喜若狂，絕不甘心喪失中國的廣闊市場，為此他們聯合組織了美國亞洲協會，經常給時任美國總統的麥金萊及其內閣成員寫信，並尋找各種機會拜訪遊說美國官員。同時，《紐約時報》也連篇載文強調中國的潛在重要性。經不住商人們的軟磨硬泡，也考慮到美國的利益，麥金萊在一八九八年底發表國情諮文，決心採取與美國利益相符合的一切手段，維護美國在中國的利益。美國想出的新的侵華伎倆就是「門戶開放」政策。

一八九九年九月，為了阻止其他列強聯合排斥美國，在總統麥金萊的授意下，新近被任命為國務卿的百萬富翁海・約翰訓令駐英、法、俄、德、日等國大使向各國提出了要求「門戶開放」的外交照會。這一照會的表面上要求各國在華貿易機會均等，同時保持中國的領土與行政完整。其要點如下：第一，任何國家不得通過任何手段干涉在中國應有的任何通商口岸、租借地或所謂「勢力範圍」內的任何法定利益。第二，中國現行協定關稅應對一切貨物，不論屬於哪個國家，不論陸運還是海運到所謂「勢力範圍」內的所有港口，都適用。其稅款應由中國政府徵收。第三，「勢力範圍」內的任何港口對別國船隻所徵收的港口稅，不能高於本國船隻；在「勢力範圍」內由其修建、經營和管理的鐵路上，其他國家公民與該國公民在同樣距離運輸同種貨物時，應收取相同的費用。「門戶開放」政策得到了列強的承認，美國商人非常高興，認為這是美國外交史上最光輝最重大的勝利。美國在中國的勢力從此一天比一天擴大了。

光緒皇帝與美國總統書信往返

一九〇〇年七月二日，法國向美國建議在華各國軍隊聯合行動，消滅義和團運動，以儘快恢復秩序，保護外國人的安全。七月三日，美國國務卿海・約翰在給法國的答覆中贊同法國的建議，同時趁機再次提出了「門戶開放」的原則。同一天，海・約翰把這一原則照會各國，要求共同遵守。俄、英、日、美、德、法、意、奧八國組成聯軍後，在英國海軍中將西摩爾率領下，耀武揚威地從天津一路燒殺，向北京進犯。雖然義和團頑強抵抗，但畢竟土槍土炮打不過洋槍洋炮，八國聯軍很快就逼近北京城。嚇破了膽的慈禧太后萬萬沒想到列強會來得這麼快，她一邊下令「痛剿」義和團以討好列強，一邊任命李鴻章為議和全權大臣，與列強談判乞和。

同時，清政府也對駐外使節發出了尋找機會緩和對外關係的指示。伍廷芳憑藉多年的外交經驗，覺得這是一個千載難逢的「以夷制夷」的好機會。很快，他就把美國提出「門戶開放」政策的消息傳回國內。六神無主的慈禧太后此時能夠召集到的文武大臣一次比一次少，很多人都逃跑了，連她的近臣榮祿都不見了蹤影。為了儘快求和，經過短暫的商議，清政府決定向美國請求幫助。為此，雖然早已失去人身自由，但心憂國事的光緒皇帝在七月十七日親自向美國總統麥金萊寫了一封求援信。此時的北京城裡一片混亂，對外聯絡的無線電通訊早已中斷。不得已，為了爭取時間，光緒皇帝的信件以十萬火急的形式，快馬加鞭送到山東巡撫袁世凱手裡，袁世凱接信後不敢耽擱，馬上將信函以無線電報拍發到上海，上海道台餘聯沅接電後火速再將信函發往清政府駐美公使館。公使伍廷芳接信後即將信函呈送美國總統麥金萊。光緒皇帝在信中說：

中國長久以來與美國保持友好關係並且深深意識到，美國的目的是從事國際貿易。中美雙方對對方均無懷疑和不信任。最近爆發的中國人與基督教傳教士之間相互的憎恨，引起了列強對朝廷立場的懷疑，認為清政府贊成人民歧視傳教，此懷疑並無根據。但是這種懷疑引起了大沽炮臺被攻占，並由此引發了具有災難性後果的軍事衝突……為了解決目前的困境，中國對美國寄予特別的信賴。我們誠懇率直地致信於您，希望閣下想方設法，採取行動，協調各國一致為恢復秩序與和平作出努力。懇請您，並萬分焦慮地期待您的回覆。

美國總統麥金萊一看光緒皇帝的救援信，可謂正中下懷。他正好可以利用這樣的機會與清政府高層取得聯繫，以加強對清政府的影響和控制，從而最大限度地保證美國在華的利益。

經過三天對中國政治局勢、權力結構以及北京暴亂情況的謹慎判斷，麥金萊於七月二十三日給光緒皇帝寫了一封回信。他在信中冠冕堂皇地表示：

我已收到陛下七月十九日來函，欣悉陛下認識到，美國政府和人民對中國除了希望正義和公平以外別無他求這一事實。我們派部隊到中國的目的，是從嚴重危險中營救美國公使館，同時保護那些旅居在中國並享有受條約和國際法保證之權利的美國人的生命財產……同時，本政府在取得其他國家的同意後，將樂於以此目的為陛下進行友好的斡旋。

此後，美國開始為早日開展談判進行各種活動，然而，美國的「努力」並沒有什麼效果。八月十四日，八國聯軍憑藉優良的武器裝備，終於攻占了北京城。占領北京城後，有了更大的談判籌碼，列強才開始與清政府談判。這個時候，早就倉皇逃離北京城的慈禧發布上諭，讓李鴻章會同慶親王奕劻等人「便宜行事」，儘快與八國談判，達成「和局」，逃到西安後，她還反覆給李鴻章打電報，要求侵略者寬恕她的「罪過」，不要把她作為禍首懲辦。

雖然美國的努力並沒有產生什麼實際效果，但清政府一時也找不到比美國更有力的「幫手」。一九〇〇年十月十七日，光緒皇帝為了感謝美國的幫助並敦促美國加大斡旋力度，再次給美國總統麥金萊寫了一封信，希望美國能說服列強儘快與清政府達成和議。跟上次一樣，美國總統麥金萊回信光緒皇帝，答應繼續斡旋。有了「門戶開放」政策，再加上光緒皇帝與美國總統的書信往返，美國在《辛丑合約》的談判過程中就開始充當了中國利益的「代言人」。

美國主張減少「庚子賠款」

談判剛一開始，其他七國列強就提出一個高得驚人的賠款總數——四億兩中國白銀。一九〇〇年十二月二十九日，美國國務卿海・約翰致電美駐華公使康格，指示在和約談判中，盡可能使賠款保持在一個適當的限度內，以確保中國的償付能力。而且，海・約翰還強調賠款要以貨幣支付而不是以中國的領土支付。後來，美國國務卿海・約翰指示康格努力將賠款總數儘量限制在白銀二億兩左右。這個數字當然滿足不了列強早已撐大的胃口，遭到法、俄、日、德、英、意等國的強烈反對。五月七日，各國在華公使團提出向清政府索求的賠款總額不降反升，增加到四億五千萬兩。面對這一數字，美國也無可奈何。見自己的面子不起作用，美國駐華談判代表柔克義就授意兩江總督劉坤一和湖廣總督張之洞以中國全權談判代表的名義向列強提出賠款額過高，中國無法承受，以達到儘量減少賠款的目的。在氣焰囂張，不可一世的侵略者面前，劉坤一和張之洞的話照樣沒有起到絲毫的效果。

五月二十二日，駐華各國公使團舉行會議，德國公使非常不滿美國的立場，氣勢洶洶地表示，沒有任何國家有理由要求減少中國的賠款。美國代表柔克義馬上反駁說，我們只有這樣做，才能保證中國不會崩潰。然後，柔克義要求公使團就是否同意削減賠款額進行表決，但其他各國代表當場就拒絕了他的這一要求。眼看賠款問題就要成定局，美國人拿出了最後一招，海・約翰指示談判代表柔克義將賠款問題移交海牙國際仲裁法庭裁決。然而，海牙國際仲裁法庭裁決的結果，仍然是中國應賠款四億五千萬中國海關銀兩（三億三千三百萬美元），相當於當時每個中國人罰銀一兩。這就是一九〇一年九月七日《辛丑合約》規定的「庚子賠款」的總額。至此，美國減少「庚子賠款」的努力以失敗告終。

歷史證明，面對列強的侵略，求助於侵略國的「以夷制夷」外交套路，只能是聊勝於無。雖然光緒皇帝謙卑懇切地寫信給美國總統請求幫助，美國總統似乎也「有求必應」，但弱國皇帝與強國總統之間的「交情」，根本就不可能產生什麼實質性的成果，實質上美國的友善也僅僅是為保證自己利益的另一種面孔，這正印證了「弱國無外交」的老話。

最早的中日戰爭：「白村江之戰」使日本對大唐心生敬畏

真田豪

「唐水軍百七十艘八月十七日列白江口周留城下，日本水師後十日到，翌日八月二十八日，日本水師捨身突入唐陣，唐軍從容左右迎擊，縱火焚日船……」《日本書紀》記載的這一戰役的情形就是西元六六三年的白村江（今韓國西南部的錦江）海戰，是中日之間的第一次正式交鋒。在《日本書紀》中最後還寫道：「須臾，官軍敗績，赴水溺死者甚眾，艫舳不得迴旋。」

那麼，「白村江之戰」是怎樣爆發的？這場戰爭，對中國、日本和朝鮮半島國家的歷史發展進程有著怎樣的影響，對當時東亞國際關係格局有著怎樣的改變？

西元六六三年八月二十八日，為了幫助被唐朝—新羅聯軍滅亡的百濟復興，倭國與唐朝爆發了一場決定性的戰鬥——白村江之戰。此戰的慘敗，使得日本在此後的九百多年間都不敢再入侵朝鮮半島，可見其影響力之大。此外，也使日本對大唐心生敬畏，並開始努力學習唐朝的各種先進的制度、技術與文化。

起因

六世紀中葉，佛教通過百濟傳播到倭國。與此同時，大陸的文化也經由百濟流傳到倭國。百濟與倭國之間交流頻繁且密切，現今韓國尚留存有前方後圓墳，出土文物與日本畿內的古墳幾乎相同，這些出土文物很可能就是由當時倭國身居高位的人送給百濟的。當時的倭國十分重視與百濟的外交，百濟王朝的王子豐璋（扶余豐）在倭國，就作為有識之士為朝廷所重用。

新羅的武烈王即位前就與唐朝親密交往，即位後採用唐朝的制度來治理國家，因而頗受唐朝信賴，新羅還與唐朝建立了同盟關係，借此對抗高句麗與百濟的壓迫。

西元六五五年，高句麗與百濟聯合進攻新羅，新羅王金春秋向唐朝求援。唐高宗在遣使調解無效後，先後派遣程名振、蘇定方、薛仁貴等將領率兵進擊高句麗，牽制其兵力以減輕高句麗對新羅的軍事壓力。於是在朝鮮半島北部，很早就相互敵對的唐朝與高句麗正式開戰。然而在半島南部，百濟仍然發兵進攻新羅。當時朝鮮半島三國中，高句麗與百濟國力較強，新羅國力相對較為弱小。於是在六六〇年，新羅王再次乞求唐朝出兵救援。

此時的倭國卻是另一番景象。六四五年，皇極天皇的弟弟孝德天皇在難波（今大阪）即位，然而中大兄皇子卻以皇太子身分掌握著實權。六五三年，中大兄皇子提議將都城遷回飛鳥（當時的藤原京，今奈良縣一帶）。此時中大兄皇子勢力強大，孝德天皇雖然反對遷都，然而中大兄皇子之母皇極上皇、大海人皇子（中大兄皇子的弟弟）、間人皇后（孝德天皇的皇后，中大兄皇子的妹妹）卻都帶領隨從人員返回了飛鳥。中大兄皇子等人返回飛鳥後，進入了飛鳥河邊行宮。翌年，孝德天皇在難波駕崩。

西元六五五年，齊明天皇在板蓋宮即位（其實就是復辟，皇極天皇再次就皇位）。此時的齊明天皇正為控制北方的蝦夷部族而志得意滿，急於對國內外表現自己的權勢。

齊明天皇於是與歷來的專制者一樣，致力於大興土木、建設京都。動用溝造三萬人，石垣造七萬人，於六五九年建設石都和水都。這一龐大的土木工程招致豪族們的反感，孝德天皇的皇子，下任天皇的有力候選人之一，有間皇子也開始與這些不滿的豪族們接近。

六五八年五月，齊明天皇非常寵愛的孫子、中大兄皇子之子建王年僅八歲就死去了。同年十月，齊明天皇與中大兄皇子等前往和歌山縣西牟婁郡的溫泉休養。留守一職由蘇我赤兄擔任，心懷不滿的蘇我赤兄向有間皇子敘說齊明天皇的苛政。十一月五日，以為有機可乘的有間王子訪問赤兄家，與其商量謀反事宜。沒想到當天夜晚，蘇我赤兄就讓物部朴井連鮪逮捕了有間皇子，並於九日帶往齊明天皇所在的溫泉。十一日，年僅十九歲的有間皇子以謀反罪被處決（有間皇子之變）。

六五九年，齊明天皇派遣帶有蝦夷人的遣唐使前往與百濟敵對的唐朝，唐朝此時正為百濟再次侵攻新羅而打算進攻百濟。此後不久，唐高宗以左武衛大將軍蘇定方為神丘道行軍大總管，率領水陸大軍十萬（見《資治通鑑》，朝鮮史料說是十三萬人（《三國史記》

百濟義慈王二十年條），從成山（今山東榮成）渡海進擊百濟。百濟軍屯守熊津口（今錦江入海口），但在唐軍南北夾擊之下很快潰敗。唐朝與新羅聯軍很快進圍並迅速攻克百濟都城泗沘，百濟的義慈王投降。西元六六〇年七月十八日，百濟滅亡了，從開戰到戰爭結束前後不到十天。唐朝在百濟故地設置熊津、馬韓、東明、金漣、德安五個都督府，「擢酋渠長治之」。由左衛郎將王文度任熊津都督，大將劉仁願率兵一萬留守。百濟使傳回百濟滅亡的消息，著實令倭國大感震驚。

為對抗唐朝對百濟的統治，以鬼室福信與浮屠道琛為核心，百濟原來的有力貴族結成了叛亂軍。他們率眾據守周留城，抗擊唐軍。六六〇年十月，鬼室福信為了重建百濟王朝而對倭國提出如下請求：「希望貴國歸還從六三一年就開始作為人質留在倭國的王子扶余豐（豐璋），使其繼任百濟國王。」並且「希望倭國為了復興百濟派遣援軍」。

經過

面對鬼室福信的請求，為了保持在朝鮮半島的利益，同時也為了緩和國內的政治矛盾與危機，齊明天皇很快就做出了送扶余豐回國和出兵援助百濟王朝復興的決定，並且離開飛鳥來到了築紫（九州）。於各地籌措武器，徵調士兵，打算渡海作戰。同行者除了中大兄皇子、大海人皇子、大田皇女、額田王、中臣鎌足外，還有很多的隨從人員。可以說事實上是從飛鳥向築紫遷都。具體情況如下：

六六〇年十二月，由飛鳥岡本宮出發，於難波宮籌措武器。

六六一年一月六日，由難波津出發，八日，到達吉備大伯海（岡山縣邑久郡附近）；大海人皇子和大田皇女生下大伯皇女。

一月十四日，到達伊予熟田津（愛媛縣松山市）石湯行宮（道後溫泉）。

三月二十五日，到達那大津（福岡縣博多），進入與百濟隔海相望的磐瀨行宮。

五月九日，進入朝倉宮（福岡縣朝倉郡朝倉町，距離博多灣約四十公里的內陸）。

六六二年，大海人皇子和鵜野皇女生下草壁皇子；六六三年在那大津，大海人皇子和大田皇女生下大津皇子。

據說由於朝倉宮是用麻弓良布神社的神樹所建，所以皇宮遭遇落雷，鬼火使宮中許多人病死，發生了很多鬼怪作祟的事情。就在來到朝倉宮兩個月後的七月二十四日，齊明天皇以六十八歲之齡突然死去了。

據《日本書記・卷二十七・天智紀》記載：「元年春正月，辛卯朔丁巳，賜百濟佐平鬼室福信矢十萬枝、絲五百斤、綿一千斤、布一千端、韋一千張、稻種三千斛。三月，庚寅朔癸巳，賜百濟王布三百端。」由此可見倭國對百濟的支援是頗為盡力的。

六六一年七月二十四日，中大兄皇子以皇太子的身分居喪于長津宮指揮戰鬥，史稱「素服稱制」。中大兄皇子為備戰，打算構築朝鮮式的山城。

六六一年九月，中大兄皇子將倭國最高等級的「織冠」授予在倭國的百濟王朝王子扶余豐，並派遣阿雲比羅夫連等率領五千名士兵，分乘一百七十艘戰船護送扶余豐返國即王位，並留兵支援朝鮮半島的鬼室福信。中大兄皇子以一日代替一月，將原本應該服喪的十二個月變成了僅僅服喪十二天，其急於掌權之心昭然若揭。

中大兄皇子於所在之處建造了木丸殿。後世在木丸殿遺跡上又建造了惠蘇八幡宮，祭祀齊明天皇和天智天皇。中大兄皇子（天智天皇）為了追悼母親齊明天皇打算建造觀世音寺。六六二年發願建造，直到七四六年聖武天皇時才徹底完工，使得這裡成為九州寺院的中心。寺內保存有日本最古老的梵鐘，堪稱國寶。

六六一年，駐守百濟的唐朝劉仁願軍被鬼室福信和浮屠道琛率領的百濟軍圍困在熊津府城內（《三國史記．新羅文武王十一年條》），唐高宗急調劉仁軌率軍渡海增援並成功解圍。不久，鬼室福信殺浮屠道琛，並其兵馬。四月，蘇定方奉詔率唐軍水陸兩軍四萬四千人進攻高句麗。七月，唐軍進至平壤，然而久攻不下，於次年二月撤軍。唐高宗敕書於劉仁軌：「平壤軍回，一城不可獨固。宜拔就新羅，共其屯守。若金法敏藉卿等留鎮，宜且停彼；若其不須，即宜泛海還也。」（《舊唐書．劉仁軌傳》）就是要劉仁軌放棄熊津府城，撤退到新羅。如果新羅王需要幫助就留守新羅，否則便渡海回國。當時將士也大多思歸心切，可劉仁軌認為：「主上欲吞滅高麗，先誅百濟，留兵鎮守，制其心腹。雖妖孽充斥，而備預甚嚴，宜礪戈秣馬，擊其不意。彼既無備，何攻不克？戰而有勝，士卒自安。然後分兵據險，開張形勢，飛表聞上，更請兵船……今平壤之軍既回，熊津又拔，則百濟餘燼，不日更興……況福信兇暴，殘虐過甚，余豐猜惑，外合內離，鴟張共處，勢必相害。唯宜堅守觀變，乘便取之，不可不動也。」（《舊唐書・劉仁軌傳》）於是他伺機出擊，先後攻克了支羅城及伊城、大山、沙井，又與新羅聯兵攻克了「臨江高險，又當沖要」的真硯城，「遂通新羅運糧之路」。劉仁軌既沒有撤退，也沒有死守不戰，而是找機會主動出擊，使唐軍始終保持著旺盛的戰鬥力。

六六二年，回國的扶余豐成為百濟王，與鬼室福信協力，一度使戰況朝有利於百濟一方的方向發展。可是，正如劉仁軌所料，漸漸的這兩個人意見變得不一致，並因此失和。為此，扶余豐以鬼室福信意圖造反為名將其殺害，百濟的殘餘力量就此被嚴重削弱。

六六三年三月，中大兄皇子出動了兩萬七千人的大軍，分成三個軍團前往支援百濟。這三個軍團分別由前將軍上毛野君稚子、中將軍巨勢神前臣譯語、後將軍阿倍引田臣比羅夫三人率領，從博多灣越過壹岐、對馬，向朝鮮半島進發。這段行程十分艱苦，因為風平浪靜的日子比較少，加之逆著海流前進，途中還遇到了風暴，不過總算是成功地到達了。倭軍向新羅發起進攻，奪取了沙鼻、歧奴江二城，切斷了唐軍與新羅的聯繫。

據《新唐書・東夷傳（百濟）》記載：此時，唐高宗「詔右威衛將軍孫仁師為熊津道行軍總管，發齊兵七千往。」由孫仁師率領的七千名援軍渡海到達熊津，並與劉仁軌會師，唐軍軍勢大振。劉仁軌與諸將計議，有人提議：「加林城水陸之沖，盍先擊之？」劉仁軌則指出：「兵法避實擊虛。加林險而固，攻則傷士，守則曠日。周留城，賊巢穴，群凶聚焉。若克之，諸城自下。」於是劉仁願和孫仁師以及新羅王金法敏率軍從陸路進攻；劉仁軌、杜爽、扶餘隆率領唐朝水軍與新羅水軍進入白村江，從水上發起進攻。

六六三年八月十七日，唐朝－新羅聯軍於陸路三面圍攻周留城，城外據點被逐個攻克，百濟和倭國守軍紛紛投降。白村江，是朝鮮半島上熊津江（現韓國錦江）入海處的一條支流。周留城就建在白村江河口上游不遠處的左岸山地上，三面環山一面臨水，易守難攻。百濟只要能確保周留城至白村江一帶不失，就能得到倭國來自海上的支援，從而繼續據險固守。所以，白村江成為周留城存亡的關鍵，兩軍都誓在必得。先期到達的唐軍預想到倭國援軍勢必前來，於是在白村江配備了戰船一百七十艘，嚴陣以待。

八月二十七日，倭國援軍也趕到了朝鮮半島西岸。此時，大唐水軍七千餘人，戰船一百七十艘；倭國水兵一萬餘人，戰船一千餘艘。倭國水軍雖然在人數和船隻數量上占優勢，但是唐朝水軍船隻堅固，武器裝備也比倭軍優良。關於這次戰鬥，中國的史書記載頗為簡略。《舊唐書．列傳第三十四．劉仁軌》中僅說「仁軌遇倭兵于白江之口，四戰捷，焚其舟四百艘，煙焰漲天，海水皆赤，賊眾大潰。余豐脫身而走，獲其寶劍。偽王子扶余忠勝、忠志等，率士女及倭眾並耽羅國使，一時並降。百濟諸城，皆複歸順」。《新唐書．列傳第三十三．劉裴婁》中的記載則更為簡略：「遇倭人白江口，四戰皆克，焚四百艘，海水為丹。扶余豐脫身走，獲其寶劍。偽王子扶余忠勝、忠志等率其眾與倭人降。」與此相反，倭國史籍卻對此有著詳細的記載：「戊戌，賊將至於州柔（唐稱周留），繞其王城，大唐軍將率戰船一百七十艘，陣列於白江村。戊申（27日），日本船師初至者與大唐船師合戰。日本不利而退，大唐堅陣而守。己申（28日），日本諸將與百濟王，不觀天象而相謂之曰：『我等爭先，彼應自退。』更率日本亂伍中軍之卒，進打大唐堅陣之軍。大唐便自左右夾船繞戰，須臾之際，官軍敗績，赴水溺死者眾，艫舳不得迴旋。朴市田來津仰天而誓，切齒而嗔，殺數十人，於焉戰死。是時，百濟王豐璋與數人乘船逃去高麗。」（《日本書記・卷二十七・天智紀》）朝鮮史料也記載：「此時倭國船兵來助百濟，倭船千艘停在白沙，百濟精騎岸上守船。新羅驍騎為漢前鋒，先破岸陣。」（《三國史記・新羅文武王十一年條》）。

結果

綜合中、日、朝三國史料，大致可以明瞭當時的情形了：倭國諸將與百濟王，貪功冒進，渡海遠來沒有休養就與嚴陣以待、以逸待勞的唐軍決戰，實為不智。在初戰不利的情況下，不去考慮風向、潮流等問題，研究戰敗的原因，制定周密的作戰計畫，而是心存僥倖地認為「我等爭先，彼應自退」，靠著蠻勇來爭勝負。結果自然是陷入唐朝水軍的包圍，「赴水溺死者眾，艫舳不得迴旋。」這裡說艫舳不得迴旋，除了說明被唐朝水軍的戰船左右夾擊，也說明倭國水軍是逆流而戰，所以船隻難以調動。加之遭受到唐軍的火攻，自然是一敗塗地。想來當時的情形與「赤壁之戰」頗為相似，倭國水軍被唐朝水軍包了餃子，困在江心被大火燒得焦頭爛額。而江岸上的百濟軍也被新羅軍擊潰，倭將朴市田來津戰死，百濟王扶余豐潰逃，可以說此戰真是輸得很慘。

倭國水軍慘敗的消息傳至周留城，守城的百濟王子扶余忠勝、忠志等見大勢已去，於九月七日率百濟守軍及倭國援軍向唐朝投降。百濟就此永遠地滅亡了。倭國陸軍聞此，「國人相謂之曰：『州柔（即周留）降矣，事無奈何。百濟之名，絕於今日，丘墓之所，豈可複往。但可往於手禮城，會日本軍將等，相謀事機所要。』」（《日本書記・卷二十七・天智紀》）於是與白村江之戰的倖存者一起，乘船撤回。

影響

六六八年，高句麗也被唐朝—新羅聯軍滅亡，曾經在朝鮮半島三國中最為弱小、一度瀕臨滅絕的新羅，成功地借助唐朝的力量先後摧毀了百濟與高句麗。此後，唐朝和新羅這對昔日的盟友開始對立。

六七六年，新羅統一朝鮮半島。輸給唐朝—新羅聯軍的倭國軍，偕同亡國的百濟人退兵回國了。百濟被唐朝滅亡後，失去祖國的百濟人亡命倭國。滋賀縣蒲生郡是百濟人大量居住的地方。石塔寺的三重塔，與百濟定林寺的五重塔就有著相同的樣式。此外，百濟鬼室福信之子鬼室集斯在朝廷內擔任「學識頭」，這大概相當於現在的文部科學大臣。鬼室集斯的墓碑在蒲生郡日野町鬼室神社正殿裡面。之所以說明百濟人亡命倭國，是因為正是這些亡國的百濟人指導和幫助倭人，建造了許多朝鮮式山城來防禦唐朝可能發起的進攻。

綜上所述，倭國在「白村江之戰」中被唐朝擊敗，大約在天武天皇時代改稱「日本」，並且極大地改變了政治方針。此後，認識到自身不足的日本派遣了大量的遣唐使、遣唐僧，如饑似渴地學習唐朝先進的科學、文化，以及政治制度，以律令國家為目標大力進行改革。主動自覺地向強國學習出色的文化、技術、政治制度，努力使自己跟上時代的潮流，可以說是日本特有的國民性。從這一角度來說，「白村江之戰」無疑是日本歷史上一個十分重要的轉捩點，它對於日本的影響是極其深遠的。

華裔國中生破解《靜夜思》日中差異之謎

王錦思

一位在日本留學的華裔初中生發現李白的《靜夜思》在日本的版本與中國不同，經過仔細研究發現，日本是原文，中國則是明朝以後為普及詩詞而改寫的山寨版。日本人為何沒有篡改李白《靜夜思》？日本版與中國版的《靜夜思》到底有什麼不同？

中國唐代詩人李白詩作《靜夜思》在日本同樣膾炙人口，不過，文字表述卻略有差異。日本東京一名華裔初中生為此刨根究底，解開李白詩句日中版本不同之謎。

李白表達望月思鄉之情的《靜夜思》在中日兩國共同流傳甚廣。二〇〇八年五月，胡錦濤在日本訪問，就給學生講解《靜夜思》。一位在日本留學的華裔初中生發現李白的《靜夜思》在日本的版本與中國不同，經過仔細研究發現，日本是原文，中國則是明朝以後為普及詩詞而改寫的「山寨版」。日本版本是，「牀前看月光，疑是地上霜。舉頭望山月，低頭思故鄉」。與中國除去「牀」字通「床」字外，「看月光」在中國是「明月光」，「望山月」則是「望明月」。

李白是盛唐浪漫主義詩人，經常羈旅天涯，望月懷鄉，《靜夜思》便是千古傳誦的名篇。筆觸清新樸素，語言簡潔明白，音韻流利自然。從「疑」到「望」到「思」，形象地揭示了詩人的內心活動，生動地表現出遊子的思鄉之情，鮮明地勾勒出一幅月夜思鄉圖。

中國明代在《靜夜思》流傳的過程中，用自己的生活體驗和語言習慣進行改造、整理與刪補，以便適合自己的口味，竟然以假亂真了六百多年，《靜夜思》在中國就成為至今的版本。改動版中，短短二十個字中兩次出現「明月」，顯得繁瑣。原作中的「山月」，突出了作者所在之處的荒涼偏僻，更容易烘托出詩人孤獨寂寥的心情。讀者彷彿回到一千三百多年前的唐代，和李白一起徹夜難眠，一起看山月，一同思鄉。改動了的《靜夜思》更不盡如人意，無疑是敗筆。明朝胡應麟說：「太白諸絕句，信口而成，所謂無意於工而無不工者」。

一九八四年，中國李白研究會會長、新疆師範大學教授薛天緯經研究認為，《靜夜思》在中國被改動過，但是他的分析解釋未必盡如人意。而二十五年前由於傳播手段的單一，薛天緯的文章不太為人所知，山寨版的《靜夜思》在中國傳播至今。

日本一直學習古代中國豐富的歷史文化，就是現在對古代中國的嚮往和敬仰也猶存；對古代中國文化的熱愛、熟悉不亞於海內外的炎黃子孫。孩子先學中國史，後學世界史。考大學必考《中庸》《論語》、唐詩，員警考試題甚至包括秦始皇和董仲舒，沒有人不知道孔子、李白、杜甫、白居易。地緣、血緣、文化緣使日本人對中國的尋根熱經久不息。

有些東西在中國流失或者改變，反而在日本保留了原樣，讓中國人重新發現自己的古代文化。比如日本還在使用繁體字，車站仍用漢字古意「驛」，如東京驛。中央行政機構仍用「省」，如厚生省。在行文上，仍沿用中國古代的豎排而非橫排，並執拗地追求最具原生態的原文原作，而不做任何畫蛇添足之舉，《靜夜思》既是明證。在環境上，日本人追求自然美感而非刻意人工雕琢，因此山川河流都保存完好。在飲食上，不喜歡過度烹調造成營養流失，愛吃生魚片等純粹自然的食品。修復古跡也遵循原樣原貌，不做現代化雕飾。

唐朝許多古籍、詩書傳入日本，保存至今，最具原始地保存了中國古人的文化趣味。而宋朝以後，中國對日本的影響逐漸削弱，日本難以瞭解《靜夜思》的變化，即使聞之有所改動，日本人也不可能接受，或許還原於對唐朝文化的誠惶誠恐，因此，日本人不敢造次，沒有修改《靜夜思》這首經典詩作中的任何一個字。凡此種種，均確保了《靜夜思》

還是李白的《靜夜思》，還是唐代的《靜夜思》，而不是明朝的《靜夜思》，更不是日本人的《靜夜思》。

歷史文化的「知識產權」應該得到尊重。如果認為不夠精彩就可以更動，那麼《詩經》《史記》都可以根據後人的演繹而任意為之，無疑會大大削減原作的美感和韻味。無論《靜夜思》山寨版多麼適合一些人的口味，但是那不是李白的原作。

一九一二年內蒙古烏泰「獨立」事件平叛始末

劉向上

烏泰受到清廷的懲處後，心緒很壞，於光緒二十七年（1901年）冬揣帶印信出走王府，潛往齊齊哈爾會見俄國外交官索克凝和統領伊勒門。索克凝立即報告了伯力總督哥羅德闊夫，總督邀請烏泰到哈爾濱相見……

一九一二年初，內蒙古科右前旗郡王烏泰公開回應外蒙，宣布獨立，並且組織隊伍進行大規模武裝叛亂。民國政府斷然組織軍隊進行平叛，山東籍將軍吳俊升是這次平叛戰役的主力。這次成功平叛被譽為「中華民國開國以來的第一件體面之事」。

過繼的郡王

在中國的版圖上，位於內蒙古境內有一片美麗富饒的草原——科爾沁大草原。草原面積遼闊，沃野千里，水草豐富，牛羊肥壯。清朝時，科爾沁地區屬哲裡木盟（今內蒙古通遼市），烏泰便是哲裡木盟副盟長、科右前旗的郡王，在科爾沁草原上具有舉足輕重的地位。

早在一六三六年，皇太極就封科右前旗的封建主達布齊為郡王，並且可以世襲。一八七〇年，第十世郡王病逝。因十世郡王身後無子，旗內王公貴族將第七世郡王的後人根敦占散過繼為嗣，繼承王位。可惜第十一世郡王根敦占散命薄福淺，在位數年後也一命嗚呼，而且又是身後無子。於是，旗內王公貴族為王位繼承之事發生激烈爭鬥。第十世郡王之妻、太福晉格根珠拉堅持要將十一世郡王根敦占散的長兄烏泰過繼給第十世郡王，承襲郡王的封號。

反對這一主張的王族人士認為，首先這不合封襲的慣例；其次，烏泰已出家為僧多年，為襲王位還俗不妥，堅決主張另舉他人。但太福晉格根珠拉堅持己見，一八八一年，二十一歲的烏泰一步登天，由一個終日與佛經、孤燈相伴的喇嘛，還俗襲爵，出任科右前旗的第十二世郡王兼哲裡木盟副盟長。

烏泰之前的幾代郡王都因生活奢侈、經營不善而負債累累。而烏泰依然要維持郡王的氣派，滿足奢侈生活的需要。那麼錢從何而來？拆東牆補西牆終究不是長久之計，烏泰想到的法子便是賣地放荒。

所謂賣地放荒，就是將無人墾種放牧的荒地草場賣給外來流民，任其自由開墾。本來按清朝理藩院的規定，蒙古人不得越旗遷居。因此，一般蒙古人都把流浪的外旗人視為逃亡的歹人，不予容留。限制雖嚴，但依然不斷有因各種原因逃亡而來的外旗人，而且科右前旗土地遼闊肥沃，是難民們逃亡的理想之地。烏泰就是利用這一有利條件，大肆賣地放荒，使該旗外來定居移民短期內驟然增至五百五十餘戶。

一開始，烏泰徵收開荒農戶的地租每戶二三十兩銀子，後來竟增至每戶兩個元寶，而當時每個元寶的價值約合白銀五十兩。這些銀子滾滾流入了烏泰個人的錢袋。

烏泰的賣地放荒政策，首先遭到了旗內貴族的強烈反對。但烏泰不聽勸阻，一意孤行，而且繼續招墾，使墾戶增至一千兩百六十多戶。該旗貴族遂以「斂財虐眾，不恤旗艱」的罪名，向清廷理藩院提出控告。按清朝《理藩院則例》和《戶部則例》等有關條款的規定，在蒙地實行封禁政策，未經朝廷允准，任何人不得私自出放土地，否則依法治罪。一九〇〇年，清廷正式下旨，革去烏泰的哲裡木盟副盟長的職務。

十餘年飄搖起伏的郡王生涯，十餘年夢魘般的訴訟糾纏，不僅使烏泰的經濟幾乎破產，也使他與清政府的關係惡化起來。而此時，早已對中國滿蒙地區垂涎三尺、急欲為其擴張侵略尋找代理人的沙俄，向烏泰投去了「甜蜜」的誘餌。

投向沙俄的懷抱

一九〇〇年，沙皇俄國借中國爆發義和團運動之機，以保護東清鐵路為由，派兵進入中國東北地區，其中一部分騎兵一百六十餘人，就駐紮在科右前旗的王爺廟（今烏蘭哈達）等地。因此，駐東北的俄軍就不斷有人借「遊歷」之名，深入科右前旗各地刺探軍情，尋找各種可利用的人物。一九〇一年，一個名叫格羅莫夫的神秘人物走進了烏泰的王府。因被撤銷副盟長之職而懊惱沮喪的烏泰彷佛抓到了救命的稻草，一頭撲進了沙俄的懷抱。

一九〇一年的冬天，為尋求俄軍進一步的「庇護」，烏泰私自攜帶郡王印信，先後偷偷赴齊齊哈爾和哈爾濱，拜見俄國外交官索克凝和伯力總督哥羅德闊夫。俄國方面以上賓之禮相待，並贈快槍十二杆，烏泰受寵若驚。俄國人對他負債累累的困境深表「同情」，並表示可以設法由俄國銀行予以資助，這更讓他感激涕零。

一九〇四年四月和六月，烏泰從華俄道勝銀行分兩次共獲得二十萬盧布的貸款，條件是以該旗土地、礦產和牲畜為抵押。對俄國人的「投之以桃」，烏泰無不「報之以李」。一九〇四年俄國與日本為爭奪在華權益爆發日俄戰爭，烏泰竟積極為俄軍籌集了大量牛羊，為此深得俄國方面的讚賞。

一九〇六年十月，烏泰又以「旗界山林作抵」，從俄國東清鐵路公司秘密借得一年期貸款九萬盧布。借款到期後，烏泰無法償還，只好提出以該旗的牲畜作抵押，但東清鐵路公司拒絕接受，並向清政府提出交涉。於是，烏泰向外國借款的秘密暴露，成為中俄兩國之間的外交事件。

清政府派員調查，烏泰不得不將兩次貸款的經過全盤托出，請求官方救助。據統計，烏泰此時共欠俄國的債務折合白銀三十八萬兩。清政府決定由國家替烏泰墊還外債，以拒絕俄國人的陰謀詭計。清廷官員與俄方代表交涉了兩個多月，烏泰也向俄方表示，所欠的是私債，而抵押的土地、山林均是國家疆土及全旗公共財產，政府如果不承認，一切印據均無效，如不同意由政府代償，此債將永無還清之日。俄方最後只得同意。

隨後，烏泰與清政府的大清銀行簽訂了為期十年的四十萬兩（後改為三十萬兩）借款合同，用以償還清政府代為償還的債務，清政府還下令免去烏泰所欠北京各錢莊的債務。但此後，科右前旗地局的收租權、採礦權和出賣荒地的價款，均為大清銀行提留還債。烏泰本人及王府上下，每年除烏泰的一千五百兩的俸銀外，另給、兩千兩白銀作為日用。烏泰雖然表面上承認這樣的條件，「為敝王計，至優極渥，實深欽佩……異常感激」，實際卻對財政權力被剝奪，以及因此產生的經濟拮据，內心充滿怨恨。

回應外蒙公開叛亂

就在烏泰對清政府積怨日深，本旗財政面臨完全破產又無以為計的時候，中原大地發生了一場從未有過的變革——辛亥革命。在南北對峙、民主共和與封建專制相互較量之際，在沙俄的指使策動下，以外蒙古活佛哲布尊丹巴為首的民族分裂分子，乘國內政局動盪之機，悍然宣佈獨立，成立「蒙古國」，並向內蒙古各旗宣示，號召歸順。

辛亥革命不僅推翻了清王朝，也結束了兩千多年的封建君主專制制度。內蒙古的封建王公面對國內政局的變動和外蒙獨立的形勢，無不心懷忐忑。身處困境的烏泰認為這正是擺脫逆境的千載難逢的時機。一九一二年初，他決定回應外蒙的呼喚，宣布獨立，公開叛亂。烏泰一方面派人潛赴外蒙聯絡，請求外蒙和沙俄的支持援助，一方面在本旗及周圍各旗煽動蠱惑，挑唆民族仇恨，號召蒙民起事，驅逐漢人。為號召更多不明真相的百姓，他還特別唆使本旗地位最高的活佛葛根，號召全旗的喇嘛響應起事並鼓動百姓參加。

烏泰的陰謀活動很快被洮南知府得知，報告了奉天（遼寧）都督趙爾巽，並派官員赴王府勸說。烏泰見事已敗露，決定立即發動叛亂，企圖「險中求勝」。

從一九一二年八月八日到二十日，烏泰接連發布文告，宣告「本旗二十萬人結為一體，毫無退志，共願趨向庫倫」；並命令「各戶良馬快槍趕速備齊」，「驅逐本旗府縣民官，保固疆土」。八月二十日，烏泰在葛根廟正式宣布科右前旗獨立，發布《東蒙古獨立宣言》：「……共和實有害於蒙古，今庫倫皇帝派員勸導加盟，並由俄國供給武器彈藥，茲宣告獨立，與中國永絕。」

烏泰將欺騙脅迫而來的三千多人分為三路：中路命錫勒圖喇嘛為元帥，由王府出發，直取洮南（今吉林洮南）；左路命葛根喇嘛為元帥，從葛根廟，今科右前旗草根廟鎮境內陶賴圖山腳下出發，進攻靖安（白城子，今毛烏素沙漠的邊緣）；右路以嘎欽喇嘛為統領，攻取突泉並夾攻洮南。

北京民國政府接到有關烏泰叛亂活動的報告十分震驚，擔心處置稍有不當，會釀成整個內蒙古的大亂，所以最初的處理極為謹慎。在民國政府成立之初，袁世凱對蒙古王公採取的是安撫政策，以臨時大總統的名義頒布了一系列優待蒙旗王公的條例，加封晉級了很多王公。烏泰公開叛亂以後，北京政府認為「若再隱忍，勢必牽涉全盟，即（東）三省亦無寧日」，命令奉天、吉林、黑龍江三省都督派員到各旗勸導，如不聽勸導，「可以兵力剿辦」。

在烏泰蠢蠢欲動之時，奉天省都督趙爾巽及時召開緊急軍事會議，決定在奉天設軍事統帥部，命駐遼源（衙署駐鄭家屯）的奉天後路巡防隊統領吳俊升速率所部馳赴洮南前線。同時，黑龍江都督宋小濂率兵警戒嫩江沿岸並進擊科右後旗；吉林都督陳昭常從伯都出兵截擊沙俄可能派出的援軍。此外，還從新民屯附近駐軍抽調步炮兵四個營與第二十一鎮的騎兵旅配合，警戒遼河地區，並向鄭家屯前進待命。

吳俊升成功平叛

吳俊升，字興權，一八六三年生，山東省濟南府曆城縣（今濟南市曆城區）人。幼年隨父落戶奉天昌圖興隆溝（今遼寧省昌圖縣老城鄉長青村興隆溝）。後投身軍界，官至奉天巡防營後路統領，駐防鄭家屯。烏泰叛軍將進攻的重點放在洮南府和鎮東縣城，因為這兩個地方不僅位居要衝，而且是當地的政治經濟中心。趙爾巽將平叛的重任壓在了吳俊升的肩上。八月二十日烏泰公開叛亂以後，吳俊升本來想帶領他的馬炮各隊從靖安出發西行，直攻叛軍的要地葛根廟。但就在他率軍離開洮南之後，叛軍卻首先攻占了鎮東縣城。吳軍若繼續孤軍深入，就有腹背受敵的危險。於是，洮南知府歐陽朝華飛請吳俊升星夜回洮，以救燃眉之急。

吳俊升認為，不先奪回鎮東，難免有後顧之憂，且不足以挫叛軍銳氣，遂「於二十二日督隊馳援，曆戰數時，槍斃蒙兵二十三名奪獲快槍五杆……當將鎮東克復」。就在吳俊升克復鎮東縣時，洮南府已危在旦夕。

烏泰叛軍的中路統領錫勒圖喇嘛甩掉黃帽，以黑布裹頭，號稱刀槍不入，率一部叛軍直抵洮南城北。洮南知府見大軍遠出，城內空虛，急中生智，命僅有的兩百名城防隊員每天夜裡悄悄出城，白天大張旗鼓，列隊進城，而且每天都改換軍服的顏色和進城的方向，以為疑兵之計。

叛軍果然中計，攻城計畫一再推遲。但是，知府唯恐計策被叛軍識破，最後又不得不主動棄城而走。孰料知府剛剛棄城，叛軍尚未進攻，吳俊升的巡防隊便於二十三日晚趕回了洮南。

隨後，雙方在洮兒河南北兩岸展開激戰。每遇戰鬥，吳軍先用大炮轟擊，炮彈接二連三地在叛軍隊伍中爆炸，令叛軍大為惶恐，吳俊升隨即親率騎兵沖入叛軍隊伍。烏泰的叛軍大都是未受過正規訓練的烏合之眾，所用的只是些小炮和獵槍。相比之下，吳俊升的軍隊不僅訓練有素，富有戰鬥經驗，而且槍炮精良。

經過數天的戰鬥，烏泰叛軍傷亡慘重，漸漸力不能支，開始後退。吳俊升邊戰邊追，先後激戰十餘次，攻克被叛軍占領的嘎喜喇嘛廟、白虎店、靖安、瓦房等城鎮。到九月十二日，叛軍全部龜縮到葛根廟。

烏泰發動叛亂之時，還大肆驅逐漢民出境，引起兩族人民的相互殘殺和搶掠，吳俊升以「期撫兼施，先戰後和」為宗旨，並「嚴戒兵棄，其蒙人非騎馬持槍與我敵對者，妄殺一人，以軍法論」。

九月十二日傍晚，吳俊升率所部五營追至葛根廟。葛根廟是科右前旗地位最高的喇嘛葛根的本廟，不僅牆垣高厚，而且集中了叛軍精銳，防守堅固。吳俊升部雖曆戰數日，但勇氣百倍，愈戰愈勇。他們在附近山頂上架起大炮，向廟內轟擊。炮火將廟中大殿的西南角轟塌，殿上的銅頂也被打落，管帶曹俊奮不顧身，率先登上高牆。烏泰等只得趁夜半時分突圍，向北面叢山中的烏泰王府逃去，吳俊升繼續率部追擊。

吳俊升部一直追到歸流河南岸，叛軍在北岸依險佈防，雙方隔河對峙。與此同時，吉林、黑龍江等其他各部平叛軍隊也都取得勝利。黑龍江省還派出一支生力軍，前往王府夾擊烏泰。烏泰見事已至此，不僅沙俄的軍隊未曾露面，就連外蒙古的軍隊也未見一兵一卒前來支援，不由得心灰意冷。畏於政府軍的威力，烏泰決定放棄王府，逃往索倫山中。

不久，烏泰被俄國人從索倫山中救出並逃往外蒙的首府庫倫，後任庫倫政府的「刑部副大臣」。但寄人籬下的日子並不好過。一九一五年，中俄蒙三方簽訂條約，外蒙取消獨立，實行自治。民國政府宣布對以前宣布獨立及舉兵叛亂者「既往不咎」。

一九一五年十月二十八日，烏泰和他的兒子一起到達北京，表示「悔過」，受到袁世凱的接見，後來被聘為總統府的二等軍事顧問，並被賜予官邸一座。一九二〇年四月，烏泰在北京病死。

吳俊升由於平叛有功，辦成了「中華民國開國以來的第一件體面之事」而名聲大噪，備受重用，由一個巡防隊統領迅速升到黑龍江省都督的位子。一九二八年六月，吳俊升和張作霖坐火車被日本人炸死在皇姑屯。

閱兵——從祭天迎賓到示威的神聖莊嚴盛典

劉開生

「閱兵」一詞是從漢代才被正式叫起來的。漢代定期的閱兵活動常與立秋之日的「祭獸」活動一起進行，以後，各個建朝時間較長的朝代，都有類似漢代定期或不定期的閱兵活動。

那麼，歷朝歷代為什麼要舉行閱兵活動，又有什麼不同呢？

閱兵：從祭天迎賓到示威之變

二〇〇九年十月一日，迎來了新中國誕生六十周年紀念日。在北京天安門廣場舉行了盛大的閱兵活動。盛況空前的閱兵式，極大地振奮了民族精神，激發了國民的民族自豪感和愛國熱情，世界關注的目光也再次投向中國。那麼，中國古時候的閱兵情況是怎樣的呢？

據史料記載，中國最早的閱兵發生在距今四千多年前夏朝建立的前夕，並以打獵方式進行。當時，中國北方的華夏部落首領夏禹為了向江南發展，曾在現今河南省嵩縣境內的塗山，與南方各部落首領會盟。在那次盛會上，士兵們手持各種用羽毛裝飾的兵器，和著樂曲載歌載舞，這不僅是一種祭天的儀式，同時還欣喜地表達了對遠道而來的南方各部落首領的熱烈歡迎。

到了春秋時期，閱兵活動開始頻繁起來。最初的閱兵是以打獵方式進行的。軍佇列好陣勢，最高統治者或長官在陣前先用弓箭射獵禽獸，然後檢閱部隊。當時，人們把這種活動叫作「搜」（意為春天裡打獵）。以後，又發展為定期檢閱軍隊或戰車。檢閱步兵每年一次稱作「搜」，檢閱戰車三年一次稱作「大閱」，檢閱步兵和戰車五年一次稱作「大搜」。

封建統治者如此定期閱兵，其用意除了檢查兵員裝備情況外，主要還在於向百姓示威。如春秋時晉文公認為「民未知禮（威儀），未生其恭」，於是乎「大搜以示之禮」。另外，還有在戰前或戰鬥間隙進行的不定期的閱兵，稱「觀兵」或「觀師」。這樣做的目的，除了在戰前鼓舞士氣外，更主要的則是為了向敵方示威。

閱兵這一名稱，準確地說是從漢代才被正式叫起來的。在漢代，定期的閱兵活動常與立秋之日的「祭獸」活動一起進行，其間還要增加一些打鬥的內容。以後，各個建朝時間較長的朝代都有類似漢代定期或不定期的閱兵活動。

清代時，按清朝典制，皇帝每三年在南苑舉行一次大閱兵禮。據《大清會典》記載：「康熙二十四年，聖祖仁皇帝幸南苑大閱。擇南苑西紅門內曠地，八旗官兵槍炮按旗排為三隊。聖祖仁皇帝率皇子等擐甲，前張黃蓋，內大臣、侍衛、大學士及各部院大臣均扈從，後建大纛。聖祖仁皇帝周閱八旗兵陣，閱畢駕還行宮。特降敕諭，申明軍令，宣示於大閱之地。是日未閱前，官兵均賜食，閱後賜酒。」

清代宮廷畫家金昆等人奉命所繪的《大閱圖》裡，對乾隆皇帝南苑大閱兵的盛況作了形象逼真的記載。八旗將士各著紅黃藍白等本旗閱兵禮服分陣排列，號角高揚，軍旗獵獵，一眼望不到盡頭，其場面極為壯觀，向世人展現了一幅場面宏大、威武雄壯的「乾隆閱兵圖」。清史檔案記載：「上（指乾隆皇帝）躬禦甲胄，乘馬出，試射，連發七矢，皆

中的。兵部堂官奏請閱陣，上親閱隊伍，兵部堂官前引，總理大臣、滿洲大學士、內大臣侍衛前引後扈，皆擐甲乘馬」。

《大閱圖》共分為「幸營」、「列陣」、「閱陣」和「行陣」四卷。真實描繪了乾隆帝親臨軍營檢閱的盛況。尤其是《閱陣》，圖中所畫人物不少於一萬六千人，每個人都面貌分明，衣著裝飾，車馬槍炮、儀仗旗鼓等均描繪精細，畫面用色豔麗鮮明，乾隆被繪於畫面的核心位置，穿盔帶甲，全副戎裝，騎於馬上，英姿勃發。

到了現代，閱兵活動開始在各國盛行。尤其是第二次世界大戰時的盟軍統帥如艾森豪、邱吉爾、戴高樂等，都非常重視閱兵。前蘇聯領袖史達林一向把閱兵作為鼓舞士氣的重要手段，一九四五年六月二十四日，蘇軍在莫斯科紅場舉行勝利大檢閱。此次閱兵，極大地提高了蘇聯的國際地位和影響力。

可以說，古往今來，無論國內還是國外，也無論人們的意識形態和民族傳統文化有何差異，大家對閱兵意義的認識幾乎是一樣的——那就是閱兵最能體現一個國家的國威、軍威和綜合國力，最能積聚軍心、民心。因而，閱兵始終是一個國家和民族最感榮光、最感振奮、最感驕傲、最感自豪、最為神聖的莊嚴的盛典。

《我的團長我的團》真實記憶：中國遠征軍入緬對日作戰

謝本書

電視劇《我的團長我的團》在各地電視臺的爭相熱播，在引發爭議的同時，也把五十多年前那段被人們遺忘卻真實存在的歷史——中國遠征軍入緬作戰史，重新拉回到人們的視線之中。那麼，當時中國為什麼要入緬作戰，真實的「南天門戰役」——松山之戰，究竟慘烈到何種程度？

一、日軍侵緬與中國遠征軍的第一次緬甸戰役

（一）日軍侵緬與中國遠征軍的入緬援英抗日

一九四〇年，第二次世界大戰中的歐洲戰場形勢急劇變化，法西斯勢力猖獗不可一世，中國人民的抗日戰爭也進入了最艱苦的時期。然而，日本法西斯在短期內滅亡中國的夢想成了泡影，於是，準備南進，發動太平洋戰爭，進攻東南亞。其中一個重要目的就是「為完成征服中國，要進行徹底作戰和完全封鎖中國」，以便從中國戰場的大後方和東南亞兩個方向夾擊，最後實行「進攻重慶的作戰」，滅亡中國。這裡一個重要原因是，「因為緬甸修築了通往中國的公路」，日本對緬甸產生了興趣，並把它列入「大東亞共榮圈」

的組成部分。

一九四一年十二月七日（當地時間，中國時間是十二月八日）日軍偷襲珍珠港成功，太平洋戰爭爆發。十二月二十三日，由蔣介石主持的東亞聯合軍事會議在重慶舉行，儘管中美英三國代表在會上發生了爭論，由於日本進攻緬甸形勢已經形成，蔣介石表示願意派軍隊入緬援助英軍抗日。中英在重慶簽訂了《中英共同防禦滇緬路協定》，使中英軍事同盟得以成立。

一九四二年一月一日，中、美、英、蘇等二十六國代表在華盛頓簽署了《聯合國家宣言》，從而形成了世界反法西斯聯盟。同時成立了中國戰區，以蔣介石為戰區最高統帥（司令官），轄中國、泰國、越南、緬甸等地區，美國總統羅斯福派美國將軍史迪威為中國戰區參謀長。中國為了保護滇緬公路的暢通，決定派出第五、六、六十六三個軍約十萬人的兵力準備沿滇緬公路入緬協防，這是「中國遠征軍」籌組的序幕。

太平洋戰爭爆發後，日軍四十萬人在優勢海空軍配合下，席捲了香港、印度、荷屬東印度群島、菲律賓、新加坡和馬來亞等地。一九四一年十二月中旬，日軍即分路大舉進攻緬甸，作為發動太平洋戰爭總體格局中的最後一次重要戰役。由於英方的顧慮和搖擺，一再延誤中國軍隊入緬的行動，中國軍隊遲遲不能入緬。直到日軍大舉進攻緬甸，仰光告急，蔣介石催促，英軍張惶失措，才要求中國軍隊迅速入緬。中國軍隊一九四二年二月中旬開始入緬，佈防戰鬥。但是，此時有利時機已經喪失，三月八日緬甸首都仰光被日軍攻陷。

為了加強統一指揮，更好地發揮中國軍隊的戰鬥力，遂正式成立中國遠征軍第一路長官司令部，三月十二日蔣介石任命中國戰區參謀長史迪威將軍為總指揮，衛立煌為司令長官，杜聿明為副司令長官，在衛未到任前由杜代理。中國遠征軍第一路轄三個軍，即第五軍，軍長杜聿明；第六軍，軍長甘麗初；第六十六軍，軍長張軫。只是由於中國遠征軍入緬抗日為時已晚，坐失良機，使中國軍隊在戰鬥中處於被動態勢。

（二）從同古到仁安羌的勝利

中國軍隊第五軍的第二〇〇師作為入緬先頭部隊，急行入緬，占領平滿納、同古之陣地。第二〇〇師的前身是國民政府初創機械化部隊時的一個戰鬥營，後擴充為裝甲團，杜聿明任團長；一九三八年擴編為第二〇〇師，杜聿明為首任師長。一九三九年初又以第二〇〇師為基幹擴充為第五軍，杜聿明為軍長，戴安瀾繼任第二〇〇師師長。戴安瀾律己甚嚴，治軍有方，該師戰鬥力甚強。第二〇〇師各部從一九四二年三月二日從雲南保山陸續出發，開往緬甸同古地區。

同古南距仰光兩百五十公里，北距曼德勒三百二十公里，是仰曼鐵路沿線的重要城市和戰略要地。中國軍隊派出精銳之師長驅至此，其戰略意圖是支援英軍守住仰光，並掩護全軍集中兵力，準備決戰。然而，第二〇〇師三月七日到達同古，尚未及接防和部署，三月八日仰光即被日寇佔領，英軍不斷後撤，將二〇〇師作為其掩護後撤的屏障。因而，保衛同古就成了中國軍隊入緬後的第一次大戰。

三月中旬，日軍第五十五師團約四萬人逼近同古，並派飛機轟炸同古。三月十九日，日軍一個大隊追擊英軍，進入皮尤河大橋時，第二〇〇師設伏部隊突然引爆炸橋，使長兩百公尺的大橋塌陷，在橋上的敵軍翻倒在皮尤河中，後面車輛擁擠在河南岸，設伏部隊發動猛烈攻擊，斃敵三十餘人，二十日，再殲敵四百餘人。皮尤河前哨戰規模雖小，但意義重大，這是侵緬日軍第一次遭受的挫折。

日軍在戰鬥中，繳獲中國軍隊地圖，「據此得知重慶軍確已南下東籲（即同古）附近。」乃增加兵力，進行掃蕩和反撲。第二〇〇師前哨部隊主動撤至同古以南十二公里處的鄂克春（屋墩）。三月十八日，日本飛機四十多架，分三次轟炸同古，全城陷入一片火海。二十日，同古會戰拉開了序幕，日軍第五十五師團兩個聯隊的炮兵在飛機的掩護下，向第二〇〇師各主要陣地發動猛攻。二十二日，敵人向鄂克春也發動猛攻，這個村子，「四周都是叢生的灌木，迷漫著野草，中國軍隊便燃起了火炬，團團圍著燒了起來，裡面的敵人著了急，拚命想突圍逃走，可是火的週邊都是機關槍和手榴彈，這幾百人，幾乎沒有生還的。」日軍承認，這「是第一次遭遇強敵。」

三月二十四日，日軍迂迴前進，占領了同古北的克永岡機場，致使第二〇〇師與第五軍聯繫中斷。戴安瀾調整軍事部署，帶頭立下遺囑，宣布：「如師長戰死，以副師長代之；副師長戰死，以參謀長代之；參謀長戰死，以某團長代之。」全師上下均以此效法。三月二十五日後，敵人傾巢出動，由南、西、北三方面圍攻同古，在敵人飛機重炮掩護下，猛攻猛打，但多次被二〇〇師官兵擊退。敵人惱羞成怒，竟然先後使用催淚毒氣彈和糜爛性毒氣襲擊中國守軍，造成重大傷亡，卻仍未攻下陣地。日軍也承認，第二〇〇師「戰鬥意志始終旺盛」。

當中國軍隊在同古一線激戰正酣之時，西線英緬軍卻沒有採取積極行動配合作戰，甚至丟掉了卑謬，造成中國軍隊防線出現大缺口，處於三面被圍的險境，而後續部隊也難以跟上支援，又沒有空中力量抗衡，因此杜聿明命第二〇〇師放棄同古突圍，以免遭受更大損失。三月三十日，第二〇〇師主動撤走，但敵人不知，仍對同古狂轟濫炸，待日軍進入同古時，才發現同古已是一座空城。

同古保衛戰是緬甸防禦戰期間，作戰規模最大、堅持時間最長、殲滅敵人最多的一次戰鬥。第二〇〇師在這裡堅守二十天，殲敵五千餘人，掩護英軍撤退，最後自己也全師安全轉移，連一個傷兵也沒有留下。敵軍不得不承認：「東籲之役，為我皇軍進入緬甸以來所遭逢之唯一大激戰，吾人之頑強敵人」，即為中國軍隊，第二〇〇師表現「十分英勇」，蔣介石下令對第二〇〇師嘉獎，後來又親自接見師長戴安瀾，聽取彙報。

同古之役，雖然取得了重大勝利，卻未達到預期的目的：同古決戰，收復仰光。同古失陷，又為日軍大舉向北進攻，創造了條件。日本占領同古後，即把侵略矛頭轉向緬甸戰時首都曼德勒，為此一方面向臘戌突擊，截斷中國軍隊的後路；另一方面向仁安羌、八莫方向突進，殲滅喪失鬥志的英軍。而仁安羌，是緬甸以及整個中南半島上的油田，緬甸戰場上盟軍油料的主要供應地，其地周圍是沙漠。通往仁安羌的主要路線只有一條公路和伊洛瓦底江水路。

在西線方面的英軍，當卑謬失守後，主力移至阿蘭廟地區布防，但再次敗北。阿蘭廟在仁安羌南一百公里，是仁安羌的重要屏障。阿蘭廟失守，仁安羌暴露在日軍面前。四月中旬，日軍向仁安羌進擊，截斷了公路，致使英緬軍第一師的一個坦克營，計七千餘人，被包圍在仁安羌地區。英緬軍驚恐萬狀，不斷向中國軍隊呼救。第六軍新編第三十八師師長孫立人所率第一一三團奉命馳援，四月十七日晚，一一三團在孫立人的指揮下，經過十多小時戰鬥，殲滅賓河以北敵人，占領渡口。可是，英緬軍之圍尚未解除，危在旦夕。被圍的英緬軍第一師師長斯特高不斷以無線電告急說，被圍官兵已斷絕了兩天水糧，難以繼續堅持。孫立人告訴他，再堅持一天，「中國軍隊，連我在內，縱使戰到最後一個人，也一定要把貴軍解救出來」。

四月十九日晨，一一三團向日軍發動猛攻，這場血與火的肉搏，從早上八點打到下午三點，奪取了日軍控制的五〇一高地，殲敵一千兩百餘人，收復了仁安羌油田，使七千餘被圍英軍解脫，同時解救了被俘的英軍、美國傳教士和新聞記者五百餘人。仁安羌援英大捷是中國軍隊一個團以少勝多，以寡敵眾的一個突出戰例，打出了中國的軍威，被稱為

「亞洲的敦克爾克奇跡」。英軍高呼：「中國萬歲！」孫立人師長為此獲英國政府頒發的一枚帝國勳章，使他成為獲此殊榮的第一個外國將領，其餘將領也分別獲得了中英政府的嘉獎。在這一場惡戰中，敵軍遺屍一千兩百餘具，中國遠征軍一一三團上千戰鬥兵員也傷亡過半。

然而，經過仁安羌的歷險，英緬軍已經喪失鬥志，決心放棄緬甸向印度轉移，而不顧及中國軍隊安危。四月二十五日，仁安羌再次失陷。中國軍隊計畫的平滿納會戰，也隨之夭折，中英共同防禦緬甸之戰就不可避免地走上了失敗的道路。

（三）第一次緬甸戰役的失敗

日軍占領仁安羌以後，由於史迪威和中國遠征軍第一路長官司令部司令長官羅卓英（原為衛立煌，未到任）的疏忽，一九四二年四月二十九日中午，日軍輕易地占領了臘戍，不但繳獲了數量龐大的軍用物資，更重要的還在於，切斷了中國遠征軍回國的主要退路，中國遠征軍無可挽回地走上了潰敗之路。而這時英緬軍隊已決定盡速撤回印度，以保存有生力量，在撤退過程中，英緬軍幾乎將所有的中國軍隊置於掩護英軍撤退的位置，致使後撤的中國軍隊陷於更加困難的境地，導致慘重的損失。

日軍占領臘戍後，即沿滇緬公路掃蕩前進，一直打到雲南怒江以西。日軍的長驅直入，威脅著滇西，震動了昆明。這樣，處於東線的中國遠征軍第六軍則撤往滇南。

中線沿仰光、曼德勒鐵路是緬甸戰場的重心，也是日軍打擊的重點。當日軍占領臘戍後，處於中線的中國遠征軍第五軍處境更加困難。五月一日，曼德勒失陷，五月五日和八日又失陷八莫、密支那，切斷了遠征軍中線主力回國的交通線。杜聿明率領第五軍新編第二十二師，輾轉于滇緬印邊界之野人山地區，一度迷失方向，加上糧、藥斷絕，處境十分危險，後得空軍空投糧食、藥品，才得以繼續前進，最後才在七月二十五日抵達印度阿薩姆邦的利多附近。此時距五月十日分道北撤，已整整兩個半月，穿越了縱深四百八十公里野人山的不毛之地，官兵歷盡艱險，杜聿明本人也幾乎病死。新編二十二師入緬時有九千人，到達印度僅剩三千人，其中戰鬥減員兩千人，撤退時傷亡達四千人之多。

中國遠征軍第武軍第九十六師亦轉入野人山區撤退，副師長胡義賓在全師後衛行進，途中遭日軍埋伏，督戰時陣亡。歷經三個月的艱苦危險行軍，直到八月中下旬才進入滇西，於八月二十三日在劍川集結完畢。第九十六師入緬時九千人，集結完畢時僅剩三千，其中戰鬥減員兩千兩百人，撤退過程中傷亡三千八百人。與新編二十二師損失情況甚為接近。第五軍第二〇〇師在北撤過程中，穿越西保——摩谷公路時，遭到日軍伏擊，師長戴安瀾指揮戰鬥中不幸中彈負傷，延至五月二十六日戴安瀾傷重不治身亡。到六月下旬全師轉到雲龍，由入緬時九千人剩至四千人。後來，為戴安瀾舉行隆重追悼會，毛澤東、周恩來、朱德、彭德懷等都獻了挽聯。周恩來的挽聯是：「黃埔之英，民族之雄。」中國遠征軍第五軍入緬作戰近半年，轉戰一千多公里，歷盡艱險，傷亡甚大。第五軍全軍四萬兩千人，最後只剩下兩萬人，其中戰鬥傷亡七千三百人，撤退時傷亡達一萬四千七百人，非戰鬥減員為戰鬥減員的兩倍，全軍人員損失超過一半。不過，在嚴重困難的情況下，官兵們終於克服困難，堅持到最後，表現了不怕犧牲的艱苦奮鬥精神，可歌可泣。

中國遠征軍撤退過程中損失最小的是第六十六軍新編三十八師，該師在師長孫立人的率領下，在撤退過程中，多次遇險，又轉危為安，於六月八日全部轉入印度。該師抵達印度時，全師尚有七千多人，是遠征軍各部中唯一保存了完整建制的一個師。實屬不易。

中國遠征軍在緬甸第一次戰役，長途奔襲，非常疲勞的情況下，在同古會戰中仍然打敗了日軍，掩護了英軍撤退；接著，又在仁安羌擊敗日軍，解救了被圍困的英軍七千餘人。中國軍隊「抵擋半月之久，初步達到了挫敗敵軍銳氣和消滅敵人的目的。」然而，由於英軍退卻，坐失良機，以及指揮混亂，中國軍隊在緬甸「自始至終呈被動之態勢」。最終導致第一次入緬戰役的失敗，遠征軍由出征時的十萬減至四萬人，不僅損失慘重，而且「失去了我國西南唯一的國際運輸線，並使日寇將戰火燒到我國國門。」中國遠征軍第一次入緬戰鬥就這樣失敗了。

二、日軍對滇西的入侵與滇西軍民的抗敵鬥爭

（一）日軍侵占滇西及其暴行

一九四二年四月二十九日，日軍襲占了緬北重鎮臘戍以後，即沿滇緬公路向滇西掃蕩。日軍第五十六師團以裝甲車為先導，並用汽車載運的快速部隊沿滇緬公路挺進，形勢甚為緊張。還在這之前，蔣介石曾電令雲南省政府主席龍雲，要加強對滇西的防禦，並指出「滇緬路為唯一國際交通路線，關於護路及對空警備、機場守備，均極關重要」。一九四二年五月一日，滇緬公路被切斷，日軍進攻滇西形勢已經造成，蔣介石密電軍委會駐滇參謀長林蔚，命其對保山、畹町間橋樑，做「完成破壞準備」。五月三日，林蔚複電蔣介石：「邊境潞（怒）、瀾兩江橋正準備破壞中，龍陵以西路托樵峰部長就近飭縣發動民眾，準備實施。」

就在五月三日這一天，依據「第五十六師團應向怒江一線突擊猛壓敵軍」的指示，日軍先頭部隊占領滇西邊境畹町，四日占領龍陵縣城。根據蔣介石、林蔚之指示，前線工兵總指揮馬崇六於五月五日上午十時，當機立斷，指揮將怒江天險上的要道惠通橋炸斷，以阻止敵人侵入怒江以東。五日夜，日軍趁星夜，乘橡皮船強渡怒江約五百人，與宋希濂部所屬第三十六師第一〇六團相遇，一〇六團官兵在沿江各族人民支持下，堅決進行反擊，雙方爭奪激烈；戰至八日，第一〇七、一〇八兩團趕到，反覆衝殺，乃將怒江東岸敵人大部殲滅，「最後除有數十名敵軍泅水逃回南岸外，其餘全被消滅」。「這一仗雖是個小規模的局部戰鬥，但就戰略意義來說，卻是很有價值的。」因為經過此次戰鬥，阻止了敵軍沿滇緬公路向東突進的企圖，奠定了敵我隔江對峙的局面。

五月十日，日軍又占領了怒江以西的滇西重鎮騰沖。那時，據美軍志願航空隊的偵察報告說：「在滇緬路上中國軍隊零零落落，潰不成軍，對於日軍的前進，完全沒有抵抗，如果再不設法挽救，依照敵人幾天來前進的速度計算，大約十天左右就可以到達昆明了。」又據稍後在龍松公路上擊斃的一個日軍大隊長身上獲得地圖一張，並得知日軍第五十六師團作戰計畫，得知日軍第五十六師團全部在騰（沖）、龍（陵）地區，今為騰北、騰沖、龍陵、孟臘（松山）、芒市、新濃六個守備區，其師團部及直屬部隊駐芒市，判斷其兵力約一萬五千至兩萬人左右。可見，日軍對滇西的入侵並非小部隊的騷擾行動，而是大部隊有計劃的侵略行動。不過，日軍始終未能以大團隊跨過怒江。延至一九四三年初，日軍勢力向北延伸到瀘水地區，向南到達孟定地區，這樣日軍就占領了我怒江以西數百公里長的一條狹長地帶的滇西地區，約八萬三千平方公里、約五十萬人口的地區。

於是，雲南由抗日的大後方，變成了抗日的大前方。滇西戰場與中印緬戰場連成一片，並且成為中印緬戰場不可分割的組成部分，也成為中國人民抗日戰場的組成部分。滇西大片國土淪陷，艱苦的滇西抗戰從此開始。

日軍入侵滇西及其在占領區內，血腥屠殺各族人民，掠奪各族人民財產，強姦婦女，燒毀村鎮，無惡不作；而且利用滇西佔領區作為陣地，炮轟怒江以東的村莊城鎮，還派飛機對昆明、祥雲、下關、保山一線地區狂轟濫炸，使得滇緬公路沿線一時病疫成災，有的村落居民死亡過半。僅在一九四二年五月四日、五日兩天，日機分四批一百零八架次轟炸保山，即炸死炸傷兩萬餘人，城內房屋被摧毀殆盡。

五月十八日，自騰沖等地撤退的中國海關人員、群眾和緬甸歸僑數百人，逃至怒江上江區栗柴壩渡口，準備渡江，日兵追至，「民眾相繼投水者數十人，餘悉被俘，敵以繩縛，使跪於前，用機槍掃射，全數斃命。敵率隊回城，途經向陽橋及小回街，縱火焚廬舍而去」。

日軍在滇西的暴行，罄竹難書。

（二）滇西淪陷區中國軍民的抗敵鬥爭

日軍占領怒江以西的國土以後，滇西淪陷區各族軍民為了民族的存亡，為了保衛祖國的神聖領土，在敵後進行了艱苦的抗敵鬥爭。

當日軍入侵怒江以西的邊境重鎮騰沖時，原騰沖縣長邱天培、騰龍邊區監督龍繩武等人先敵而逃。然而，騰沖著名愛國知識分子和士紳張向德、劉楚湘等人，卻以抗敵為己任，於一九四二年四月六日組織了騰沖縣臨時縣務委員會（縣政府），把縣政府遷往游擊區的界頭，領導騰沖軍民進行抗敵鬥爭。張向德不顧六十三歲的高齡，於七月十日在界頭正式宣誓，出任騰沖抗戰縣長。他在誓詞中說：「德出生邊地，一介書生，國家有難，心如火焚，哀我故土，難禁淚淋。今日受命，秉誠於心。隨軍抗戰，決意犧牲。誓死報國，施教於民，支援軍隊，萬眾一心，團結各界，忠奸區分。邊城重地，豈容侵吞。二十六萬，民為後盾。收復家園，埋葬敵軍。告慰先烈，九泉歡欣！歷史重任，雙肩擔承。抗戰到底，步步前行。特此宣誓，言出行遵。」此後，騰沖各抗日遊擊隊、陸軍預備第二師、騰沖抗戰縣政府相互配合，發動群眾，對日寇占領軍進行了兩年多的殊死鬥爭。

當敵軍逼近騰沖縣城時，全城民眾撤離一空，然後又利用夜幕掩護，冒險回城，把公私物資運往四鄉山區。據統計，先後將約十萬馱棉紗、布匹、蠶絲等物資搬運過高黎貢山和怒江，運回內地。一九四二年五月十八日，日軍百餘人經曲石向瓦甸前進，至寶華鄉歸化寺，與預先埋伏之我護路營一部遭遇，發生激戰，打死敵中尉隊長牧野以下四十餘人，護路營陣亡官兵三十餘人。瓦甸區長孫成孝率領民眾奮起參加作戰，亦中彈犧牲。六月三日，敵軍在怒江惠通橋西岸集結兵力千餘人，企圖渡江侵犯保山，並已有三百餘人搶渡到怒江東岸。第十一集團軍總司令宋希濂命駐保山縣蒲縹部隊趕往增援，在各族人民的支持下，將渡過怒江的敵人全部消滅。直到抗日戰爭結束，日軍未能再越過怒江天險。

在滇西敵占區，我軍民經過大小數十次戰鬥，給敵人以沉重打擊。一九四二年五月中下旬，騰沖民眾與預備二師在騰沖橄欖寨、黃草壩阻擊敵人，雙方爭奪達十二天之久，殲敵八十三人，猛連鎮鎮長楊紹貴等人英勇犧牲。八月，在騰沖蠻東地區，敵人掃蕩時，遭我伏擊，死傷百多人。預備二師第四團、梁河縣河東鄉楊青榜民團、梁河縣景頗族山官尚自貴武裝，以及九保鎮愛國士紳趙寶賢、趙寶忠領導的騰沖南漢鄉抗敵大隊等部，聯合圍攻敵人于襄宋河與大盈江之三角地帶，激戰數日，甚為英勇，粉碎了敵人的大掃蕩。日軍氣急敗壞，派人將趙寶賢兄弟住宅燒毀洩憤。

龍陵、潞西的民眾組織了龍潞區遊擊支隊，在日軍第五十六師團的司令部所在地芒市周圍襲擊敵人。在潞西，以遮放小學教師谷祖國和原雲南警官學校學生楊炳南為首，組成三百多傣、漢青年參加的潞西青年救國團，多次抗擊日軍。楊炳南不幸被俘，跳崖壯烈犧牲。在幹崖（今盈江縣新城區），以傣族土司刀京版為首組成了滇西邊區自衛軍；在蠻允（今盈江芒允區），以小學校長許本和為首組織了滇西自衛軍抗日遊擊隊；在瑞麗縣有景頗族、漢族群眾組織的三戶單抗日遊擊隊。在瀘水縣六庫、片馬等地，各族群眾與第十一集團軍謝晉生遊擊隊配合抗日。滇西軍民的敵後抗日活動，既給敵人以沉重的打擊，也牽制了敵人的兵力，鼓舞了大後方人民的抗日鬥志。其時，瀘水設治局局長劉公度在給省政府民政廳廳長的報告中也說，在騰沖淪陷以後，設治局即動員民眾，組織壯丁隊一千餘人，儘管沒有槍械，只有弓弩，抵抗力量有限，但是「使民心團結凝聚不散」，對組織鼓舞各族人民起了重要的作用。

正是由於中國軍民的堅持戰鬥，出現了「沿江民眾，景從助戰，往美之聲，震動山谷」的景觀，滇西抗戰把日寇拒於怒江以西，為滇西反攻戰的勝利創造了有利條件。

三、對緬甸和滇西反攻戰的準備

（一）反攻計畫的醞釀

第一次緬甸戰役盟軍的失利，使緬甸淪為日本法西斯殘暴統治下的殖民地。緬甸的失利對英聯邦造成了嚴重的威脅，干擾了美國太平洋戰略，更使中國正面戰場受到巨大影響。不僅由於在緬甸、滇西數十萬噸物資落入敵手，而且切斷了滇緬公路這一中國西南對外的唯一交通線，從一九四二年四月起，中國獲得的援華物資只有通過印度空運，穿越危險的「駝峰航線」，運量十分有限。中國的抗日戰爭進入到最艱苦的年代。中英美三國從戰略上考慮，為了穩定亞洲太平洋戰局，為了全面反攻的需要，都認為必須反攻緬甸，儘快打通中國的對外交通線。因此，從第一次緬甸戰役失敗起，反攻緬甸的計畫就在不斷地醞釀中。

事實上，作為中國戰區參謀長、美國將軍史迪威，還在一九四二年四月十六日，即第一次緬甸戰役急劇逆轉之際，即派格魯伯準將赴重慶面見蔣介石，呈交「以收復緬甸為目標的作戰計畫」。由於經緬北通往中國的陸上供應線很可能被日軍切斷，他建議在印度組建中國的兩個野戰軍，各轄三個師，另再建炮兵團和戰車、工兵、通訊兵、汽車兵、空降兵等部隊。為此，須向印度調運中國十萬士兵，團長以下指揮官由中國軍官充任，較高級別指揮官和重要參謀人員最初由美國軍官擔任。史迪威將這一計畫同時電告美國國務卿馬歇爾。美國陸軍部及美國總統羅斯福對計畫持贊同態度；蔣介石雖然原則上同意收復緬甸計畫，但反對由美國軍官充任中國軍隊指揮官和參謀長。

一九四二年五月二十五日，史迪威初步制定了收復緬甸的具體計畫，其中要求美國派遣一至三個師參加作戰。他在給美國陸軍部的電報中說：「我相信中國在戰略上具有決定性的重要地位，我對此深信不疑，因此不向中國戰區派遣美國部隊無疑是個重大錯誤。」六月三日，史迪威赴重慶，多次面見蔣介石，彙報在印度訓練十萬軍隊和在雲南裝備三十個中國師與收復緬甸的計畫。

蔣介石則提出美國應投入三個師於緬甸戰場；派飛機五百架到中國戰區；每月空中運輸量應為五千噸，並把三項條件作為「最後通牒」。雙方對此進行了激烈的爭吵。然而，史迪威總的考慮是，只要蔣介石「表示願意合作」，就能得到美國的物資；一旦中國決心戰鬥，美國就得充分提供物資，支援這場戰役；華盛頓也一定會施加壓力，促使美國參加緬甸戰役。

到一九四二年底，中、美、英三國代表經過多次協商，終於同意在一九四三年春發動緬甸攻勢，代號是「安納吉姆」行動。這一行動的目標是從印度阿薩姆邦的利多打出一條通道，同滇緬公路連接起來，以打通進入中國的補給線，再在中國建立攻擊日本艦隊和日本本土的空軍基地。

但是幾天以後，英國突然變卦。他們擔心進攻緬甸風險太大，更擔心以後難於將中國進入緬甸的部隊請出去。蔣介石對此甚為不滿，雖經美國從中調解，然而要在一九四三年春發動對緬甸進攻的計畫卻推遲了。這期間，美國空軍指揮官、中國空軍美國志願隊（即

「飛虎隊」）司令官陳納德提出了空襲計畫，要求以此代替中國地面部隊的作戰。由於陸上戰略與空中戰略的爭論，也使得「安納吉姆」計畫難以實施。此後的計畫又多次變更。不過，陳納德指揮的第十四航空隊，終於在一九四三年三月十一日正式成立，羅斯福答應給十四航空隊充實到五百架飛機，並且讓它每月從供應中國的四千噸物資中獲得一千五百噸。

一九四三年秋冬之交，世界反法西斯陣線形勢有了很大好轉，對日作戰問題擺到了比較突出的位置。同年八月，英美在加拿大魁北克舉行會議，協調對日作戰步驟。為了平衡英美雙方在東南亞地區的利益，雙方同意建立東南亞戰區，而以英國勳爵路易士•蒙巴頓為東南亞盟軍最高司令，而史迪威則被任命為東南亞盟軍司令部副司令，保留其中緬印戰區美軍司令和中國戰區參謀長的職務。

直至一九四三年年底分別召開了開羅會議、德黑蘭會議，英美方才同意蔣介石要求美國為其裝備九十個師及裝甲部隊，每月運輸一萬噸物資及反攻緬甸行動方案的建議。反攻緬甸的計畫終於取得了實質性的進展。一九四三年十二月五日，羅斯福致電蔣介石，稱反攻緬甸計畫已經決定，徵詢他的意見。蔣介石於十二月十七日複電同意「將海陸全面攻勢展至明年（1944年）十一月，較為妥適」。至此，反攻緬甸計畫從一九四二年提出到一九四三年底，經過多次討論與爭吵，才取得一致意見。三個國家由於利益與戰略觀點的分歧，導致三個盟國在商討反攻緬甸方案中出現的一系列矛盾和衝突，終於得到解決。

工作。

（二）中國軍隊反攻的準備

為吸取第一次反攻緬甸失利的教訓，重慶國民政府從幾個方面，作了反攻緬甸的準備工作。

1.關於整頓和改造軍隊，提高軍隊的戰鬥力

作為中國戰區參謀長、第一次緬甸戰役的指揮者、美國將軍史迪威與重慶國民政府商議，要對軍隊進行必要的整頓和改造。據美國記者白修德說，當時史迪威的「職責是要把中國軍隊訓練成一支現代化的軍隊，使中國軍隊成為一支真正的作戰力量。其後，他的戰略便是：用這支現代化的軍隊去切斷日本軍隊占領的緬甸防線，從而打破對中國的封鎖；到最後，再組建一支更為強大的中國軍隊，加入太平洋聯盟，實施對日本的總體反攻」。史迪威計畫首先裝備和訓練在印度的部隊，計三個師及特種部隊，進而分三批裝備和訓練九十個師，再加一至二個裝甲師。

一九四二年六月二十四日，史迪威又一次就整編軍隊會晤蔣介石，蔣同意派五千名軍人到印度。史迪威先將從緬甸撤至印度的第三十八、二十二師之部隊約九千人，集中於印度蘭姆伽整訓。蘭姆伽訓練中心從一九四三年八月開始運行，美英達成協議，實行租借辦法，由英國為中國軍隊提供住房、糧食、軍餉，美國提供裝備並進行訓練。十月，從中國國內用飛機飛越駝峰航線，每天運送四百人；十一月，每天出動十六架飛機，運送六百五十人；到十二月底，到蘭姆伽受訓的中國軍隊已達三萬兩千人。以這批部隊為主

成立了中國駐印軍總指揮部，以史迪威為總指揮，羅卓英（後為鄭洞國）為副總指揮。一九四四年春夏間，蔣介石又運新編第三十師及第五十四師到蘭姆伽受訓。

在蘭姆伽受訓的軍隊後勤供應很好，又配備了全套美式裝備，學習了新的技術。這樣，這支掌握了新技術、擁有新武器的部隊在愛國主義思想鼓舞下，成為後來反攻緬甸的主力部隊。

2.滇西整訓與組織駐滇幹訓團，以增強抗擊日軍的戰鬥力。

緬北、滇西之敗，使國民黨軍隊相當一部分潰散。為此，蔣介石電令宋希濂，組織力量，一面阻敵，一面收容。宋希濂部在保山、永平、下關一帶收容散兵游勇，至六月底共收集五千餘人，併入第三十八師，歸七十一軍編制；又將第六軍殘存的六千人編入九十三軍，調駐車裡、佛海一帶整訓，守備國境。部隊整編後，掀起了練兵運動，為反攻打下了基礎。

同時，宋希濂、蔣介石先後組織「滇西戰時工作幹部訓練團」、「軍委會駐滇幹訓團」，蔣介石親自任團長，共訓練學員一萬兩千人。經過整訓和訓練，增強了抗敵的戰鬥力。

3.開闢駝峰航線、修築中印公路，為反攻創造條件

日軍切斷滇緬公路，使中國與世隔絕，因此必須儘快解決一條補給線問題。早在一九四二年一月三十日，美國總統羅斯福就要求「開闢一條空中運輸線和另闢一條陸上補給線」。國民政府駐美特使宋子文建議，開闢從印度阿薩姆邦地勢最高的薩地亞到中國昆明的空中航線，全程約一千一百多公里。羅斯福強調：「不管多麼困難，我都必須使航線保持暢通。」一九四二年三月二十一日，從阿薩姆經緬甸到中國的空中航線（經喜馬拉雅山的駝峰，故稱「駝峰航線」）開始使用。這是一條艱難、危險的航線，因為途中要飛越號稱「世界屋脊」的喜馬拉雅山南段，平均海拔高達五千公尺左右，最高處為海拔七千公尺，當時被視為「空中禁區」。空運隊在這條航線上飛行三年，共損失飛機四百六十八架，平均每月損失十三架。儘管如此，在滇緬公路截斷後，駝峰航線的開闢終於打破了日本對中國的封鎖，從一九四二年至一九四五年間成為中國戰場的「空中生命線」。

然而，駝峰航線運量有限，滿足不了戰爭的需要，因而修築一條陸上公路就是十分必要的了。幾經波折，中印公路從印度阿薩姆的利多開始，越過巴開山脈（野人山），經胡康河谷、孟拱河谷，經孟關、密支那到八莫，轉入雲南與滇緬公路相連，通往昆明。築路工程從一九四二年十二月十日正式破土動工。這支由多國工人和士兵組成的築路大軍，舉鍬揮斧，在茂密的原始森林中披荊斬棘，艱難地前進。一九四三年初，美國提供的各種築路機械陸續運抵中印公路工地，工作效率大為提高。然而野人山一帶，山勢高峻，密林蔽空，昆蟲遍地，人跡罕至，施工困難很大，雨季來臨以後，修路更加困難。然而，由於戰爭的需要，工人和官兵們克服了巨大的困難，向前推進；路築到哪裡，部隊就進軍到哪裡。

中印公路從利多至密支那全長四百三十四點四公里，是全部工程中最為艱難的一段，中美工兵部隊和中、印等國民工，以堅韌不拔的精神，只用一年多時間就修通了這條公路，這是築路史上的奇蹟。從密支那南經八莫、南坎到畹町，原已有公路，只須拓寬修整即可使用。中印公路由利多經密支那、八莫到畹町的南線是中印公路的主幹線，全長七百七十二點三公里，其中利多至密支那四百三十四點四公里，密支那經八莫到畹町三百三十七點九公里。此線於一九四五年一月十二日全線通車。

中印公路還有一條北線，即保密公路，從保山到密支那，這條公路由利多經密支那到騰沖至龍陵，全長七百三十四點四公里，其中密支那至龍陵為三百公里，於一九四五年一月十九日通車。

與此同時，還修建了一條從加爾各答經布拉馬普得拉河谷，進入阿薩姆邦，到利多後隨中印公路延伸的一條輸油管道。從加爾各答到昆明的輸油管道全長三千餘公里，是當時世界最長的輸油管道。隨著中印公路的開通，輸油管道也開通了。

4.中國遠征軍集中雲南，待命出擊

為了積極地作好反攻的準備，一九四三年四月，蔣介石命令正式成立「遠征軍司令長官部」，調第六戰區司令陳誠為司令長官，黃祺翔為副司令長官，設長官部于楚雄。陳誠給自己規定了「四幹」、「三不」的要求，即：苦幹、強幹、硬幹、快幹；不恥過、不敷衍、不貪小便宜。積極籌畫反攻事宜，然而不到一年，陳誠即因病去職。十一月，蔣介石任命原第一戰區司令長官衛立煌為遠征軍代理司令長官。

四、第二次緬甸戰役與滇西反攻戰的重大勝利

(一)中國駐印軍向緬甸的挺進

一九四二年五月，從緬甸北部退入印度境內的中國遠征軍第一路軍，總共不到一萬人，經中、美、英三方商定成立「中印緬戰區」，以史迪威為戰區司令。中國駐印遠征軍改名為「中國駐印軍」，國內先後空運五萬人去印度，中國駐印軍擴編為新一軍和新六軍兩個軍，分別以孫立人、廖耀湘為軍長，以鄭洞國為副總指揮（初為羅卓英）。中國駐印軍與盟軍配合，從一九四二年十二月中印公路動工開始，邊修公路邊戰鬥，中印公路修到哪裡，戰鬥就打到哪裡。

揭開緬北反攻戰序幕的是胡康河谷之役。胡康河谷位於緬甸最北部，與中國、印度接壤，既是中印公路的首端，又是印度通往密支那的必經之地，戰略地位重要。中國駐印軍總指揮部任命孫立人為前敵司令官，督率隊伍前進。而防守胡康河谷地區的日軍第十八師團，有「常勝師團」之名，戰鬥力較強，因而胡康河之役是在相當艱苦的條件下，面對著頑敵進行的艱苦戰鬥。它從一九四三年三月開始發動到一九四四年三月攻克孟關，掃清通往孟拱河谷的道路，歷時一年，經歷了緬北叢林戰、大龍河之戰、爭奪孟關之戰三個階

段。中國駐印軍第一軍新編第三十八師、新編第二十二師擔任這一時期作戰主力，部分美軍和英軍突擊隊也參加了戰鬥。

在激烈戰鬥的後半年內，中國駐印軍推進了一百五十多公里，占地八千多平方公里，俘敵官斃敵軍官六十餘人，士兵四千一百多人，十八師團傷亡總數達一萬兩千萬餘人，俘敵官兵六十餘人。中國駐印軍則傷亡六千四百五十九人，其中戰死一千九百三十一人，負傷四千五百二十八人。

接著又打響了孟拱河谷戰役。一九四四年四月五日，中國駐印軍投入了五個師對孟拱河谷開始進攻。經過三個多月相當艱苦的戰鬥（大部分是在雨季的惡劣氣候條件下作戰），駐印軍攻克了加邁、孟拱，並於七月初逼近密支那，這樣就使加邁、孟拱、密支那之間的公路、鐵路為我所控制，使緬北戰役的主動權操之於我手，從而使緬北戰役的局面為之一新。

密支那是緬北中心，在喜馬拉雅山南端，周圍多山，是一個眾山環繞稍有起伏的小平原，又是緬北鐵路幹線的終點，公路也四通八達，歷來是緬北的行政中心。它不僅是中印航線飛越喜馬拉雅山的必經之地，還是打通中印公路，接通利多至昆明輸油管的必經之路，戰略地位十分重要。而對於日軍來說，這裡是緬北的戰略要地和糧秣、軍火、物資集散地，一旦失守，必將使在雲南的日軍第五十六師團陷入險境，進一步將八莫、曼德勒路線暴露於盟軍面前。因此爭奪密支那對於戰爭的雙方來說都是至關重要的。當時進攻密支

那情況是，日軍在地利、防備方面占優勢，但人力、裝備的優勢卻在盟軍一邊。

差不多與進攻孟拱河谷同時，史迪威即組織中美混合突擊隊於一九四四年四月下旬在孟關東南的大克裡地區集結，秘密出發，深入敵後，開始了突破密支那的戰鬥。經過十分艱苦的行軍和作戰，於五月十七日完全占領了密支那西機場（北機場尚未竣工），中美援軍即可用飛機陸續運達密支那前線。所以，占領機場後，東南亞戰區聯合司令部大為振奮，蒙巴頓給史迪威發出嘉獎令說：「這是一個非常傑出的成就」，「將載入史冊的一個功績」。

然而，由於日軍防禦工事堅固及其增援部隊陸續到達，盟軍向密支那城區的進攻受阻，奇襲機場的勝利很快變成長期膠著的陣地戰。史迪威、鄭洞國、孫立人等先後到前線督戰，並三次更換前線指揮官，戰事進展仍然遲緩。當盟軍在六月二十五日攻克孟拱以後，密支那的形勢才逐漸改觀，但是也拖到八月五日才最後完全占領密支那。

密支那之戰是整個緬北反攻戰中持續時間最長，投入兵力最多，打得最為艱苦的一場攻堅戰。自中美混合突擊隊於一九四四年四月下旬開始，從大克裡地區長途奔襲，到八月五日完全占領密支那，歷時達一百天之久。中國駐印軍的主力及部分美軍先後投入三個師、七個團的兵力。戰爭結束時，駐印軍傷亡達六千六百餘人，其中陣亡官兵兩千四百餘人，負傷四千兩百餘人。駐印軍在美軍一部協同下，突擊一百五十多公里，占領兩千兩百餘平方公里，斃敵兩千餘人，俘敵七十餘人。守城之日軍第十八師團一一四聯隊主力、工兵第十二聯隊、第五十六師團第一八四聯隊主力及機場、後勤等部隊基本上被全殲。

密支那勝利具有重要意義，它是整個緬北反攻戰役中具有決定意義的一戰。自此以後，駐印軍控制了整個緬北地區，不僅使駝峰航線靠南，增加了安全係數，增大了運輸量，而且還使中國駐印軍與滇西遠征軍的作戰連成一氣，對緬北、滇西日軍形成夾擊之勢，使盟軍戰局全盤皆活，為奪取緬甸和滇西戰場的最後勝利創造了有利條件。

同一時期，日軍為了配合緬北作戰，還發動了計畫已久的恩帕爾戰役。恩帕爾對於中國既是駐印軍武器彈藥和各種軍需物資的供應基地，又是向國內空運物資的集散地。日軍向恩帕爾進攻，不僅指向英方重要軍事基地，而且對正在緬北作戰的駐印軍及國內抗日戰場均構成威脅。倘若日軍取得成功，中國入緬軍隊便喪失了空軍基地，中印公路的修築也失去了價值，駐印軍退路可能被截斷。然而，日軍錯誤地估計了二次世界大戰的整個形勢，結果導致了慘敗。日軍在恩帕爾戰役中投入了三個師團和一個「印度國民師」，總兵力為八萬四千人，損失高達五萬人；英軍投入六個師十二萬人，由於掌握了制空權，損失僅為一萬七千人。這對盟軍在緬北奪取勝利，又奠下了一塊基石。

（二）中國軍民的滇西反攻戰

一九四三年四月在雲南楚雄成立的中國遠征軍長官司令部，後遷至保山縣馬王屯，衛立煌繼任司令長官。十一月二十八日，國民政府下達「關於部署聯合美英反攻緬甸作戰及訓令」，成立軍委會直接控制的遠征軍序列。這個序列包括宋希濂為首的第十一集團軍，霍揆章為首的第二十集團軍。第十一集團軍由第二、六、七十一軍組成，稱為左集團軍；第二十集團軍由五十三、五十四軍及預備第二師組成，稱為右集團軍。所轄還有第八軍、滇康緬特別遊擊隊和一個步兵團，共十六萬餘人。這是滇西反攻作戰的正規主力部隊。

滇西反攻作戰，依據當時文件，劃分為四個時期，即第一期為強渡怒江，第二期為圍攻據點，第三期為攻克騰龍，第四期為會師芒友。這裡重點介紹滇西反攻作戰中的三個重要戰役，即騰沖攻城戰、松山爭奪戰與龍陵拉鋸戰。

一九四四年五月十日夜和五月十一日淩晨，中國遠征軍同時大舉強渡怒江，初期渡江為四萬人，使用三百九十三艘美製橡皮艇，輔之以竹筏、汽油桶連成的筏子等工具。渡江比較順利，未遇敵人強大抵抗，除一人落水溺死外，其餘全部安全過江。但過江以後的戰鬥卻打得相當艱苦、吃力。十一日晨渡江部隊即在怒江以西建立起幾個陣地，從而拉開了滇西反攻戰的序幕。

1. 關於騰沖攻城戰

騰沖，舊稱騰越，位於怒江以西的高黎貢山西側，是滇西邊陲重地，又是滇西交通、商業和政治、軍事中心。這裡進可以攻，退可以守，自古為兵家必爭之地。騰沖縣城的城牆，是明代用石條建築，高大堅固，號稱「鐵城」。城外有來鳳、飛鳳、蜚鳳、寶鳳四山為自然屏障。到七月中旬，我軍已占領若干村寨和堡壘，直逼騰沖城下。其時騰沖西南的來鳳山久攻不下，而蜚鳳山、飛鳳山、寶鳳山則已相繼克復。來鳳山像座筆架，有五個山峰，光禿無樹，鞍部有隧道可通城內。峰頂比城牆約高一百五十公尺，為騰沖城近郊的制高點，對攻城部隊威脅甚大，經過奮戰，於七月二十六日拿下了來鳳山，殲敵六百餘人。攻占來鳳山，中國軍隊首次使用火焰噴射器，收到了較好效果。攻城部隊除預二師外，又調集第三十六、一一六、三十、一九八師和第十四航空隊的一個大隊助戰，炸毀兩個城樓，炸開城牆缺口六十餘處。我軍於八月二十日突入城內約一百公尺。日軍仍憑藉所占民房、公署、學校、商店、廟宇作防守工事，展開巷戰，逐屋爭奪，經過五十一天的圍攻、戰鬥後，終於在九月十四日上午十點光復騰沖城。騰沖日軍守兵兩千六百人，除五十人被俘、少數自殺外，其餘全部被殲。「騰沖戰鬥是個艱苦輝煌的戰鬥。」「在整個怒江戰役中，騰沖攻城是最協調，在戰術上最成功的。」我軍攻入騰沖城後，歷數日軍在城內的堡壘，不下三百座。《大公報》記者在我軍入城後一小時進城，發現「騰沖城內不僅找不到幾片好瓦，連青的樹葉也一片無存。」可以看出，每一寸土地，「都是浴血搏鬥得來的」。騰沖戰役，公署、學校、廟宇被毀五十餘所，民房鋪面被毀五六百間，四個城樓及城中心的文星樓全部被毀，這是名副其實的「焦土抗戰」。在戰爭中，「敵騰沖守備指揮官臧重康美夫大佐早被我擊斃，最後由太白大尉代理聯隊長，戰至最後，始將聯隊旗焚毀後自殺。戰鬥之慘烈，為中日戰爭中所鮮見。」綜計自渡江起，至克復騰沖止，所曆大小戰役四十餘次，共生俘敵軍官四名，士兵六十餘人，營妓十八名，斃敵少將指揮官及臧重康美夫大佐聯隊長以下軍官一百餘員，士兵六千餘名。」而我軍亦傷亡官佐一千三百三十四人，士兵一萬七千兩百七十五人。騰沖攻城戰是滇西反攻戰的一個縮影。

2.關於松山爭奪戰

松山有滇緬路上「直布羅陀」之稱。據當時中國遠征軍第八軍軍長何紹周報告：松山距惠通橋六公里多，在南北山麓、山腹棋布丘陵，滇緬公路七百八十五公里至八百零一公里依丘傍陵，環繞松山，複經寬不滿三十五公尺之狹長起伏崗嶺滾龍坡西入龍陵。敵即以松山、滾龍坡為其東西兩大堅強支據點，互為犄角。築堡壘群則有體系，散布於松山南北之密林叢草、複雜丘陵。敵兩千餘人及輕重炮十餘門，由松山東端至滾龍坡正面約四千餘公尺，構成若干堡壘群為主要陣地帶。每一堡壘均構成其上有射擊設備及交通壕，下為坑道式騎兵部。其掩體分為四層，周圍以大石油浸，三層裝土為被履，並圍以縱深四公尺之鐵絲網數層。除重炮直接命中始有破壞效力外，山野炮均難破壞。日本在松山已有前進陣地六個（上松林、小股、側方、崖、平山、乾路），主陣地七個（松山、橫股、西山、音部山、關山、黑山、衛生隊）。這是日本占領松山後兩年多內修築的堅強工事堡壘。

從一九四四年六月四日起，我軍在第七十一軍軍長鐘彬指揮下開始反攻松山，但由於地形複雜，敵人工事堡壘堅固，經過五次圍攻衝鋒均犧牲慘烈，沒有取得預期效果。六月下旬，抽調何紹周的第八軍全軍擔任主攻，又先後向敵人發動四次攻擊，歷時三個月之久。第八軍使用九個步兵團，在優勢炮兵、空軍配合和當地各族群眾的支持下，經過幾十次戰鬥，才攻克滾龍坡和大啞口。然後，工兵營在松山頂峰日軍陣地下約三十公尺處，進行對壕作業，掘進兩條地道，構成兩個炸藥室，裝進六噸TNT黃色炸藥，於八月二十日將頂峰炸翻，為最後進攻松山創造了條件。即使如此，日軍仍進行垂死掙扎和反撲，但援軍斷絕，無力施展。九月七日中國軍隊再次猛攻，遂將松山完全佔領，其餘附近各據點陸續掃清。在這次爭奪戰中，「守備該地的兩千名日軍中，只有九名被俘，十名逃脫」。而中國方面死傷官兵竟達七千六百七十九人。

松山爭奪戰是滇西抗戰中最艱苦的戰役，也是爭奪滇西抗戰勝利的關鍵一戰。松山克復了，打通了龍陵的交通線，為滇西全面反攻開闢了勝利的道路。

3. 龍陵拉鋸戰

當我軍進擊騰沖前後，同時發動了對龍陵的進攻。龍陵之役，歷時五個多月，主要陣地反覆易手達三次之多。龍陵是滇西戰略重鎮之一，縣城壩子長約十公里，像大玉米棒子，縣城在玉米形的莞莞上，周圍是崇山峻嶺。日寇占領滇西後，把龍陵作為重點盤踞的地區。

第一次爭奪龍陵。一九四四年六月五日至十三日，北路第七十一軍八十七、八十八師攻克鎮安街、黃草壩、放馬橋、騰龍橋，切斷了龍陵和騰沖至芒市間的公路，占領龍陵週邊廣林坡、老東坡、文筆坡、伏龍寺等地。南路第二軍占領象達街。六月十四日，日軍從騰沖抽調兩千多人，從芒市抽調一千多人，兩路馳援龍陵，迫使七十一軍退出龍陵週邊據點，轉入防禦。新編三十三師幾乎全軍覆沒，師長洪行自駕吉普車翻車殉職。六月十八日，我軍榮譽第一師投入戰鬥，同日軍在黃草壩、香姑嶺等地展開激戰。七月十四日，我軍再占猛連坡、黃土坡、山神廟等龍陵週邊據點，穩住了防禦並轉入了進攻。

第二次爭奪。八月十四日至二十五日，第七十軍經過激烈戰鬥，再次克復龍陵週邊文筆坡、老東坡等據點。二十七日，日軍又從遮放、芒市調三千多人來增援龍陵。九月上旬，遠征軍第二〇〇師、三十六師趕到，增強了攻擊力量，穩住了進攻陣地。到十月二十三日，我軍乘勢進占平夏，三面合圍龍陵。

第三次爭奪。十月二十九日，遠征軍發起總攻，占領城郊各據點，並突入龍陵縣城內，守城日軍增援無望，傷亡甚眾。乘黑夜突圍，向西南方向出走。我軍於十一月三日收復全城。爭奪龍陵拉鋸之戰，先後三次，傷亡甚眾。計敵人傷亡一萬零六百二十人，而我軍傷亡則達兩萬八千三百八十四人。

接著，我軍於十一月二十日收復芒市，一九四五年一月二十日收復畹町。這樣，經過半年多的艱苦的反攻戰，滇西淪陷區終於完全收復。日本侵略軍被全部趕出了我滇西國土。一月二十七日，中國遠征軍與中國駐印軍在緬甸境內芒友會師，標誌了滇西抗戰的完全勝利，並打通了中印公路，恢復了西南重要的陸上國際交通通道。

滇西反攻戰從一九四四年五月十一日到一九四五年一月二十七日，歷時八個月又十六天。據統計，這一時期，緬北、滇西反攻作戰，日軍傷亡和被俘共兩萬一千零五十七人，而中國僅遠征軍陣亡官兵就達兩萬六千六百九十七人，傷三萬五千五百四十一人，失蹤四千零五十六人。

緬北戰場的勝利，加速了滇西反攻戰的勝利；滇西抗戰的勝利，又直接促成了緬甸全面反攻的勝利，為中印緬戰場的最後勝利奠下了基礎。在滇西作戰勝利進軍的配合下，中國駐印軍、遠征軍與盟軍配合，於一九四四年十二月十五日攻克八莫，一九四五年一月十五日攻克南坎，二月二十日中國軍隊進入新維，三月八日攻克緬北重鎮臘戍，五月一日收復仰光，緬甸完全光復。中印緬戰場取得了完全的勝利。

大都會文化圖書目錄

●度小月系列

路邊攤賺大錢【搶錢篇】	280 元	路邊攤賺大錢 2【奇蹟篇】	280 元
路邊攤賺大錢 3【致富篇】	280 元	路邊攤賺大錢 4【飾品配件篇】	280 元
路邊攤賺大錢 5【清涼美食篇】	280 元	路邊攤賺大錢 6【異國美食篇】	280 元
路邊攤賺大錢 7【元氣早餐篇】	280 元	路邊攤賺大錢 8【養生進補篇】	280 元
路邊攤賺大錢 9【加盟篇】	280 元	路邊攤賺大錢 10【中部搶錢篇】	280 元
路邊攤賺大錢 11【賺翻篇】	280 元	路邊攤賺大錢 12【大排長龍篇】	280 元
路邊攤賺大錢 13【人氣推薦篇】	280 元	路邊攤賺大錢 14【精華篇】	280 元
路邊攤賺大錢(人氣推薦精華篇)	399 元		

●i下廚系列

男人的廚房—義大利篇	280 元	49 元美味健康廚房—養生達人教你花小錢也可以吃出好氣色	250 元

●人物誌系列

現代灰姑娘	199 元	黛安娜傳	360 元
船上的 365 天	360 元	優雅與狂野—威廉王子	260 元
走出城堡的王子	160 元	殞逝的英格蘭玫瑰	260 元
貝克漢與維多利亞—新皇族的真實人生	280 元	幸運的孩子—布希王朝的真實故事	250 元
瑪丹娜—流行天后的真實畫像	280 元	紅塵歲月—三毛的生命戀歌	250 元
風華再現—金庸傳	260 元	俠骨柔情—古龍的今生今世	250 元
她從海上來—張愛玲情愛傳奇	250 元	從間諜到總統—普丁傳奇	250 元
脫下斗篷的哈利—丹尼爾 · 雷德克里夫	220 元	蛻變—章子怡的成長紀實	260 元
強尼戴普—可以狂放叛逆，也可以柔情感性	280 元	棋聖 吳清源	280 元
華人十大富豪—他們背後的故事	250 元	世界十大富豪—他們背後的故事	250 元
誰是潘柳黛？	280 元		

●心靈特區系列

每一片刻都是重生	220 元	給大腦洗個澡	220 元
成功方與圓—改變一生的處世智慧	220 元	轉個彎路更寬	199 元
課本上學不到的 33 條人生經驗	149 元	絕對管用的 38 條職場致勝法則	149 元
從窮人進化到富人的 29 條處事智慧	149 元	成長三部曲	299 元
心態—成功的人就是和你不一樣	180 元	當成功遇見你—迎向陽光的信心與勇氣	180 元

改變，做對的事	180 元	智慧沙	199 元（原價 300 元）
課堂上學不到的 100 條人生經驗	199 元（原價 300 元）	不可不防的 13 種人	199 元（原價 300 元）
不可不知的職場叢林法則	199 元（原價 300 元）	打開心裡的門窗	200 元
不可不慎的面子問題	199 元（原價 300 元）	交心—別讓誤會成為拓展人脈的絆腳石	199 元
方圓道	199 元	12 天改變一生	199 元（原價 280 元）
氣度決定寬度	220 元	轉念—扭轉逆境的智慧	220 元
氣度決定寬度 2	220 元	逆轉勝—發現在逆境中成長的智慧	199 元（原價 300 元）
智慧沙 2	199 元	好心態，好自在	220 元
生活是一種態度	220 元	要做事，先做人	220 元
忍的智慧	220 元	交際是一種習慣	220 元
溝通—沒有解不開的結	220 元	愛の練習曲—與最親的人快樂相處	220 元
有一種財富叫智慧	199 元	幸福，從改變態度開始	220 元
菩提樹下的禮物—改變千萬人的生活智慧	250 元	有一種境界叫捨得	220 元
有一種財富叫智慧 2	199 元	被遺忘的快樂祕密	220 元
智慧沙【精華典藏版】	250 元	有一種智慧叫以退為進	220 元

● SUCCESS 系列

七大狂銷戰略	220 元	打造一整年的好業績—店面經營的 72 堂課	200 元
超級記憶術—改變一生的學習方式	199 元	管理的鋼盔—商戰存活與突圍的 25 個必勝錦囊	200 元
搞什麼行銷— 152 個商戰關鍵報告	220 元	精明人聰明人明白人—態度決定你的成敗	200 元
人脈＝錢脈—改變一生的人際關係經營術	180 元	週一清晨的領導課	160 元
搶救貧窮大作戰？ 48 條絕對法則	220 元	搜驚 · 搜精 · 搜金 —從 Google 的致富傳奇中，你學到了什麼？	199 元
絕對中國製造的 58 個管理智慧	200 元	客人在哪裡？—決定你業績倍增的關鍵細節	200 元
殺出紅海—漂亮勝出的 104 個商戰奇謀	220 元	商戰奇謀 36 計—現代企業生存寶典 I	180 元
商戰奇謀 36 計—現代企業生存寶典 II	180 元	商戰奇謀 36 計—現代企業生存寶典 III	180 元
幸福家庭的理財計畫	250 元	巨賈定律—商戰奇謀 36 計	498 元
有錢真好！輕鬆理財的 10 種態度	200 元	創意決定優勢	180 元
我在華爾街的日子	220 元	贏在關係—勇闖職場的人際關係經營術	180 元
買單！一次就搞定的談判技巧	199 元（原價 300 元）	你在說什麼？—39 歲前一定要學會的 66 種溝通技巧	220 元

與失敗有約 — 13 張讓你遠離成功的入場券	220 元	職場 AQ —激化你的工作 DNA	220 元
智取—商場上一定要知道的 55 件事	220 元	鏢局—現代企業的江湖式生存	220 元
到中國開店正夯《餐飲休閒篇》	250 元	勝出！—抓住富人的 58 個黃金錦囊	220 元
搶賺人民幣的金雞母	250 元	創造價值—讓自己升值的 13 個秘訣	220 元
李嘉誠談做人做事做生意	220 元	超級記憶術（紀念版）	199 元
執行力—現代企業的江湖式生存	220 元	打造一整年的好業績—店面經營的 72 堂課	220 元
週一清晨的領導課（二版）	199 元	把生意做大	220 元
李嘉誠再談做人做事做生意	220 元	好感力—辦公室 C 咖出頭天的生存術	220 元
業務力—銷售天王 VS. 三天陣亡	220 元	人脈＝錢脈—改變一生的人際關係經營術 （平裝紀念版）	199 元
活出競爭力—讓未來再發光的 4 堂課	220 元	選對人，做對事	220 元
先做人，後做事	220 元	借力—用人才創造錢財	220 元
有機會成為 CEO 的員工—這八種除外！	220 元	先做人後做事 第二部	220 元
老闆不會告訴你的事—有機會成為 CEO 的員工，這 8 種除外！	220 元		

●都會健康館系列

秋養生—二十四節氣養生經	220 元	春養生—二十四節氣養生經	220 元
夏養生—二十四節氣養生經	220 元	冬養生—二十四節氣養生經	220 元
春夏秋冬養生套書	699 元（原價 880 元）	寒天—0 卡路里的健康瘦身新主張	200 元
地中海纖體美人湯飲	220 元	居家急救百科	399 元（原價 550 元）
病由心生— 365 天的健康生活方式	220 元	輕盈食尚—健康腸道的排毒食方	220 元
樂活，慢活，愛生活— 健康原味生活 501 種方式	250 元	24 節氣養生食方	250 元
24 節氣養生藥方	250 元	元氣生活—日の舒暢活力	180 元
元氣生活—夜の平靜作息	180 元	自療—馬悅凌教你管好自己的健康	250 元
居家急救百科（平裝）	299 元	秋養生—二十四節氣養生經	220 元
冬養生—二十四節氣養生經	220 元	春養生—二十四節氣養生經	220 元
夏養生—二十四節氣養生經	220 元	遠離過敏—打造健康的居家環境	280 元
溫度決定生老病死	250 元	馬悅凌細說問診單	250 元
你的身體會說話	250 元	春夏秋冬養生—二十四節氣養生經（二版）	699 元
情緒決定你的健康—無病無痛快樂活到 100 歲	250 元	逆轉時光變身書— 8 週變美變瘦變年輕的健康祕訣	280 元
今天比昨天更健康：良好生活作息的神奇力量	220 元	「察顏觀色」——從頭到腳你所不知道的健康警訊	250 元
24 節氣養生食方（彩色圖文版）	350 元	問病——馬悅凌細說問診單	280 元

●大旗藏史館

大清皇權遊戲	250 元	大清后妃傳奇	250 元
大清官宦沉浮	250 元	大清才子命運	250 元
開國大帝	220 元	圖說歷史故事—先秦	250 元
圖說歷史故事—秦漢魏晉南北朝	250 元	圖說歷史故事—隋唐五代兩宋	250 元
圖說歷史故事—元明清	250 元	中華歷代戰神	220 元
圖說歷史故事全集	880 元（原價 1000 元）	人類簡史—我們這三百萬年	280 元
世界十大傳奇帝王	280 元	中國十大傳奇帝王	280 元
歷史不忍細讀	250 元	歷史不忍細讀 II	250 元
中外 20 大傳奇帝王（全兩冊）	490 元	大清皇朝密史 (全四冊)	1000 元
帝王秘事—你不知道的歷史真相	250 元	帝王秘事貳—你不知道的歷史真相	250 元
上帝之鞭—成吉思汗、耶律大石、阿提拉的征戰帝國	280 元	百年前的巨變－晚清帝國崩潰的三十二個細節	250 元
說春秋之一：齊楚崛起	250 元		

●大都會手作館

樂活，從手作香皂開始	220 元	Home Spa & Bath —玩美女人肌膚的水嫩體驗	250 元
愛犬的宅生活— 50 種私房手作雜貨	250 元	Candles 的異想世界—不思議の手作蠟燭魔法書	280 元
愛犬的幸福教室—四季創意手作 50 賞	280 元		

●世界風華館

環球國家地理 ・ 歐洲（黃金典藏版）	250 元	環球國家地理 ・ 亞洲 ・ 大洋洲（黃金典藏版）	250 元
環球國家地理 ・ 非洲 ・ 美洲 ・ 兩極（黃金典藏版）	250 元	中國國家地理 ・ 華北 ・ 華東（黃金典藏版）	250 元
中國國家地理 ・ 中南 ・ 西南（黃金典藏版）	250 元	中國國家地理 ・ 東北 ・ 西東 ・ 港澳（黃金典藏版）	250 元
中國最美的 96 個度假天堂	250 元	非去不可的 100 個旅遊勝地 · 世界篇	250 元
非去不可的 100 個旅遊勝地 ・ 中國篇	250 元	環球國家地理【全集】	660 元
中國國家地理【全集】	660 元	非去不可的 100 個旅遊勝地（全二冊）	450 元
全球最美的地方—漫遊美國	250 元	全球最美的地方—驚豔歐洲	280 元
全球最美的地方—狂野非洲	280 元	全球最美的地方【全三冊】	660 元
世界最美的 50 個古堡	280 元		

●STORY 系列

失聯的飛行員—一封來自30,000英呎高空的信	220元	Oh, My God!—阿波羅的倫敦愛情故事	280元
國家寶藏1—天國謎墓	199元	國家寶藏2—天國謎墓II	199元
國家寶藏3—南海鬼谷	199元	國家寶藏4—南海鬼谷II	199元
國家寶藏5—樓蘭奇宮	199元	國家寶藏6—樓蘭奇宮II	199元
國家寶藏7—關中神陵	199元	國家寶藏8—關中神陵II	199元
國球的眼淚	250元	國家寶藏首部曲	398元
國家寶藏二部曲	398元	國家寶藏三部曲	398元
秦書	250元	罪全書	250元

●FOCUS 系列

中國誠信報告	250元	中國誠信的背後	250元
誠信—中國誠信報告	250元	龍行天下—中國製造未來十年新格局	250元
金融海嘯中，那些人與事	280元	世紀大審—從權力之巔到階下之囚	250元

◎關於買書：

1. 大都會文化的圖書在全國各書店及誠品、金石堂、何嘉仁、敦煌、紀伊國屋、諾貝爾等連鎖書店均有販售，如欲購買本公司出版品，建議你直接洽詢書店服務人員以節省您寶貴時間，如果書店已售完，請撥本公司各區經銷商服務專線洽詢。
   北部地區：(02)85124067　桃竹苗地區：(03)2128000
   中彰投地區：(04)22465179　雲嘉地區：(05)2354380
   臺南地區：(06)2672506-8　高屏地區：(07)2367015
2. 到以下各網路書店購買：
   大都會文化網站（http://www.metrobook.com.tw)
   博客來網路書店（http://www.books.com.tw)
   金石堂網路書店（http://www.kingstone.com.tw)
3. 到郵局劃撥：
   戶名：大都會文化事業有限公司　帳號：14050529
4. 親赴大都會文化買書可享8折優惠。

98-04-43-04 郵政劃撥儲金存款單

收款帳號	1	4	0	5	0	5	2	9

金額 新台幣（小寫）	億	仟萬	佰萬	拾萬	萬	仟	佰	拾	元

收款戶名：大都會文化事業有限公司

寄款人 □他人存款 □本戶存款

姓名

地址 □□□-□□

電話

主管：

經辦局收款戳

虛線內備供機器印錄用請勿填寫

通訊欄（限與本次存款有關事項）

我要購買以下書籍

書名	單價	數量	合計

購書金額未滿600元，另加收60元國內掛號郵資或貨運專送運費。

總計數量及金額：共＿＿本，合計＿＿元

◎寄款人請注意背面說明

◎本收據由電腦印錄請勿填寫

郵政劃撥儲金存款收據

收款帳號戶名

存款金額

電腦紀錄

經辦局收款戳

郵政劃撥存款收據注意事項

一、本收據請妥為保管，以便日後查考。

二、如欲查詢存款入帳詳情時，請檢附本收據及已填妥之查詢函向任一郵局辦理

三、本收據各項金額、數字係機器印製，如非機器列印或經塗改或無收款郵局收訖章者無效。

大都會文化、大旗出版社讀者請注意

一、帳號、戶名及寄款人姓名地址各欄請詳細填明，以免誤寄；抵付票據之存款，務請於交換前一天存入。

二、本存款單金額之幣別為新台幣，每筆存款至少須在新台幣十五元以上，且限填至元位為止。

三、倘金額塗改時請更換存款單重新填寫。

四、本存款單不得黏貼或附寄任何文件。

五、本存款金額業經電腦登帳後，不得申請撤回。

六、本存款單備供電腦影像處理，請以正楷工整書寫並請勿摺疊。帳戶如需自印存款單，各欄文字及規格必須與本單完全相符；如有不符，各局應婉請寄款人更換郵局印製之存款單填寫，以利處理。

七、本存款單帳號與金額欄請以阿拉伯數字書寫。

八、帳戶本人在「付款局」所在直轄市或縣(市)以外之行政區域存款，需由帳戶內扣收手續費。

如果您在存款上有任何問題，歡迎您來電洽詢
讀者服務專線：(02)2723-5216(代表線)
為您服務時間：09：00～18：00(週一至週五)

大都會文化事業有限公司　讀者服務部

交易代號：0501、0502 現金存款　0503票據存款　2212 劃撥票據託收

歷史
不忍細究

歷史不忍細究

作　　者　《百家論壇》編輯部

發 行 人　林敬彬
主　　編　楊安瑜
編　　輯　陳佩君
內頁編排　于長煦
封面設計　林妍邑

出　　版　大旗出版社　行政院新聞局北市業字第1688號
發　　行　大都會文化事業有限公司
11051台北市信義區基隆路一段432號4樓之9
讀者服務專線：(02)27235216
讀者服務傳真：(02)27235220
電子郵件信箱：metro@ms21.hinet.net
網　　址：www.metrobook.com.tw

郵政劃撥　14050529 大都會文化事業有限公司
出版日期　2011年6月初版一刷
定　　價　250元
ISBN　978-986-6234-25-5
書　　號　History-32

Chinese (complex) copyright © 2010 by Banner Publishing,
a division of Metropolitan Culture Enterprise Co., Ltd.

4F-9, Double Hero Bldg., 432, Keelung Rd., Sec. 1,
Taipei 110, Taiwan
Tel:+886-2-2723-5216　Fax:+886-2-2723-5220
E-mail:metro@ms21.hinet.net
Web-site:www.metrobook.com.tw

◎本書由鳳凰出版傳媒集團鳳凰出版社授權繁體字版之出版發行。
◎本書如有缺頁、破損、裝訂錯誤，請寄回本公司更換。
【版權所有　翻印必究】

Printed in Taiwan.
All rights reserved.

國家圖書館出版品預行編目資料

歷史不忍細究／《百家論壇》編輯部著. -- 初版. --
臺北市：大旗出版社：大都會文化發行, 2011. 06
面；　公分. --（History ; 32）

ISBN 978-986-6234-25-5（平裝）

1.中國史　　2.歷史故事

610.9　　100007653

讀者服務卡

書名：歷史不忍細究

謝謝您選擇了這本書！期待您的支持與建議，讓我們能有更多聯繫與互動的機會。

A. 您在何時購得本書：______年______月______日

B. 您在何處購得本書：____________書店，位於____________(市、縣)

C. 您從哪裡得知本書的消息：

1.□書店 2.□報章雜誌 3.□電台活動 4.□網路資訊

5.□書籤宣傳品等 6.□親友介紹 7.□書評 8.□其他

D. 您購買本書的動機：（可複選）

1.□對主題或內容感興趣 2.□工作需要 3.□生活需要

4.□自我進修 5.□內容為流行熱門話題 6.□其他

E. 您最喜歡本書的：（可複選）

1.□內容題材 2.□字體大小 3.□翻譯文筆 4.□封面 5.□編排方式 6.□其他

F. 您認為本書的封面：1.□非常出色 2.□普通 3.□毫不起眼 4.□其他

G. 您認為本書的編排：1.□非常出色 2.□普通 3.□毫不起眼 4.□其他

H. 您通常以哪些方式購書：(可複選)

1.□逛書店 2.□書展 3.□劃撥郵購 4.□團體訂購 5.□網路購書 6.□其他

I. 您希望我們出版哪類書籍：（可複選）

1.□旅遊 2.□流行文化 3.□生活休閒 4.□美容保養 5.□散文小品

6.□科學新知 7.□藝術音樂 8.□致富理財 9.□工商企管 10.□科幻推理

11.□史哲類 12.□勵志傳記 13.□電影小說 14.□語言學習（____語）

15.□幽默諧趣 16.□其他

J. 您對本書(系)的建議：

____

K. 您對本出版社的建議：

____

讀者小檔案

姓名：______________ 性別：□男 □女 生日：____年____月____日

年齡：□20歲以下 □21～30歲 □31～40歲 □41～50歲 □51歲以上

職業：1.□學生 2.□軍公教 3.□大眾傳播 4.□服務業 5.□金融業 6.□製造業

7.□資訊業 8.□自由業 9.□家管 10.□退休 11.□其他

學歷：□國小或以下 □國中 □高中／高職 □大學／大專 □研究所以上

通訊地址：________________________________

電話：（H）______________（O）______________ 傳真：______________

行動電話：________________E-Mail：________________________

◎謝謝您購買本書，也歡迎您加入我們的會員，請上大都會文化網站 www.metrobook.com.tw 登錄您的資料。您將不定期收到最新圖書優惠資訊和電子報。

北區郵政管理局
登記證北台字第9125號
免貼郵票

大都會文化事業有限公司

讀者服務部 收

11051台北市基隆路一段432號4樓之9

寄回這張服務卡〔免貼郵票〕
您可以：
◎不定期收到最新出版訊息
◎參加各項回饋優惠活動

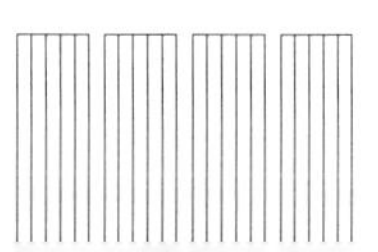

大旗出版
BANNER PUBLISHING

大旗出版
BANNER PUBLISHING